FLUXOS EM CADEIA

COLEÇÃO
ESTADO de SÍTIO

RAFAEL GODOI

FLUXOS EM CADEIA

AS PRISÕES EM SÃO PAULO
NA VIRADA DOS TEMPOS

© Boitempo, 2017

Direção editorial Ivana Jinkings
Edição Bibiana Leme
Assistência editorial Thaisa Burani
Preparação Caco Ishak
Revisão Thaís Nicoleti de Camargo
Coordenação de produção Livia Campos
Capa Artur Renzo
(sobre fotografia de Regina de Grammont)
Diagramação Antonio Kehl

Equipe de apoio: Allan Jones / Ana Yumi Kajiki / Camilla Rillo / Eduardo Marques / Elaine Ramos / Frederico Indiani / Heleni Andrade / Isabella Barboza / Isabella Marcatti / Ivam Oliveira / Kim Doria / Marlene Baptista / Maurício Barbosa / Renato Soares / Thaís Barros / Tulio Candiotto

CIP-BRASIL. CATALOGAÇÃO NA PUBLICAÇÃO
SINDICATO NACIONAL DOS EDITORES DE LIVROS, RJ

G533f
Godoi, Rafael
  Fluxos em cadeia : as prisões em São Paulo na virada dos tempos / Rafael Godoi.
  - 1. ed. - São Paulo : Boitempo, 2017.
        (Estado de sítio)
  Inclui bibliografia
  Inclui glossário
  ISBN 978-85-7559-576-3

  1. Prisões - São Paulo (SP) 2. Prisioneiros - São Paulo (SP) 3. Criminosos - São Paulo (SP) 4. Primeiro Comando da Capital (Crime organizado) 5. Crime organizado - São Paulo (SP). I. Título. II. Série.

17-44014
CDD: 365.918161
CDU: 343.811(816.1)

"As opiniões, hipóteses e conclusões ou recomendações expressas neste material são de responsabilidade do(s) autor(es) e não necessariamente refletem a visão da FAPESP."
(Número do processo: 2015/23631-1)

É vedada a reprodução de qualquer
parte deste livro sem a expressa autorização da editora.

1ª edição: setembro de 2017

BOITEMPO EDITORIAL
Jinkings Editores Associados Ltda.
Rua Pereira Leite, 373
05442-000 São Paulo SP
Tel./fax: (11) 3875-7250 / 3875-7285
editor@boitempoeditorial.com.br | www.boitempoeditorial.com.br
www.blogdaboitempo.com.br | www.facebook.com/boitempo
www.twitter.com/editoraboitempo | www.youtube.com/tvboitempo

SUMÁRIO

Apresentação 11
Introdução 15
1. Plano de referência 21
   Coordenadas gerais 21
   Questões de pesquisa 28
   Questões operacionais 42
2. Cartografia do dispositivo carcerário paulista 49
   Circuitos 49
   Coletivos 64
   Conexões 76
3. As leis do tempo 85
   Presos e processos 85
   A gestão dos castigos 103
   Ilegibilidade e mobilização 114
4. As disposições no espaço 131
   Interiorização penitenciária em São Paulo 131
   O processo de expansão interiorizada 152
   Os impactos da expansão penitenciária no interior do Estado 160
   Interiorização penitenciária e gestão das penas 173
5. As exigências da circulação 185
   Sistema de abastecimento 185
   O controle das visitas 194

Uma fila de centenas e centenas de quilômetros......214

Conclusão......233

Referências......243

Agradecimentos......263

Glossário......265

à *Natália*

Porque ninguém se tornará justo diante de Deus através da observância da Lei, pois a função da Lei é dar consciência do pecado.

Rm 3,20

APRESENTAÇÃO

Sim, ainda existem sociólogos em Berlim... Eis aqui a antítese do que chamei de sociologia colaboracionista, ao me referir ao caudal de pesquisas e relatórios que ajudaram a expandir no Brasil o Estado de Polícia e o grande encarceramento[1]. Este livro é fundamental para os que querem compreender e interpretar a questão criminal no Brasil para além dos dois conceitos-chave da pauta neoliberal: narcotráfico e organização criminosa. Fruto de tese doutoral na sociologia da USP com orientação de Vera Telles, o trabalho de Rafael Godoi demonstra as marcas de sua orientadora: honestidade acadêmica, compromisso com o trabalho de campo e densa fundamentação teórica fora da mesmice repetidora do senso comum criminológico. Quem quiser entender o sistema carcerário do Brasil e mais especificamente o de São Paulo terá de mergulhar no caminho proposto pelo autor.

Trata-se de uma obra oriunda de um "estudo exploratório e prospectivo" nas prisões de São Paulo. A implicação de Godoi com seu objeto começa pela sua inserção na Pastoral Carcerária, que estabelece uma implicação naquele mundo, procurando interpelá-lo e compreendê-lo fora da metodologia causal-explicativa da perspectiva neopositivista. Seu primeiro passo foi apresentar uma contraposição às visões que leem o cárcere contemporâneo como instituição de confinamento, e não como "espaço poroso no interior de um dispositivo de governo". Ele nos apresenta as tecnologias de gestão das populações que por ali passam, bem como os agenciamentos e a regulação de fluxos de pessoas, objetos e informações que produzem a condução, a produção e a gerência de formas de viver. Para além das disciplinas de

---

[1] Vera Malaguti Batista, *Introdução crítica à criminologia brasileira* (Rio de Janeiro, Revan, 2011).

Foucault, Godoi demonstra como se articulam e se transformam, no tempo e no espaço, soberania, disciplina e governamentalidade neoliberal no sentido das grandes populações, e não mais no disciplinamento de indivíduos. Ao se propor cartografar fluxos, sua pesquisa multissituada se contrapõe a uma agenda de estudos das "facções" que interpelam a sociologia no método e nos resultados. Seu trabalho oferece à cena internacional do debate de prisões um minucioso estudo sobre a experiência de São Paulo. Para tanto, o autor nos revela uma cartografia do dispositivo carcerário de São Paulo através dos tipos de unidades, do sistema de justiça que incide em seu funcionamento, nos espaços constituídos, no perfil geral daquela população, nas "facções" e, principalmente, nos vasos comunicantes que articulam o "dentro" e o "fora" desse vasto mundo.

Debruça-se no que denomina "leis do tempo" para compreender o regime de processamento que "rege o fluir da população" e suas relações com a experiência da lei, da pena e do Estado. Apresenta-nos também o impacto regional desse "artefato" e suas disposições no espaço. Para tanto, detém-se nas exigências da circulação e no sistema de abastecimento para além de uma visão vitimista das famílias que figuram como atores principais e cujos constrangimentos "iluminam a mecânica" do dispositivo.

Por meio do que denomina de "etnografia experimental", polemiza com os estudos contemporâneos do cárcere no Brasil e no exterior, com grande contribuição. A expansão do sistema prisional de São Paulo já seria em si um analisador: de 24.091 presos em 1986 (com uma taxa de encarceramento de 85,1/100 mil habitantes) temos 219.053 em 2015 (com uma chocante taxa de encarceramento de 497,4/100 mil habitantes). Nessa história de lutas, rebeliões e fugas, desvela-nos o funcionamento da prisão massificada e o governo da população carcerária, assim como a emergência e o transbordamento do PCC.

O denso e extenso trabalho de campo empreendido por Rafael Godoi constitui uma das grandes virtudes deste livro fundamental. Aponta curiosamente, por exemplo, como os presos se frustravam ao saber de sua condição de pesquisador; não era advogado nem padre ou seminarista... Na sua impressionante cartografia, penetra nos circuitos (sistema penitenciário e sistema de justiça), nos coletivos (funcionalismo penitenciário, população carcerária e facção prisional) e nas conexões que exercem os papéis de vasos comunicantes. Seu relato pungente das expectativas daqueles homens na resistência contra o tempo, nas vias de circulação de informações processuais, remete-nos à relevância de figuras por ele homenageadas, como Fátima da

Pastoral. Demonstra a renovada importância estratégica do gerenciamento de um governo a distância que, por meio da tecnologia de escrita, reduz a interação entre presos e agentes.

Tenho pensado em como a criminologia poderia ser concebida como uma teoria das histórias tristes. Sempre que nos aproximamos mais da questão criminal, deparamo-nos com acontecimentos de perda material, brigas, lutas, afetos derramados em gestos duros, acidentes, pouca sorte e, principalmente, impossibilidade de acesso aos dispositivos de defesa contra o poder punitivo. Por isso, nós do hemisfério sul devemos contar nossas histórias em vez de repercutirmos a pauta tautológica que explica tudo pelas categorias de "organização criminosa" (ex-crime organizado) e "narcotráfico". O livro de Rafael Godoi é um antídoto contra as teorias caretas e covardes. Sua descrição do castigo dentro da instituição de castigo é um golpe firme: "conversamos com doze fragmentos de bocas ou olhos". Vamos conhecer ali os horrores da passagem do "raio" ao "pote", espaços sinistros de renovadas privações. Transferindo o foco às sindicâncias, o autor revela como essas práticas administrativas estão completamente afinadas com o que Foucault chama de "soberania punitiva" na administração de fluxos das populações envolvidas no grande encarceramento.

Conta-nos sobre a mediação processual nos registros da ilegibilidade e da mobilização. Esse "regime de gestão calado na ilegibilidade" se baseia numa proliferação de documentos que produzem transações nos circuitos dos sistemas de justiça. Fazer andar é o grande obstáculo, e a mobilização vai para o além-muros: "o melhor advogado do preso é a família", além – é claro – da resistência hercúlea da defensoria pública e dos advogados populares. As sincronizações entre o tempo de dentro e o de fora dialogam com o fundamental texto de Paulo Arantes sobre o tempo de espera dos pobres do mundo. Essa progressiva dissolução entre as internalidades e as exterioridades vai produzindo arranjos espaciais como a interiorização da estrutura carcerária no estado de São Paulo e as relações econômicas entre o empreendimento prisional e o agronegócio. O discurso da localização de prisões no interior é vinculado a uma retórica de desenvolvimento econômico e social, embora na prática o que engendre seja o cumprimento da pena como uma "sucessão de lugares: Diadema, Parelheiros, Mirandópolis, Serra Azul e agora aqui...". Essa circulação de presos e de suas famílias gera novas exigências no abastecimento de produtos de higiene, vestuário e limpeza, na distribuição dos "jumbos" e na mobilização de *vans* e hotéis para as famílias visitantes. Somos capazes de entender com muito mais clareza a importância desses fluxos na economia neoliberal.

A visitação é um capítulo especial de agenciamentos no sentido dos cadastros, das senhas, das filas, da regulamentação das roupas permitidas nos corpos escrutinados por triplas inspeções, *checkpoints*... os percursos em direção ao interior são pontuados por abordagens policiais na busca de reprimir os bilhetes e cartas para o "crime organizado". Como contraponto, surge também o lugar dos afetos nessa vida em carne e osso dos contingentes encarcerados.

No diálogo que realiza com os saberes sociológicos contemporâneos, Rafael Godoi demonstra a falácia dos discursos que interpretam a questão carcerária como falta de investimento, ou falta de Estado. Esses investimentos, que já representam uma proporção inédita em gastos com "segurança pública", apenas adensam ainda mais os fluxos que dão funcionalidade ao dispositivo-prisão na governamentalidade neoliberal. A profunda honestidade acadêmica do autor nos alerta para o fenômeno da "nativização" de um "outro" que está perto demais. É fundamental compreender que aqueles coletivos humanos que se encontram "dentro" das muralhas não são grupos diferentes dos "de fora".

A propósito, uma das tantas lições que esta grandiosa obra nos ensina é que é possível compreender o sistema penitenciário não a partir das muralhas, mas sim a partir dos vasos comunicantes por ele colocados em movimento. Daí o desvio rumo à análise da centralidade do PCC nas dinâmicas criminais: é o sistema "que incita a mobilização ininterrupta e a articulação extramuros". Assim, ao contrário da "organização criminosa", conceito que constrói a figura de uma urdidura externa e ameaçadora à "sociedade", essas organizações são incitadas para o próprio funcionamento do sistema.

Por tudo isso, este livro de Rafael Godoi é imprescindível para os que querem compreender a expansão do poder punitivo no capitalismo vídeo-financeiro. É fruto de uma jornada de campo extraordinária que contribui e dialoga com o mundo da criminologia a partir de um profundo conhecimento da realidade do lugar.

Vera Malaguti Batista
Rio de Janeiro, março de 2017.

INTRODUÇÃO

Este livro é fruto de minha tese de doutorado, defendida em 2015 no Departamento de Sociologia da Universidade de São Paulo. Nele, proponho-me a um estudo exploratório e prospectivo sobre as prisões em São Paulo na virada dos tempos. Uma triangulação: num vértice, a prisão, instituição socialmente consagrada como mecanismo punitivo por excelência; em outro, um lugar, ou melhor, um conjunto de lugares, de extensões variadas e intersecções múltiplas – o estado de São Paulo, suas regiões, sua capital, seus bairros; no terceiro vértice, a contemporaneidade e sua história recente, repleta de transformações fundamentais nas formas de produção e circulação de riquezas, na experiência da política e dos conflitos sociais, bem como nas formas de subjetivação e de sociabilidade cotidiana.

Através do conjunto variado de informações e análises aqui dispostas, proponho alguns deslocamentos nas formas de interpelar e compreender as prisões, seus territórios e os tempos que correm. São esses deslocamentos que articulam os diversos capítulos deste livro, garantindo-lhes alguma unidade; por isso, explicitá-los, de partida, pode ser importante para conduzir a leitura do que se segue.

O primeiro e talvez mais importante deslocamento que proponho visa a uma outra figuração da prisão, mais conforme a seu atual funcionamento cotidiano. Em linhas gerais, é possível afirmar que a prisão não é tomada aqui apenas como uma instituição de confinamento que, ao punir, disciplina e individualiza os corpos, e que foi, de modo tão marcante, dissecada por Foucault. A prisão aparece aqui também como um espaço poroso no interior de um dispositivo de governo, como uma tecnologia (entre outras) de gestão de populações, de agenciamento e regulação de fluxos (de pessoas, objetos e informações), de condução das condutas, de produção e administração de determinadas formas de vida. Sigo, portanto, além das teses de Foucault sobre o poder disciplinar, suas sugestões sobre o poder governamental, voltando-as, como uma grade de inteligibilidade, para um sistema prisional específico e estratégico. Embora não se trate de um estudo da "prisão pós-disciplinar" nem da "sociedade de controle" – uma vez que soberania, disciplina e governamentalidade não se sucedem no decorrer da história, mas se articulam e se transformam no tempo e no espaço[1] –, é possível afirmar que, neste trabalho, investigo o funcionamento da prisão em tempos (e lugares) de governamentalidade neoliberal – quando (e onde) o desafio que ela se coloca é o de administrar grandes agregados populacionais, mais do que disciplinar indivíduos. O encarceramento em massa é, portanto, fundamento e horizonte das questões aqui trabalhadas.

Tal deslocamento tem consequências importantes no que diz respeito aos recursos metodológicos empregados e ao escopo de objetos empíricos a serem observados. Em linhas gerais, é possível afirmar que, diante dos saberes e técnicas que objetivam a delinquência – próprios das disciplinas –, ganham maior relevância os expedientes que produzem e regulam uma multiplicidade de fluxos – estes, por sua vez, objetos privilegiados de governo. Cartografar esses fluxos (e seus modos de regulação) exige uma prática de pesquisa multissituada[2], que não se limita ao perímetro institucional nem ao conjunto de agências e sujeitos mais direta ou formalmente implicados na administração penitenciária; exige também uma observação dos modos de circulação de uma multiplicidade de coisas – de processos judiciários a alimentos perecíveis, tomados como artefatos, no sentido de Latour[3] – minimamente tão

---

[1] Sobre a prisão pós-disciplinar, ver Gilles Chantraine, "A prisão pós-disciplinar", *Revista Brasileira de Ciências Criminais*, IBCCrim, v. 14, n. 62, 2006; sobre a sociedade do controle, ver Gilles Deleuze, "Post-scriptum sobre as sociedades de controle", em *Conversações* (São Paulo, Editora 34, 2010); sobre a articulação de tecnologias de poder, ver Michel Foucault, *Segurança, território e população: curso dado no Collège de France (1977-1978)* (São Paulo, Martins Fontes, 2008), p. 142-3; também Judith Butler, "Detención indefinida", em *Vida precaria: el poder del duelo y la violencia* (Buenos Aires, Paidós, 2006); e ainda Stephen J. Collier, "Topologias do poder: a análise de Foucault sobre governo político para além da 'governamentalidade'", *Revista Brasileira de Ciência Política*, n. 5, 2011.

[2] George E. Marcus, "Ethnography in/of the World System: the Emergence of Multi-Sited Ethnography", *Annual Review of Anthropology*, v. 24, 1995.

[3] Bruno Latour, *Jamais fomos modernos: ensaio de antropologia simétrica* (São Paulo, Editora 34, 1994).

Introdução • 17

atenta quanto a que se volta aos percursos propriamente "humanos". Afinal, governar é sempre dispor, de algum modo, homens e coisas[4].

Um segundo movimento geral que procuro realizar se refere à agenda de estudos na área. No decorrer da pesquisa e da redação desta obra, pareceu-me importante recolocar em pauta as agruras da prisão, ainda que já num outro registro. Embora nos últimos anos todo um campo de estudos prisionais venha se consolidando no Brasil[5], especialmente no estado de São Paulo (mas não apenas), o estudo da prisão me parece excessivamente centrado na socialidade dos prisioneiros; em particular, nas dinâmicas estruturantes do fenômeno das facções prisionais. A prisão aparece então como o contexto de emergência e atuação privilegiada do Primeiro Comando da Capital (PCC); torna-se pano de fundo, um dado circunstancial que já não inspira questionamentos mais aprofundados. A intenção de recolocar em discussão aspectos da arbitrariedade, da violência e das mazelas estruturais do sistema penitenciário paulista responde, de um lado, à percepção de que não se poderá compreender a socialidade dos presos sem se considerar atentamente os constrangimentos e injunções que as agências estatais lhes impõem; e, de outro, à constatação de que esses mesmos constrangimentos e injunções não só são pouco problematizados, mas principalmente são por demais desconhecidos. Desse desconhecimento decorre a necessidade de mudar de registro. Negligências várias, maus-tratos múltiplos, persistência da tortura: questões que a pesquisa prisional brasileira não deixou de pautar quando de sua emergência e que, pela própria resiliência dessa violência institucional, se tornaram lugar-comum nos discursos sobre a prisão brasileira. Dessa resiliência deriva certa atitude intelectual – a que aqui pretendo pôr em xeque – que, ante a questão "o que são as prisões no Brasil?", tão logo responde: "sabemos de que se trata: precariedade, arbitrariedade, maus-tratos, tortura, como sempre!". Não deixa de ser verdade. No entanto, o funcionamento cotidiano da prisão não pode ser reduzido a tais expedientes. Por mais centrais e estruturantes que eles sejam, outras dinâmicas (que por sua vez produzem outros sofrimentos) são fundamentais não só à manutenção das rotinas prisionais como também à própria expansão do encarceramento. Ao colocar em primeiro plano o regime de processamento da execução penal,

---

[4] Michel Foucault, *Segurança, território e população*, cit., p. 128-9.

[5] Fernando Salla, "A pesquisa sobre as prisões: um balanço preliminar", em Andrei Koerner (org.), *História da Justiça Penal no Brasil* (São Paulo, IBCCrim, 2006).

o processo de interiorização penitenciária e o sistema de abastecimento das prisões paulistas, pretendo, a um só tempo, recolocar em discussão as agruras da prisão e ampliar os termos em que elas podem ser pensadas.

Um terceiro deslocamento geral que persigo ao longo de todo o trabalho se refere ao lugar que a experiência prisional do estado de São Paulo pode ocupar no debate internacional sobre o encarceramento contemporâneo. Para analisar a atualidade desse sistema penitenciário, negligenciar os termos que prevalecem no debate internacional parece-me tão inconcebível quanto tentar aplicá-los de modo imediato. A experiência paulista tanto remete aos processos transnacionais que fazem do punitivismo exacerbado uma das mais destacadas marcas de nosso tempo quanto coloca em suspenso certas formulações – quando não os termos centrais – que estruturam suas mais consagradas narrativas e análises. Por exemplo, um *welfarismo* penal (e social) nunca consolidado não pode ser propriamente desmantelado; uma renovada prisão cuja função é meramente incapacitar e neutralizar não parece ser o lugar mais oportuno à emergência de coletivos de presos que organizam megarrebeliões, promovem centenas de atentados nas ruas e incidem no mercado internacional de drogas. Em quais termos o encarceramento em massa no estado pode e deve ser pensado? De que modo essa experiência particular dialoga com processos análogos no norte e no sul globais? O que o modelo paulista tem a ensinar sobre o encarceramento em massa contemporâneo? Embora sem respostas absolutas a tais indagações, ao persegui-las situo o horizonte desta análise muito além dos limites de um "estudo de caso", das idiossincrasias de um contexto específico e periférico. Nem exemplo nem decalque, o encarceramento em São Paulo é tão (ou mais) esclarecedor da renovação das prisões e da virada dos tempos quanto seus congêneres do Atlântico Norte.

Além desses três movimentos mais gerais, cada capítulo foi construído e redigido tendo em vista operar também alguns deslocamentos. No primeiro capítulo – "Plano de referência" –, procuro explicitar a perspectiva teórica adotada, as escolhas metodológicas, os principais problemas levantados e o percurso empírico da investigação, com seus condicionamentos e limites. Mais do que mera apresentação dos objetivos da pesquisa e de suas condições de realização, esse capítulo marca o distanciamento de certo provincianismo disciplinar que me parece tão descabido quanto reiterado na atual prática das ciências sociais. Mais do que uma reivindicação de ecletismo teórico ou de interdisciplinaridade metodológica, esse capítulo afirma a posição, política e epistemológica, de uma investigação que se conduz pelos problemas que levanta e não pelas tradições de uma ou outra disciplina. Aqui, os problemas, conforme vão sendo construídos e enfrentados, articulam saberes e expedientes de pesquisa reivindicados por uma ou outra disciplina – e não o contrário. Sem deixar de ser uma tese de sociologia da punição, este trabalho reúne elementos de sociologia urbana, filosofia política, história, geografia e, principalmente, antropologia. Está, portanto, aberto ao escrutínio e à crítica de todos aqueles que, situados em outras tradições disciplinares, se ocupam da mesma ordem de problemas.

No segundo capítulo – "Cartografia do dispositivo carcerário paulista" –, faço uma breve apresentação dos tipos de unidade que compõem o sistema penitenciário do estado de São Paulo, das instituições do sistema de justiça que incidem em seu funcionamento, dos espaços que constituem a maioria das penitenciárias paulistas, dos agentes do funcionalismo que atuam nas prisões, do perfil geral da população carcerária no estado, da questão das facções prisionais em São Paulo e do que chamo de vasos comunicantes – as formas de conexão, formais e informais, que articulam territórios de dentro e de fora da prisão. Todo esse esforço descritivo visa a consolidar, com um mínimo de didatismo, as mais básicas referências necessárias à compreensão das discussões que se seguirão nos demais capítulos. Tais apreciações sintéticas e introdutórias me parecem necessárias a fim de evitar que a leitura deste livro se restrinja a um círculo de especialistas que só admite iniciados; também porque, muitas vezes, os mais especializados estudos da área manifestam um patente desconhecimento do quadro mais geral onde se situam seus objetos de pesquisa.

No centro do terceiro capítulo – "As leis do tempo" –, encontra-se uma discussão sobre a experiência da lei, da pena e do Estado no interior do espaço penitenciário. Abordo as dinâmicas de circulação de informações processuais, de punição interna à instituição e de mobilização de presos e outros agentes em função dos trâmites da execução penal, na tentativa de qualificar o particular regime de processamento que rege o fluir da população carcerária em São Paulo no decorrer do tempo. Ao explorar – em detalhes, em miúdos – os mecanismos de gestão das penas, pretendo afastar-me de análises genéricas e correntes que se limitam a atestar, muitas vezes não mais que retoricamente, a conversão da prisão num mero depósito de gente supérflua.

No quarto capítulo – "As disposições no espaço" –, apresento alguns dados sobre a distribuição da população carcerária pelos diferentes tipos de unidade e regiões do estado, discuto a tendência recente de interiorização penitenciária e exploro os impactos desse processo numa região do extremo oeste paulista, bem como na própria experiência da pena – no regime de processamento. Pelo menos dois deslocamentos estão subentendidos nas diferentes partes que compõem esse capítulo. Em primeiro lugar, ante uma figuração por demais vaga do sistema penitenciário, como um todo indiferenciado, oponho um estudo de suas formas de espacialização, isto é, dos modos pelos quais os diferentes tipos de unidade, as diversas categorias da população carcerária e mesmo os variáveis coeficientes de superlotação se distribuem desigualmente pelo território estadual. Já no que se refere especificamente ao processo de interiorização penitenciária, levanto objeções que visam a aprofundar a reflexão e reconstituir sua complexidade no contexto paulista. Se é possível ver nesse processo tanto uma atualização das velhas formas do banimento quanto uma estratégia deliberada de invisibilização de setores sociais marginalizados, parece-me necessário explorar mais de perto o entrelaçamento de eventos específicos que o promoveram e, principalmente, seus efeitos imediatos nos territórios interioranos do estado e no próprio interior das penitenciárias, levando sempre em consideração o que já se formulou sobre processos análogos em outros contextos, especialmente nos Estados Unidos.

No quinto e último capítulo – "As exigências da circulação" –, apresento alguns dados sobre o sistema de abastecimento que proporciona a manutenção cotidiana dos presos paulistas, atentando especialmente para o papel central desempenhado por seus familiares. Discuto as principais formas de controle estatal que objetivam esses familiares e apresento alguns aspectos da dinâmica de visitação em penitenciárias do extremo oeste para, por fim, propor reflexões não apenas acerca dos sentidos sociais e políticos da interiorização penitenciária mas também sobre o que iluminam do próprio funcionamento atual das prisões no estado de São Paulo. Nesse capítulo, rechaço hipóteses bastante consolidadas que veem os familiares, em especial as mulheres, como vítimas secundárias (ou colaterais) do encarceramento massivo e sustento que tais familiares não só ocupam uma posição central no funcionamento do dispositivo carcerário em sua totalidade como também os constrangimentos e injunções dos quais são objeto se mostram particularmente esclarecedores quanto à mecânica geral que rege o atual funcionamento da prisão.

1
PLANO DE REFERÊNCIA

A ciência não é impregnada por sua própria unidade, mas pelo plano de referência constituído por todos os limites ou bordas sob as quais ela enfrenta o caos.

Gilles Deleuze e Félix Guattari, *O que é a filosofia?* (São Paulo, Editora 34, 1992)

Coordenadas gerais

Um percurso compartilhado

Este livro é fruto e, ao mesmo tempo, parte de um esforço coletivo mais amplo de compreensão das recentes e profundas reconfigurações que vêm atravessando o mundo social de ponta a ponta. Em 2004, ingressei – na qualidade de bolsista de iniciação científica – na pesquisa "Cidade e trabalho: mobilidades ocupacionais e seus territórios", coordenada pela professora Vera da Silva Telles e por Robert Cabanes, no Departamento de Sociologia da Universidade de São Paulo. Naquele momento, uma grande equipe já estava constituída e em campo, explorando transformações no mercado de trabalho, nas dinâmicas de ocupação de terras, nas formas de associação política e de sociabilidade cotidiana, em diferentes territórios periféricos da cidade de São Paulo. Embora cada um tivesse seus próprios interesses de pesquisa, não só o trabalho de campo era conduzido coletivamente como todo o material levantado – documentos, entrevistas, cadernos de campo etc. – era amplamente compartilhado, trabalhado e discutido em conjunto[1]. Meu ingresso nesse coletivo se deu numa etapa da pesquisa empírica em que

---

[1] Uma primeira apresentação dos resultados dessa experiência coletiva de pesquisa está em Vera da S. Telles e Robert Cabanes (orgs.), *Nas tramas da cidade: trajetórias urbanas e seus territórios* (São Paulo, Humanitas, 2006).

experiências fortemente vinculadas à prisão emergiam – de diversas maneiras e por diversos motivos – dos materiais reunidos em diversos territórios. A prisão se impunha como um tema conforme avançávamos no esforço de compreender a virada dos tempos e a cidade. Coube a mim, um pouco por acaso, um pouco por inclinação, sistematizar e estudar esses dados. Desde então, não só a prisão nunca deixou de ser o "meu" tema, como nunca pude deixar de concebê-la em conexão com outros territórios, qual um circuito que compõe e reconfigura a paisagem urbana.

Nos últimos doze anos, tenho procurado desenvolver uma perspectiva sobre a prisão em consonância com as discussões e achados desse grupo de pesquisa a respeito da cidade e da virada dos tempos[2]. Não obstante a diversidade de temas e interesses articulados nesse amplo e já longo debate, muitos de nós compartilhamos a mesma inquietação sociológica e política, além da mesma estratégia para lidar com ela; tal inquietação já foi formulada e explicitada nos seguintes termos: "Com quais parâmetros colocar em perspectiva e sob perspectiva crítica os ordenamentos sociais urdidos nos últimos anos, na virada dos tempos?"[3].

A pergunta não é sem motivo; decorre da percepção de que a sociedade vem passando por aceleradas transformações, enquanto os próprios termos em que a teoria social e o pensamento crítico se apoiavam de modo a compreendê--la (e nela intervir) parecem ter se desativado ou, o que é pior, foram de fato assimilados pelo turbilhão da mudança, perdendo assim qualquer potência, heurística ou transformadora. Não só a linguagem dos direitos, da cidadania, do espaço público e da inclusão social entrou em encadeamentos práticos e discursivos que alteraram usos e sentidos de cada um desses termos como também o campo de conflitos – no qual outrora essa linguagem se articulava – foi deslocado. Desse processo, temos vários registros. Por exemplo, ideais de responsabilidade social e promoção da cidadania tornaram-se, nos últimos anos, objetivos empresariais, convertendo o direito numa espécie de serviço. Direitos ambientais e desenvolvimento sustentável são cada vez mais evocados a fim de justificar violentas e arbitrárias remoções de favelas, que, por sua vez, só intensificam o processo de crescimento desordenado da

---

[2] Todos os méritos que este estudo venha a ter devem ser compartilhados com esse coletivo, todos os deméritos serão exclusivamente meus.

[3] Vera da S. Telles, *A cidade nas fronteiras do legal e ilegal* (Belo Horizonte, Argvmentvm, 2010), p. 147.

cidade e a especulação imobiliária. Iniciativas de promoção da participação social nas decisões governamentais – a exemplo dos programas de Orçamento Participativo –, além de atualizarem práticas de cooptação política e clientelismo, permitiram instituir e legitimar a penúria.

O combativo associativismo popular dos bairros periféricos da metrópole paulista se converteu numa miríade de projetos sociais, que participam da implementação de políticas públicas e assistenciais, competindo num acirrado mercado concorrencial por parcerias e recursos. A inclusão social se promove agora pelo mercado, não mais apesar dele nem contra ele; desempregados, trabalhadores informais, precarizados e demais "excluídos" são convertidos em empreendedores de sua própria existência, via programas de microcrédito, capacitação profissional e formalização simplificada – que não deixam de repor e multiplicar clivagens. Processos de pacificação de territórios podem estar relacionados tanto a procedimentos particulares de resolução de conflitos vinculados ao "mundo do crime" – por exemplo, no caso da redução das taxas de homicídio em São Paulo no decorrer dos anos 2000 – quanto a violentíssimas intervenções militares, as quais privam grupos inteiros de direitos básicos, quando não da vida em si – como no Complexo do Alemão e nas demais Unidades de Polícia Pacificadora (UPPs) do Rio de Janeiro olímpico[4]. Apreender (e criticar) um

---

[4] Remeto aqui a diversos trabalhos de colegas e interlocutores de nosso coletivo de pesquisa, em particular a Tatiana A. Maranhão, "O sentido político das práticas de responsabilidade social empresarial no Brasil", em Robert Cabanes et al. (orgs.), *Saídas de emergência: ganhar/perder a vida na periferia de São Paulo* (São Paulo, Boitempo, 2011); José César de Magalhães Jr., "As entidades sociais e o surgimento de uma gestão concorrencial do engajamento cívico", em Robert Cabanes et al. (orgs.), *Saídas de emergência*, cit.; José César de Magalhães Jr., *O mercado da dádiva: formas biopolíticas de um controle das populações periféricas urbanas* (Dissertação de Mestrado em Sociologia, São Paulo, FFLCH-USP, 2006); Eliane Alves da Silva, *Governar o ingovernável: gestão da irregularidade urbana em áreas de mananciais em São Paulo* (Tese de Doutorado em Sociologia, São Paulo, FFLCH-USP, 2011); Cibele S. Rizek, "São Paulo: orçamento e participação", em Francisco de Oliveira e Cibele S. Rizek (orgs.), *A era da indeterminação* (São Paulo, Boitempo, 2007); Carlos Freire da Silva, *Das calçadas às galerias: mercados populares do centro de São Paulo* (Tese de Doutorado em Sociologia, São Paulo, FFLCH-USP, 2014); Tiago R. Côrtes, *Os migrantes da costura em São Paulo: retalhos de trabalho, cidade e Estado* (Dissertação de Mestrado em Sociologia, São Paulo, FFLCH-USP, 2013); Daniel V. Hirata, *Sobreviver na adversidade: entre o mercado e a vida* (Tese de Doutorado em Sociologia, São Paulo, FFLCH-USP, 2010); Gabriel de S. Feltran, *Fronteiras de tensão: um estudo sobre política e violência nas periferias de São Paulo* (Tese de Doutorado em Filosofia, Campinas, IFCH-Unicamp, 2008); Gabriel de S. Feltran,

tal estado de coisas exige renovados parâmetros analíticos que escapem de uma linguagem política que já não diferencia nada nem ninguém.

A estratégia que compartilhamos para lidar criticamente com essa virada dos tempos é, com efeito, a aposta teórico-metodológica numa "etnografia experimental", a qual busca na descrição de uma cadeia de práticas e processos, situados no tempo e no espaço, "seguir as pistas de ordenamentos sociais emergentes"[5] não para enquadrá-los posteriormente numa teoria geral e totalizadora, mas para prospectar os novos campos de conflito e jogos de poder que vêm estruturando, articulando e atravessando diferentes domínios do tecido social. Apostamos no trabalho empírico, etnográfico, para apreender, em seus próprios (e novos) termos, os deslocamentos nos campos de conflitos que (re)organizam a experiência do mundo – nos quais atualmente estão cifradas as possibilidades da crítica e da política.

Um momento, um lugar

Como já indiquei, minha pesquisa deriva da percepção de uma crescente presença da prisão nas dinâmicas sociais que se estruturam nas periferias do município de São Paulo, bem como nas trajetórias de um número cada vez maior de indivíduos que habitam tais territórios. Essa constatação pode ser considerada o registro local de um processo transversal, global, que vem caracterizando a virada dos tempos. Garland, Wacquant e Christie são alguns dos mais conhecidos autores empenhados em qualificar esse novo momento na história da punição, relacionando expansão carcerária, neoliberalismo, encolhimento dos gastos sociais do Estado, ampliação de investimentos públicos e privados nos dispositivos de controle do crime, entre diversos fatores[6]. Demonstrando

---

"Governo que produz crime, crime que produz governo: o dispositivo de gestão do homicídio em São Paulo (1992-2011)", *Revista Brasileira de Segurança Pública*, São Paulo, v. 6, n. 2, 2012; Vera Malaguti Batista, "O Alemão é muito mais complexo", texto apresentado no 17º Seminário Internacional de Ciências Criminais em São Paulo, 23 ago. 2011, disponível em <http://gajop.org.br/justicacidada/wp-content/uploads/O-Alem%C3%A3o-%C3%A9-muito-mais-complexo.pdf>, acesso em fev. 2017; e Vera da S. Telles, *A cidade nas fronteiras do legal e ilegal*, cit.

[5] Vera da S. Telles, *A cidade nas fronteiras do legal e ilegal*, cit., p. 21.

[6] David Garland, "'Governmentality' and the Problem of Crime: Foucault, Criminology, Sociology", *Theoretical Criminology*, v. 1, n. 2, 1997; idem, "As contradições da 'sociedade punitiva': o caso britânico", *Revista de Sociologia e Política*, n. 13, 1999; idem (org.), *Mass Imprisonment: Social Causes and Consequences* (Londres, Sage, 2001); idem,

como a atual inflação carcerária não é mero reflexo do aumento nos índices de criminalidade, esses (e outros) autores apontam para a complexidade das relações históricas que se estabelecem entre economia, política, cultura e punição. Em outro registro, de modo a qualificar o momento presente, diferentes autores vêm chamando a atenção para a expansão e a progressiva centralidade de práticas que as agências estatais definem (e interpelam) como informais, ilícitas e ilegais, em uma variedade de arranjos sociais e econômicos[7]. Tráfico de drogas e armas, contrabando de mercadorias, pirataria de logomarcas, golpes financeiros e comerciais, pressões, fraudes, espionagens, chantagens e extorsões são, cada vez mais, expedientes mobilizados na concreção de estratégias de aquisição (e fruição) de bens, de poder e de status. Na mesma medida, nas bases das hierarquias sociais, trabalho temporário, precário, informal e atividades ilícitas são expedientes que se combinam, confundem-se e alternam-se na viabilização de estratégias de sobrevivência. "A cidade como bazar" é a imagem que Ruggiero e South construíram para designar essa dinâmica de "mobilidades laterais"[8] entre os domínios do legal e do ilegal, que vem caracterizando a sociedade contemporânea – e se revela especialmente sugestiva para pensar contextos como os do Rio de Janeiro e de São Paulo[9]. Nesse cenário

---

La cultura del control: crimen y orden social en la sociedad contemporánea (Barcelona, Editorial Gedisa, 2005); Loïc Wacquant, *As prisões da miséria* (Rio de Janeiro, Jorge Zahar, 2001); idem, "A ascensão do Estado Penal nos EUA", *Discursos sediciosos: crime, direito e sociedade*, v. 7, n. 11, 2002; idem, *Punir os pobres: a nova gestão da miséria nos Estados Unidos* (Rio de Janeiro, Revan, 2003); idem, *Parias urbanos: marginalidad en la ciudad a comienzos del milênio* (Buenos Aires, Manantial, 2007); e Nils Christie, *Crime Control as Industry: Towards GULAGs, Western Style?* (Londres, Routledge, 1993).

[7] Ver, entre outros, Nezar Alsayyad e Ananya Roy, "Modernidade medieval: cidadania e urbanismo na era global", *Novos Estudos*, n. 85, 2009; Ananya Roy, "The 21st-Century Metropolis: New Geographies of Theory", *Regional Studies*, v. 43, n. 6, 2009; idem, "Civic Governmentality: the Politics of Inclusion in Beirut and Mumbai", *Antipode*, v. 41, n. 1, 2009; Vera da S. Telles, "Ilegalismos urbanos e a cidade", *Novos Estudos*, n. 84, 2009; idem, *A cidade nas fronteiras do legal e ilegal*, cit., 2010; Vera da S. Telles e Daniel V. Hirata, "Cidade e práticas urbanas: nas fronteiras incertas entre o ilegal, o informal e o ilícito", *Estudos Avançados*, v. 21, n. 61, 2007; Daniel V. Hirata, *Sobreviver na adversidade*, cit.; e Gabriel de S. Feltran, *Fronteiras de tensão*, cit.

[8] Vincenzo Ruggiero e Nigel South, "The Late City as a Bazaar: Drug Markets, Illegal Enterprise and the Barricades", *The British Journal of Sociology*, v. 48, n. 1, 1997, p. 59, tradução minha.

[9] Como bem mostram Michel Misse, *Crime e violência no Brasil contemporâneo: estudos de sociologia do crime e da violência urbana* (Rio de Janeiro, Lumen Juris, 2006);

reconfigurado, a experiência da prisão se torna um elemento cada vez mais comum na trajetória dos operadores dos ilegalismos que concentram maiores riscos de incriminação e propiciam menor retorno econômico. O estado de São Paulo se mostra um lugar bastante apropriado a indagações quanto à dinâmica da expansão carcerária, suas causas, seu funcionamento, seus efeitos. Em 1986, a população carcerária paulista era de 24.091 presos e a taxa de encarceramento era de 85,1/100 mil habitantes; em 1996, a população carcerária saltava para 66.278 presos[10], e a taxa de encarceramento, para 194,5/100 mil habitantes[11]; segundo o Departamento Penitenciário Nacional, em dezembro de 2014 São Paulo já contabilizava uma população de 220.030 presos e uma taxa de encarceramento de 498,5/100 mil habitantes[12]. Em 1983, o sistema penitenciário paulista dispunha de apenas quatorze unidades; em 1994, já eram 43[13]; e, em setembro de 2016, contabilizava um total de 166 unidades prisionais[14].

Trata-se, com efeito, do maior sistema penitenciário do Brasil e de um dos maiores do mundo. Em dezembro de 2014, as prisões brasileiras abrigavam uma população de 622.202 pessoas, sendo a taxa de encarceramento nacional de 306,2/100 mil habitantes[15]. O estado de São Paulo, portanto, concentra cerca de 35% dos presos do país e apresenta uma taxa

---

Vera da S. Telles, *A cidade nas fronteiras do legal e ilegal*, cit.; idem, "Nas dobras do legal e ilegal", cit., e idem, "Jogos de poder nas dobras do legal e ilegal: anotações de um percurso de pesquisa", em Christian Azaïs, Gabriel Kessler e Vera da S. Telles, *Ilegalismos, cidade e política* (Belo Horizonte, Fino Traço, 2012).

[10] Fernando Salla, "De Montoro a Lembo: as políticas penitenciárias em São Paulo", *Revista Brasileira de Segurança Pública*, a. 1, n. 1, 2007.

[11] A taxa de encarceramento para o ano de 1996 foi calculada com base nos dados populacionais estaduais encontrados em IBGE, Instituto Brasileiro de Geografia e Estatística, *População* (2014), disponível em <http://www.ibge.gov.br/home/mapa_site/mapa_site.php#populacao>, acesso em 20 nov. 2014.

[12] Depen, Departamento Penitenciário Nacional, *Levantamento nacional de informações penitenciárias: Infopen dezembro de 2014* (Brasília, Ministério da Justiça, 2016), disponível em <http://www.justica.gov.br/seus-direitos/politica-penal/documentos/infopen_dez14.pdf>, acesso em 24 jul. 2017, acesso em 3 set. 2016.

[13] Fernando Salla, "De Montoro a Lembo", cit., p. 77-9.

[14] SAP, Secretaria de Administração Penitenciária, *166 unidades prisionais* (São Paulo, Portal SAP, 29/09/2016), disponível em <http://www.sap.sp.gov.br/>, acesso em 29 set. 2016.

[15] Depen, *Levantamento Nacional de Informações Penitenciárias*, cit.

de encarceramento aproximadamente 60% maior que a nacional. Se fosse um país, São Paulo estaria entre os dez que mais enclausuram no mundo, em população absoluta e índice carcerário. Exclua-se a Rússia – terceiro país que mais encarcera – e a população prisional paulista é maior que a de qualquer outro país europeu. Em termos relativos, São Paulo apresenta uma taxa de encarceramento mais que três vezes superior à do Reino Unido e da Espanha, e quase cinco vezes superior à taxa da França[16].

Para além das dimensões superlativas, tal sistema chama a atenção por apresentar uma trajetória de expansão das mais turbulentas, marcada por inúmeras fugas, rebeliões e mortes. Em 1992, pelo menos 111 presos foram assassinados por forças policiais na Casa de Detenção de São Paulo, no episódio que ficou conhecido como massacre do Carandiru. Em 1995, uma rebelião numa penitenciária do município de Tremembé durou cerca de 130 horas, constituindo-se como uma das mais longas da história[17]; entre janeiro e maio de 1997, foram registradas 57 rebeliões prisionais em todo o estado[18]. Em fevereiro de 2001, 29 unidades prisionais se rebelaram simultaneamente, num levante que envolveu mais de 28 mil presos[19]; e, em maio de 2006, foram 73 unidades simultaneamente rebeladas[20] enquanto, do lado de fora dos muros, 43 agentes públicos – em sua maioria policiais e agentes de segurança penitenciária (ASPs) – foram assassinados, 122 pessoas foram executadas – com indícios de participação policial – e centenas de ataques foram perpetrados contra bancos, lojas, prédios públicos

---

[16] Segundo dados atualizados do ICPS, International Centre for Prison Studies, *Highest to Lowest* (Londres, University of London, s/d), disponível em <http://www.prisonstudies.org/highest-to-lowest>, acesso em 20 ago. 2016, a taxa de encarceramento no Reino Unido (Inglaterra e País de Gales) é de 146/100 mil hab.; na Espanha, de 133/100 mil hab.; e na França, 103/100 mil hab. Embora esses dados tenham sido produzidos de diversas maneiras e atualizados em diferentes momentos, servem como referência de escala. No que concerne à taxa de encarceramento, o índice paulista é maior que o da própria Rússia – 451/100 mil hab.

[17] Fernando Salla, "De Montoro a Lembo", cit., p. 80.

[18] Camila C. N. Dias, *Da pulverização ao monopólio da violência: expansão e consolidação do Primeiro Comando da Capital (PCC) no sistema carcerário paulista* (Tese de Doutorado em Sociologia, São Paulo, FFLCH-USP, 2011), p. 136.

[19] Fernando Salla, "As rebeliões nas prisões: novos significados a partir da experiência brasileira", *Sociologias*, n. 16, 2006, p. 276.

[20] Sergio Adorno e Fernando Salla, "Criminalidade organizada nas prisões e os ataques do PCC", *Revista de Estudos Avançados*, v. 21, n. 61, 2007, p. 7.

28 • Fluxos em cadeia

e ônibus[21]. Ao passo que o sistema penitenciário paulista se expandia, as rebeliões prisionais se tornaram mais frequentes, mais longas, maiores, mais espetaculares e generalizadas. Esses são alguns dos episódios que marcam o processo de emergência e estabelecimento do Primeiro Comando da Capital (PCC) como facção hegemônica dentro e fora das prisões e que fazem com que o estado de São Paulo abrigue um dos sistemas prisionais mais conflagrados do mundo[22].

Questões de pesquisa

Um depósito de gente?

Transformações importantes no funcionamento do sistema de justiça criminal em diversos países, remontando, em linhas gerais, ao último quarto do século XX, foram e ainda são objeto de um vigoroso debate nas ciências sociais. Estado Penal, nova penalogia, justiça atuarial, punitividade

---

[21] Entre 12 e 20 de maio de 2006, um total de 439 homicídios foi registrado no estado de São Paulo, como apontam Sergio Adorno e Fernando Salla, "Criminalidade organizada nas prisões e os ataques do PCC", cit., p. 7. Mais informações em International Human Rights Clinic (IHRC) e Justiça Global, *São Paulo sob achaque: corrupção, crime organizado e violência institucional em maio de 2006* (São Paulo, Human Rights Program at Harward School e Justiça Global Brasil, 2011).

[22] Sobre o PCC, ver, entre outros, Fernando Salla, "As rebeliões nas prisões", cit.; James Holston, "Dangerous Spaces of Citizenship: Gang Talk, Rights Talk and Rule of Law in Brazil", *Planning Theory*, v. 8, n. 1, 2009; Karina Biondi, *Junto e misturado: uma etnografia do PCC* (São Paulo, Terceiro Nome, 2010); idem, *Etnografia no movimento: território, hierarquia e lei no PCC* (Tese de Doutorado em Antropologia, São Carlos, Cech/UFSCar, 2014); e Camila C. N. Dias, *Da pulverização ao monopólio da violência*, cit. Sobre sua atuação fora das muralhas, ver Sergio Adorno e Fernando Salla, "Criminalidade organizada nas prisões e os ataques do PCC", cit.; Gabriel de S. Feltran, *Fronteiras de tensão*, cit.; Daniel V. Hirata, *Sobreviver na adversidade*, cit.; Vera da S. Telles, *A cidade nas fronteiras do legal e ilegal*, cit.; e Sergio Adorno e Camila C. N. Dias, "Articulação entre o mundo interno e externo às instituições prisionais: questões para a construção de um novo paradigma no domínio da sociologia das prisões", em *Encontro nacional da Anpocs, Anais eletrônicos* (São Paulo, ANPOCS, 37, 2013), disponível em <http://anpocs.org/index.php/papers-37-encontro/st/st28/8587-articulacao-entre-o-mundo-interno-e-externo-as-instituicoes-prisionais-questoes-para-a-construcao-de-um-novo-paradigma-no-dominio-da-sociologia-das-prisoes/file>, acesso em 14 mar. 2017. A relativa pacificação que sucede a megarrebelião de 2006 não me parece suficiente para descaracterizar a exacerbada conflitividade que estrutura o sistema prisional paulista.

tardomoderna, pós-moderna, liberal avançada, neoliberal e neoconservadora são apenas alguns exemplos mais destacados das formulações lançadas por diferentes intelectuais a fim de apreender a complexidade e os contornos gerais desse processo[23]. Não obstante divergências nas análises, ênfases e conclusões, é recorrente a abordagem de determinado conjunto de elementos que indicaria essa grande mudança. O aumento exponencial da população carcerária e das taxas de encarceramento – o que se convencionou designar de "encarceramento em massa"[24] –, mais ou menos concomitante em diversos países, constitui uma das evidências empíricas de maior relevo e aponta para a importância, a profundidade e a amplitude das mudanças que resultaram nas atuais formas de controle e punição.

A redefinição da função social da prisão, expressa pelo crescimento vertiginoso dos sistemas penitenciários mundo afora, é um ponto comum em diferentes análises. Existe um relativo consenso quanto ao fato de a cadeia ter sido esvaziada de seus objetivos ressocializadores, passando a funcionar como mero dispositivo de contenção e incapacitação de amplas camadas populacionais marginalizadas[25]. As celas passam a figurar como depósito de um excedente populacional que não para de se multiplicar em tempos de globalização e de ajustes neoliberais. Nos termos de Rose, é o destino final e comum dos circuitos contemporâneos da exclusão[26]. No interior desse debate sobre as novas formas de controle e castigo, por mais acirradas que sejam as divergências, uma renovada função estratégica do encarceramento é amplamente reconhecida: depósito de gente supérflua.

Minha proposta neste trabalho é tomar a prisão-depósito como problema para a investigação empírica, a partir de algumas observações que pretendem evitar uma anuência por demais irrefletida a essa tese. Em primeiro lugar, ressaltaria a necessidade de não tomar por análise crítica o que na verdade se constitui como o novo conteúdo programático dos sistemas punitivos

---

[23] Textos estruturantes desse debate foram coligidos em Carlos Canêdo e David S. Fonseca (orgs.), *Ambivalência, contradição e volatilidade no sistema penal: leituras contemporâneas da sociologia da punição* (Belo Horizonte, Editora UFMG, 2012).

[24] David Garland, *Mass Imprisonment*, cit., p. 2.

[25] David Garland, *La cultura del control*, cit., p. 41-2; e Zygmunt Bauman, *Globalização: as consequências humanas* (Rio de Janeiro, Jorge Zahar, 1999), p. 106-7.

[26] Nikolas Rose, "Government and Control", *British Journal of Criminology*, n. 40, 2000, p. 330.

contemporâneos. Operadores, apologistas e estrategistas do endurecimento penal são os primeiros a afirmar que a prisão funciona como mecanismo de contenção e incapacitação de criminosos[27] – seja porque retira "monstros" incorrigíveis do espaço público, seja porque priva da circulação urbana sujeitos racionais que aproveitam oportunidades delitivas distribuídas no ambiente[28]. A segunda observação decorre da primeira: é preciso problematizar a eficácia de tal programação. Muitas vezes, os estudiosos se limitam a constatar a nova função incapacitante da prisão para, em seguida, empreender maiores esforços na busca de suas causas históricas e culturais, dos sistemas de pensamento que lhe sustentam ou dos mecanismos de poder que a integram numa dada estratégia[29]. A prisão contemporânea aparece então como algo com função social bastante clara, mas cujo funcionamento não inspiraria maior interesse – como se a nova prisão-depósito simplesmente armazenasse, anulasse e incapacitasse e, nela, nada mais pudesse acontecer.

Ao enfatizar a necessidade de problematização da eficácia do programa neutralizador, evoco algumas das maiores contribuições de Foucault para a análise e a crítica de nossos sistemas punitivos. O cuidado de não tomar a prisão como um dispositivo meramente repressivo nem o poder como uma relação meramente negativa são princípios teóricos e metodológicos estruturantes do pensamento foucaultiano. Não é porque a cadeia já não se representa como o aparelho disciplinar analisado por Foucault que deixa de fazer sentido o estudo de sua mecânica de funcionamento e a prospecção de seus efeitos positivos ou de suas produtividades[30]. Ademais, se em *Vigiar e punir* Foucault coloca como questão estratégica uma indagação sobre a eficácia que subjaz às reite-

---

[27] Malcolm Feeley e Jonathan Simon, "A nova penalogia: notas sobre a emergente estratégia correcional e suas implicações", em Carlos Canêdo e David S. Fonseca (orgs.), *Ambivalência, contradição e volatilidade no sistema penal: leituras contemporâneas da sociologia da punição* (Belo Horizonte, Editora UFMG, 2012), p. 28.

[28] David Garland, "As contradições da 'sociedade punitiva'", cit.; e idem, *La cultura del control*, cit.

[29] São exemplares de cada uma dessas abordagens, respectivamente, os trabalhos de Jonathan Simon, "Fear and Loathing in Late Modernity: Reflections on the Cultural Sources of Mass Imprisonment in the United States", em David Garland (org.), *Mass Imprisonment: Social Causes and Consequences* (Londres, Sage, 2001); Pat O'Malley e Steven Hutchinson, "Reinventing Prevention: Why Did 'Crime Prevention' Develop so Late?", *British Journal of Criminology*, v. 47, n. 3, 2007; e Nikolas Rose, "Government and control", cit.

[30] Os termos "positivo" e "produtivo" não remetem aqui a um juízo de valor.

radas denúncias de fracasso da instituição, talvez no momento atual seja o caso de propor, inversamente, questionamentos sobre os fracassos que se produzem sob as reiteradas proclamações de que a prisão funciona, ainda que como mero dispositivo incapacitante. No estado de São Paulo, a emergência das facções prisionais, em especial o Primeiro Comando da Capital (PCC), e a extensão do raio de suas atividades para muito além do perímetro penitenciário são fatores que colocam na ordem do dia a indagação sobre o funcionamento atual de uma prisão que se pretende meramente neutralizadora.

Proponho neste trabalho, portanto, o seguinte percurso: partir da função prisão-depósito para um estudo do funcionamento da prisão massificada. Não se trata de elucidar mais uma vez qual a função geral da prisão contemporânea, mas de questionar como ela vem funcionando num contexto específico e estratégico como São Paulo[31]. Para tanto, também me apoiarei em diversas sugestões foucaultianas sobre a governamentalidade e o neoliberalismo[32], as quais são mobilizadas e desdobradas por muitos dos autores envolvidos no debate sobre as alterações recentes nas formas de controle e punição, numa escala mais ampla. Técnicas atuariais, modos de intervenção ambiental, formas de responsabilização dos sujeitos, estratégias de condução e capitalização de suas escolhas e ações, entre outros elementos característicos de uma governamentalidade neoliberal, podem, com proveito, tanto iluminar as linhas gerais que articulam os mecanismos mais amplos de segurança e justiça – onde a prisão figura como um elemento entre outros – quanto servir de referência para conferir inteligibilidade a emergentes dinâmicas de gestão do próprio espaço penitenciário.

Alguns pesquisadores têm avançado nesse sentido, explorando novos projetos de gestão penitenciária em determinados contextos. Por exemplo, nas prisões escocesas, um projeto intitulado *Personal Development File*, voltado a presos que cumprem longas penas, pretende engajar o sentenciado

---

[31] Mitchell Dean, *Governmentality: Power and Rule in Modern Society* (Londres, Sage, 1999) ressalta a importância de perguntas "como" em pesquisas que se debruçam sobre dispositivos de governo. Grégory Salle e Gilles Chantraine, "Le droit emprisonné? Sociologie des usages sociaux du droit em prison", *Politix*, n. 87, 2009, p. 110, também propõem, ainda que em outros termos, um deslocamento analítico da função ao funcionamento das instituições punitivas.

[32] Em particular, as formulações presentes em Michel Foucault, *Segurança, território e população*, cit., e *Nascimento da biopolítica: curso dado no Collège de France (1978--1979)* (São Paulo, Martins Fontes, 2008).

em sua própria reabilitação através de uma série de práticas de autoavaliação e tomada de decisão, as quais serviriam de treinamento para o exercício da liberdade. As diversas atividades que compõem o projeto visam a promover a prudência e a responsabilidade do preso como empreendedor ativo e autônomo de seu próprio desenvolvimento pessoal[33]. Técnicas similares de alinhamento de interesses de presos e gestores penitenciários podem ser encontradas na Espanha. Malventi e Garreaud estudaram as Unidades Terapéuticas y Educativas (UTEs), projeto inovador, iniciado numa prisão das Astúrias em meados dos anos 2000, no qual os presos são incitados a colaborar com diretores, técnicos e agentes de segurança na gestão da unidade. Para ingressar no projeto, os presos selecionados assinam um "contrato terapêutico", no qual se comprometem a participar ativamente dos programas de tratamento e formação e das reuniões que marcam o cotidiano da unidade, bem como a zelar para que esta se mantenha um espaço livre de drogas e violência. A maior flexibilidade da rotina diária e a maior liberalidade no uso dos espaços (internos) – por exemplo, a convivência cotidiana de presos e presas – são aliadas a uma intensa medicalização dos detentos e a um forte constrangimento à delação de qualquer irregularidade observada[34].

Chantraine observa práticas análogas no sistema penitenciário canadense. Em unidades de segurança média, ele identifica novas formas de exercício do poder e de orientação dos comportamentos via incentivos positivos – como gratificações materiais e simbólicas, individuais e coletivas – e delegação de responsabilidades (e de poder) aos presos, constituindo-os, de um lado, como colaboradores na manutenção do cotidiano e do espaço carcerário e, de outro, como responsáveis pelo desenrolar de suas próprias penas[35].

---

[33] David Garland, "'Governmentality' and the Problem of Crime", cit., p. 191-2.

[34] Dario Malventi, *Curar y reinsertar: líneas de fuga de la maquina penal contemporânea* (Tese de Doutorado em Antropologia, Barcelona, Universidad de Barcelona, 2009); idem, "Simbiosis vital", em Ignácio G. Sánchez (org.), *Teoría social, marginalidad urbana y Estado Penal: aproximaciones al trabajo de Loïc Wacquant* (Madrid, Dykinson, 2012); e Alvaro Garreaud, "Biopolítica y prisión: umbrales de trabajo", em Dario Malventi Rossi, *Umbrales: fugas de la institución total – entre captura y vida* (Sevilla, Universidad Internacional de Andaluzia, 2010).

[35] Gilles Chantraine, "A prisão pós-disciplinar", cit., p. 79-106; sobre práticas análogas em prisões femininas do Canadá, ver Kelly Hannah-Moffat, "Prisons that Empower: Neoliberal Governance in Canadian Women's Prisons", *British Journal of Criminology*, v. 40, 2000.

Essas pesquisas ajudam a demarcar as atuais linhas de desenvolvimento dos mecanismos internos de gestão penitenciária. Injunções à participação ativa, à responsabilização individual e à colaboração com os demais agentes que compõem o ambiente institucional estimulam nos presos um particular engajamento subjetivo em relação às penas que cumprem, num arranjo bastante diverso dos constrangimentos propriamente disciplinares – como obediência estrita, vigilância hierárquica etc. Ademais, tais pesquisas ajudam a perceber como a gestão prisional opera atualmente, diferenciando espaços e distribuindo os presos – segundo certos critérios – em unidades com diversos programas de funcionamento e formas de investimento estatal (ou privado).

No entanto, ao privilegiar a análise de determinados laboratórios avançados de tecnologia penitenciária, não conseguem dar conta das dinâmicas que vigoram nas demais prisões – justamente aquelas que abrigam, via de regra, o maior volume de presos. Na Espanha, por exemplo, a experiência da UTE se desenvolveu e se expandiu em aberta oposição às prisões ditas comuns, contaminadas por drogas e pela violência, nas quais nenhum horizonte terapêutico se apresenta. No Canadá, ao lado do que designa como "sistema bom-bom" das prisões de segurança média, Chantraine situa o modelo da supermax: "prisão quase inteiramente automatizada, concebida para reduzir ao máximo os contatos entre detentos e as aberturas para o exterior, sem atividade ou distração; um puro instrumento de neutralização"[36].

Entendo que esses estudos, em vez de deslindar o funcionamento da prisão pós-disciplinar, iluminam tecnologias de poder e saber que me arriscaria a definir como "neodisciplinares". Disciplinares porque são, do início ao fim, por demais orientadas para as disposições dos corpos e das subjetividades que encerram – para sua docilização; novas porque redefinidas, reinvestidas sob a preeminência de um dispositivo governamental neoliberal[37]. No entanto, mais importante do que encontrar o termo adequado a esses projetos é apontar para as questões que permanecem em aberto. Como se governa a prisão massificada? Como o problema populacional, próprio dos dispositivos governamentais, emerge e é interpelado no âmbito penitenciário? Qual seria a pragmática de um governo da população prisional? Quais seriam os mecanismos de gestão e regulação dos fluxos populacionais implicados na massificação do encarcera-

---

[36] Gilles Chantraine, "A prisão pós-disciplinar", cit., p. 82.
[37] Lembrando que, entre soberania, disciplina e governo, não há sucessão histórica, mas sucessivos rearranjos e reinvestimentos.

mento? O que acontece com a grande maioria dos presos que não estão nem na neutralização absoluta da supermax, nem na incitação deliberada da UTE? Em suma, como repensar o funcionamento prisional em tempos de encarceramento em massa quando, mais que disciplinar corpos individuais, o desafio que as autoridades penais se colocam é o de gerir grandes agregados populacionais?

Um outro mundo?

No decorrer do século XX, a prisão foi progressivamente se consolidando como um objeto privilegiado das ciências sociais. Alguns estudos de meados do século, nos Estados Unidos, foram especialmente importantes para estabelecer uma agenda de questões e um instrumental de pesquisa na área. Clemmer, sociólogo e funcionário do sistema penitenciário do estado de Illinois, publicou em 1940 seu trabalho seminal *The Prison Community*, no qual postula a existência de uma particular cultura prisional e cunha o termo "prisionização" para designar o processo de assimilação dos internos a ela[38]. Em 1958, Sykes publica seu estudo sobre uma prisão de Nova Jersey, intitulado *The Society of Captives*, que se destaca por relacionar as características próprias da cultura prisional às privações impostas pelo ambiente institucional, ressaltando as dinâmicas de interação, negociação e conflito entre vigilantes e vigiados, estruturantes da ordem – sempre instável e precária – da cadeia[39]. A partir do trabalho de campo em instituições médicas de Maryland e num manicômio de Washington D.C., Goffman publica *Asylums* em 1961 – traduzido no Brasil sob o título *Manicômios, prisões e conventos*. Nesse estudo, Goffman define "instituição total": "local de residência e trabalho onde um grande número de indivíduos com situação semelhante, separados da sociedade mais ampla por considerável período de tempo, levam uma vida fechada e formalmente administrada", e explora diversos aspectos da carreira moral dos internados, suas representações de si, além de suas interações com outros internos e com a equipe dirigente[40].

---

[38] Donald Clemmer, *The Prison Community* (Nova York, Holt, Rinehart and Winston, 1958). Um precedente de menor impacto, mas que vai na mesma direção, é o trabalho de Norman Hayner e Ellis Ash, "The Prisoner Community as a Social Group", *American Sociological Review*, v. 4, n. 3, 1939.

[39] Gresham M. Sykes, *Society of Captives: a Study of a Maximum Security Prison* (Princeton, Princeton University Press, 1971).

[40] Erving Goffman, *Manicômios, prisões e conventos* (São Paulo, Perspectiva, 1974), p. 11.

Esses diferentes trabalhos estabeleceram sólidos parâmetros para o estudo da prisão e serviram de base a diversas pesquisas em todo o mundo[41]. Segundo Adorno e Dias, tais estudos constituem os pilares de um "paradigma clássico da sociologia das prisões", fundado no "pressuposto de uma clara e específica delimitação social e cultural entre a sociedade mais ampla e o universo prisional", de modo que a prisão seja pensada como "um lócus espacial, social e cultural passível de ser claramente delimitado a partir da estrutura física da instituição"[42]. No paradigma clássico, os muros da prisão circunscrevem um objeto de análise: o lado de dentro, um outro mundo a conhecer[43].

Se é certo que o pressuposto da prisão como um mundo à parte foi amplamente compartilhado, servindo de base comum para o florescimento de todo um campo de estudos, com suas próprias questões, conceitos, disputas e convergências, parece-me necessário ponderar que – tanto dentro quanto fora desse campo –, antes, durante e depois de sua consolidação, uma aguda inquietude quanto às relações entre prisão e sociedade, entre o dentro e o fora da instituição, nunca deixou de vir à tona[44]. Diferentes autores chamaram a atenção para a impossibilidade de reduzir a cultura prisional à sociedade dos cativos, pois funcionários da prisão e familiares de presos também estão expostos aos efeitos da instituição[45]. A própria existência de uma cultura prisional específica foi prontamente questionada; diferentes autores sustentaram que o que é percebido enquanto tal, na verdade, seria

---

[41] Trabalhei em outra chave com essas questões e autores em "Para uma reflexão sobre efeitos sociais do encarceramento", *Revista Brasileira de Segurança Pública*, v. 8, 2011.

[42] Sergio Adorno e Camila C. N. Dias, "Articulação entre o mundo interno e externo às instituições prisionais", cit., p. 2-3.

[43] Diversos trabalhos de Manuela Ivone P. da Cunha problematizam essa questão, por exemplo, "As organizações enquanto unidades de observação e de análise: o caso da prisão", *Etnográfica*, v. 8, n. 1, 2004.

[44] Eamonn Carrabine, "Discourse, governmentality and translation: towards a social theory of imprisonment", *Theoretical Criminology*, v. 4, n. 3, 2000, fala em duas tradições da sociologia da prisão que pouco dialogam: uma "micro", com foco dentro da instituição e mais interacionista; outra "macro", mais histórica e/ou funcionalista. Sobre esse tema, ver também Manuela Ivone P. da Cunha, "Prisão e sociedade: modalidades de uma conexão", em *Aquém e além da prisão: cruzamentos e perspectivas* (Lisboa, 90ª Ed., 2008).

[45] James B. Jacobs e Harold G. Retsky, "Prison Guard", *Journal of Contemporary Ethnography*, v. 4, n. 1, 1975; e Megan L. Comfort, *Doing Time Together: Love and Family in the Shadow of the Prison* (Chicago, University of Chicago Press, 2008).

fruto do ingresso no espaço penitenciário de subculturas criminais forjadas fora da instituição[46].

Antes mesmo da publicação dos trabalhos de Clemmer, Sykes e Goffman, o elo entre prisão e sociedade mais ampla já havia sido tematizado. Em 1939, nos Estados Unidos, foi publicado *Punição e estrutura social*, de Rusche e Kirchheimer, estudiosos ligados à teoria crítica alemã[47]. Nesse livro, propõem uma reflexão sobre as relações entre formas de punição, sistemas produtivos e variações no mercado de trabalho, inaugurando uma perspectiva que posteriormente foi seguida, desdobrada e amplamente divulgada por Melossi e Pavarini, entre outros teóricos da criminologia crítica[48].

Em 1975, *Vigiar e punir* foi publicado na França, estabelecendo novos termos para a compreensão da prisão e seu lugar na sociedade mais ampla[49]. Nesse trabalho, Foucault explora os contornos e os mecanismos do dispositivo disciplinar, no qual a prisão figura, entre outras instituições fechadas, como um importante e econômico recurso de fixação, docilização e adestramento para o trabalho de amplas camadas populacionais no contexto de emergência do capitalismo industrial europeu. No entanto, para além da tarefa de sujeição dos corpos a um novo aparelho político (não mais à monarquia absoluta) e produtivo (nem feudal nem mercantilista), Foucault acrescenta à prisão este papel específico: isolar e recrutar, no interior das "classes perigosas", uma delinquência domesticada e útil, mobilizável seja na operacionalização dos vários ilegalismos que também conformam a posição e a renda das novas classes dominantes, seja nas táticas de minar as solidariedades de classe que se faziam por demais problemáticas naquele período – diretamente, introduzindo espiões e agitadores nas organizações

---

[46] John Irwin e Donald R. Cressey, "Thieves, Convicts and the Inmate Culture", *Social Problems*, v. 10, n. 2, 1962; e James B. Jacobs, "Street gangs behind bars", *Social Problems*, v. 21, n. 3, 1974.

[47] Georg Rusche e Otto Kirchheimer, *Punição e estrutura social* (Rio de Janeiro, Editora Revan, 2004). Sobre a produção desse trabalho, marcada pela guerra e pela transição do Instituto Internacional de Pesquisa Social de Frankfurt para os Estados Unidos, ver Dario Melossi, "Georg Rusche: a Biographical Essay", *Crime and Social Justice*, n. 14, 1980.

[48] Dario Melossi e Massimo Pavarini, *Cárcere e fábrica: as origens do sistema penitenciário (séculos XVI-XIX)* (Rio de Janeiro, Revan, 2006).

[49] Michel Foucault, *Vigiar e punir: história da violência nas prisões* (Petrópolis, Vozes, 1999).

de trabalhadores, e, indiretamente, promovendo uma cisão nas classes subalternas, entre delinquentes e plebe proletarizada[50]. Desvencilhando-se da reiterada crítica da incapacidade da prisão de realizar os objetivos que declara, Foucault indaga sobre a eficácia que sustenta sua consagração como forma punitiva por excelência. É pela própria produção da delinquência – sinal maior de seu "fracasso" – que, segundo o autor, a cadeia assume sua funcionalidade estratégica numa gestão diferencial dos ilegalismos[51]. Tanto pela via das técnicas disciplinares quanto pela gestão dos ilegalismos, Foucault já concebe a prisão como algo muito distinto de um mero espaço de confinamento[52], não como um outro mundo, mas como "um tropo e um revelador da sociedade[53]".

Embora, desde muito cedo, diversos estudiosos, no esforço de deslindar dinâmicas sociais pertinentes à prisão, tenham chamado a atenção para a

---

[50] Michel Senellart, "Michel Foucault: plèbe, peuple, population", em Olivier Ihl et al., *La tentation populiste au coeur de l'Europe* (Paris, La Découvert, 2003).

[51] Embora a tradução brasileira confunda ilegalismo e ilegalidade, vale a citação: "Deveríamos então supor que a prisão e de uma maneira geral, sem dúvida, os castigos não se destinam a suprimir as infrações; mas antes a distingui-las, a distribuí-las, a utilizá-las; que visam não tanto tornar dóceis os que estão prontos a transgredir as leis, mas que tendem a organizar a transgressão das leis numa tática geral das sujeições. A penalidade seria então uma maneira de gerir as ilegalidades, de riscar limites de tolerância, de dar terreno a alguns, de fazer pressão sobre outros, de excluir uma parte, de tornar útil outra, de neutralizar estes, de tirar proveito daqueles. Em resumo, a penalidade não 'repriminia' pura e simplesmente as ilegalidades; ela as 'diferenciaria', faria sua 'economia' geral", que consta em Michel Foucault, *Vigiar e punir*, cit., p. 226-7. Sobre essa noção, ver ainda Daniel V. Hirata, "Ilegalismos", em Renato S. de Lima, José L. Ratton e Rodrigo G. de Azevedo, *Crime, polícia e justiça no Brasil* (São Paulo, Contexto, 2014).

[52] Em Michel Foucault, "Prefácio (in Jackson)", em *Ditos e escritos* (Rio de Janeiro, Forense Universitária, 2010), v. 4, p. 147, o autor ressalta: "os muros das prisões devem seu formidável poder menos à sua impermeabilidade material do que aos inúmeros fios, aos mil canais, às fibras infinitas e entrecruzadas que os transpassam. A força da prisão é a incessante capilaridade que a alimenta e esvazia; ela funciona graças a todo um sistema de comportas, grandes e pequenas, que se abrem e se fecham, aspiram, escarram, despejam, derrubam, engolem, evacuam. Ela está colocada em uma confusão de ramificações, de correntes, de vias de retorno, de caminhos que entram e saem. Não se deve ver nela a altiva fortaleza que se fecha sobre os grandes senhores da revolta ou sobre uma subumanidade maldita, mas sim a casa-coador, a casa de passe, o inevitável motel".

[53] Manuela Ivone P. da Cunha, "Prisão e sociedade", cit., p. 16.

necessidade de não se ater ao perímetro institucional, muitos pesquisadores continuam a trabalhar o tema nos termos do paradigma clássico[54]. Farrington sustenta que, se, por um lado, análises dessa natureza contribuem para expandir o conhecimento sobre as dinâmicas internas à prisão, por outro, acabam por obscurecer as diversas transações que conectam e articulam a instituição, seu entorno e sociedade mais ampla. Ademais, ressalta que o próprio desenvolvimento histórico dos sistemas punitivos contemporâneos reforça as intrincadas relações de interdependência que unem pessoas presas e livres, de modo que a insistência em figurar a penitenciária como uma instituição total não só é cada vez menos produtiva de um ponto de vista analítico como corrobora uma mistificação dos espaços de confinamento como alteridades absolutas[55] – mistificação que também serve para justificar a expansão de um sistema prisional que se pretende meramente incapacitante, pois suficientemente segregador.

Por minha conta e risco, ousaria dizer que essa insistência em tomar a prisão como um mundo à parte funciona como uma espécie de orientalismo endógeno, como uma forma de pensamento que inventa uma alteridade exótica no próprio seio da sociedade, que produz histórica e politicamente a diferença entre um "eu" e um "outro" e que, por isso mesmo, manifesta e, ao mesmo tempo, assenta as bases para o exercício do poder[56].

Se as implicações políticas do paradigma clássico não são tão evidentes, podendo e devendo ser amplamente questionadas e debatidas, de um modo

---

[54] Lorna A. Rhodes, "Toward an Anthropology of Prisons", *Annual Review of Anthropology*, v. 30, 2001; Fernando Salla, "A pesquisa sobre as prisões", cit.; e Sergio Adorno e Camila C. N. Dias, "Articulação entre o mundo interno e externo às instituições prisionais", cit.

[55] Keith Farrington, "The Modern Prison as Total Institution? Public Perception Versus Objective Reality", *Crime & Delinquency*, v. 38, n. 1, 1992.

[56] A principal referência aqui é Edward W. Said, *Orientalismo: o oriente como invenção do ocidente* (São Paulo, Companhia das Letras, 2010). No que se refere especificamente à prisão, Gilles Chantraine, "Prison and Sociological Perspective", *Champ Pénal/ Penal Field*, v. 1, n.1, 2004, p. 3, vai na mesma direção que eu – ainda que em outros termos – quando afirma que, por mais críticos que sejam, estudos que não contemplam a relação da prisão com outros aparelhos repressivos, nem com a sociedade mais ampla, acabam se aproximando do discurso tecnocrático administrativo da própria instituição. Ao não integrarem à análise uma teoria mais compreensiva do confinamento, naturalizam sua realidade. Esses estudos/estudiosos funcionam como vetores que reforçam, por omissão ou compromisso, as relações de poder que produzem e sustentam a prisão.

mais claro e em diversos registros tal paradigma manifesta sua insuficiência ante o próprio desenvolvimento histórico dos sistemas punitivos. Reformas administrativas e legais, processos de abertura institucional à sociedade civil e à iniciativa privada, assim como o aumento e a diversificação de medidas punitivas em meio aberto repercutem, de modo determinante, nos contornos do sistema punitivo e em suas dinâmicas internas[57]. Ao analisar as transformações nos aparatos de controle e punição no decorrer da década de 1970, Cohen já chamava a atenção para os desafios analíticos impostos pela proliferação de controles comunitários e penas alternativas. Segundo o autor, a dispersão do controle social na "cidade punitiva" embaralha as fronteiras entre regulações formais e informais, institucionais e comunitárias, voluntárias e coercitivas, de modo que controle e punição se distribuem num extenso *continuum* onde a prisão é apenas um polo cujos limites são, cada vez mais, indiscerníveis[58]. Antes mesmo de a explosão demográfica carcerária se concretizar, Cohen não via na extensão desses controles comunitários o ocaso dos sistemas de confinamento[59], entendendo que eles não funcionavam como reais alternativas à prisão, mas reforçavam e intensificavam seu uso[60].

Na história recente do sistema punitivo paulista, também é possível observar reformas administrativas, alterações conjunturais nas políticas penitenciárias, variados níveis de participação da sociedade civil, proliferação

---

[57] Israel L. Barak-Glantz, "Toward a Conceptual Schema of Prison Management Styles", *The Prison Journal*, v. 61, n. 2, 1981; Jonathan Simon, "Fear and Loathing in Late Modernity", cit.; Anne-Marie Marchetti, *La prison dans la cité* (Paris, Desclée de Brouwer, 1996); Philippe Combessie, *Prisons des villes et des campagnes: étude d'écologie sociale* (Québec, Les Classiques des Sciences Sociales, 1996); e Keith Farrington, "The Modern Prison as Total Institution?", cit.

[58] Stanley Cohen, "The Punitive City: Notes on the Dispersal of Social Control", *Contemporary Crises*, v. 3, 1979.

[59] Como sugere, por exemplo, Gilles Deleuze, "Post-scriptum sobre as sociedades de controle", cit.

[60] A relação entre intensificação do recurso à prisão e proliferação de mecanismos de vigilância em meio aberto é questão central no amplo debate sobre a grande transformação nos sistemas contemporâneos de justiça penal e controle do crime, sendo abordada e discutida por diversos autores, como David Garland, "As contradições da 'sociedade punitiva'", cit.; idem, *La cultura del control*, cit.; Nikolas Rose, "Government and Control", cit.; Katherine Beckett e Steve Herbert, "Dealing with Disorder: Social Control in the Post-Industrial City", *Theoretical Criminology*, v. 12, n. 1, 2008; e Jacques Donzelot, "La dissuasion urbaine du crime", em Spyros Théodorou, *Emprises de la violence* (Paris, Parenthèses, 2013).

de penas alternativas e aumento continuado do encarceramento. Nesses termos, a emergência do PCC e seu transbordamento para o ambiente urbano não instauram a necessidade de uma mudança de paradigma analítico, apenas a reforçam.

Um dos problemas centrais deste trabalho se situa, portanto, nesta encruzilhada: de um lado, a expansão sem precedentes do sistema penitenciário e, de outro, uma progressiva dissolução dos limites que o separam da sociedade mais ampla. Alguns estudos contemporâneos me ajudam a estabelecer certos parâmetros para avançar a pesquisa nessa direção. Em primeiro lugar, o trabalho de Cunha, que identifica e analisa um processo de erosão das fronteiras entre bairro e prisão. Segundo a autora, mudanças nas políticas de combate às drogas e nas formas de realização desse comércio, em Portugal, levaram ao encarceramento de redes ampliadas de parentesco e vizinhança, de modo que entre determinados bairros e a prisão se estabelece um volumoso circuito de pessoas, coisas e informações. A intensificação desses fluxos não só altera significativamente as dinâmicas sociais de dentro e de fora da instituição como exige que tais espaços sejam colocados em continuidade analítica. Se os muros da prisão já não podem delimitar uma unidade de análise, a segregação prisional – que não deixa de existir nem de produzir efeitos – deve, então, deixar de ser um pressuposto irrefletido para se tornar o próprio foco da investigação empírica[61]. Esse é um princípio estruturante de minha pesquisa.

Combessie propõe uma reflexão sobre as relações entre a cadeia e seu entorno imediato. Comparando estruturas prisionais e seus contextos em quatro localidades francesas distintas, o autor explora os intercâmbios que se estabelecem entre dentro e fora da instituição, os impactos da prisão nas dinâmicas sociais exteriores, os modos pelos quais ela é percebida do lado de fora e as consequências internas de diferentes arranjos entre poderes locais externos e *staff* penitenciário[62]. Assim, mostra como entre a prisão e

---

[61] Ver Manuela Ivone P. da Cunha, "As organizações enquanto unidades de observação e de análise", cit.; e idem, "Prisão e sociedade", cit.

[62] Philippe Combessie, *Prisons des villes et des campagnes*, cit.; idem, "The 'Sensitive Perimeter' of the Prison: a Key to Understanding the Durability of the Penal Institution", em Vincenzo Ruggiero, Ian R. Taylor e Nigel South (orgs.), *The New European Criminology: Crime and Social Order in Europe* (Londres, Routledge, 1998); e idem, "La prison dans son environnement: symptômes de l'ambivalence entre les démocraties et l'enfermement carcéral", *Les cahiers de la sécurité*, n. 12, 2010.

seu entorno se estabelece um jogo de influências mútuas – jogo que aqui também será explorado. Chantraine, por sua vez, ilumina a importância das relações que o preso pode manter com o exterior para a conformação da própria experiência do encarceramento. A partir de trajetórias de pessoas presas em instituições francesas de detenção provisória e cumprimento de penas curtas – as *maisons d'arrêt* –, esse autor problematiza o que entende por "natureza biface do encarceramento"[63], prospectando diversos modos de o exterior se fazer presente na prisão, num jogo de presenças e ausências que, em grande medida, conforma as condições (e durações) do período de reclusão. Visitas, cartas, telefonemas, saídas temporárias – o que chamo de vasos comunicantes – aparecem como elementos centrais na experiência dos presos e, portanto, em suas análises – também nas minhas.

Finalmente, o trabalho de Barbosa foi fundamental para balizar e encorajar esta empreitada. Nele, já encontramos uma abordagem das prisões do estado do Rio de Janeiro toda feita em termos de fluxos – de coisas, pessoas e discursos – que atravessam e conformam o sistema. Para o autor, "a cadeia se constitui na medida do seu atravessamento, daquilo que põe em movimento"[64]. Fronteiras e fluxos prisionais são, então, descritos e analisados por meio dos agenciamentos que produzem, sempre múltiplos, mas nunca aleatórios, pois modulados numa "política de população diretamente investida na produção e no controle da circulação dos indivíduos"[65] – e não de qualquer indivíduo. Ao explorar os nexos entre tráfico de drogas e sistema penitenciário, Barbosa não deixa esquecer os perfis e territórios que a prisão privilegia e ajuda a produzir, nem os liames que a articulam a outros dispositivos de poder, sejam aqueles voltados para a gestão da vida, sejam os que distribuem a morte – estes tão recorrentemente ativados no Brasil. Para Barbosa, a prisão, "sistema aberto [que] cria e faz circular populações"[66], está em continuidade com a cidade, participa de sua produção e de sua política; sem perder especificidade, é imanente a ela.

---

[63] Gilles Chantraine, *Par-delà les murs: expériences et trajectoires en maison d'arrêt* (Paris, Presses Universitaires de France-Le Monde, 2004), p. 225, tradução minha.

[64] Antônio Rafael Barbosa, *Prender e dar fuga: biopolítica, tráfico de drogas e sistema penitenciário no Rio de Janeiro* (Tese de Doutorado em Antropologia Social, Rio de Janeiro, Museu Nacional/UFRJ, 2005), p. 317.

[65] Ibidem, p. 79.

[66] Ibidem, p. 320.

Neste trabalho, a já referida exploração dos mecanismos de funcionamento da prisão massificada no estado de São Paulo se articula a uma prospecção das relações que ela estabelece com outros territórios, seja em seu entorno, seja onde recruta sua clientela preferencial ou em qualquer outro domínio que se mostre pertinente. Formas de constituição, regulação e controle dos vários fluxos que constituem a prisão são alvo privilegiado do olhar e da análise no esforço de compreender não só as prisões de São Paulo, mas, através delas, algo de nosso mundo, de nosso tempo.

Questões operacionais

Itinerários de campo

Num primeiro momento, eu tinha como objetivo explorar os efeitos societários mais amplos da expansão e da interiorização penitenciária no estado de São Paulo. A partir do final dos anos 1990, dezenas e dezenas de unidades prisionais foram construídas em diversos municípios do interior, alterando dinâmicas sociais, econômicas e políticas nessas localidades, bem como impactando as condições de existência e manutenção de vínculos entre presos, seus familiares, amigos e vizinhos – geralmente habitantes de bairros periféricos das mais densas áreas urbanas. Minha intenção original era investigar as externalidades da massificação do encarceramento tanto em regiões que passaram a abrigar um volume importante de presidiários quanto em lugares nos quais essa população costuma ser recrutada. Para tanto, propunha uma investigação exploratória baseada na observação etnográfica das dinâmicas sociais vigentes em alguns desses territórios e na análise das trajetórias de vida de seus habitantes, que de algum modo se vinculassem à prisão.

No interior do estado, abri trabalho de campo na região da Nova Alta Paulista (NAP) por intermédio de Nicolau Dela Bandera Arco Netto, amigo e colega de pós-graduação, natural de Dracena. Situada no coração do extremo oeste de São Paulo, território privilegiado da expansão prisional[67], a região dispõe de onze penitenciárias distribuídas em nove municípios num

---

[67] Sobre o crescimento penitenciário no oeste de São Paulo, ver o estudo pioneiro de Eda Góes e Rosa Lúcia Makino, "As unidades prisionais do oeste paulista: implicações do aprisionamento e do fracasso da tentativa da sociedade de isolar por completo parte de si mesma", *Terra Livre*, n. 19, 2002.

raio de aproximadamente noventa quilômetros, todas construídas a partir de 1998. A Nova Alta Paulista se mostrou um campo fértil para a investigação empírica não só pela entrada facilitada mas também por conta dos estudos dos quais já fora objeto, que forneciam preciosas informações históricas, geográficas e demográficas sobre a região e seus presídios[68].

Na capital, procurei a Pastoral Carcerária (PCr) – entidade ligada à Igreja católica, reconhecidamente atuante no sistema prisional[69] – com o objetivo de multiplicar contatos na Nova Alta Paulista e de conhecer familiares de presos e egressos por ela assistidos. Conforme se estreitaram as relações e afinidades com tal instituição, surgiu também a possibilidade de entrar nas prisões na qualidade de agente pastoral. Em abril de 2011, passei a fazer parte de um grupo de agentes pastorais que visita determinados presídios da Região Metropolitana de São Paulo (RMSP) e desenvolve, em alguns bairros da zona norte da capital, um trabalho de assistência a familiares de presos e egressos. Tornar-me agente pastoral não apenas facilitou o contato com meus interlocutores no interior do estado e na periferia da cidade como alterou significativamente o modo de estabelecer a relação e, sobretudo, modificou o próprio escopo de problemas de minha pesquisa. Uma vez dentro da prisão, em contato direto e continuado com os presidiários, já não podia restringir minhas análises às externalidades do encarceramento.

Na Nova Alta Paulista, aproximei-me dos grupos pastorais que se organizam nos municípios de Tupi Paulista e Junqueirópolis, os quais,

---

[68] Izabel C. Gil, *Nova Alta Paulista, 1930-2006: entre memórias e sonhos. Do desenvolvimento contido ao projeto político de desenvolvimento regional* (Tese de Doutorado em Geografia, Presidente Prudente, FCT-Unesp, 2007); idem, "A descentralização espacial dos presídios no estado de São Paulo e a face perversa do neoliberalismo materializada no oeste paulista", em *Encontro de geógrafos da América Latina, Anais* (Montevidéu, 2009), v.12; Flávia R. P. Cescon e Rosana Baeninger, "Cidades carcerárias: migração e presídios em regiões de São Paulo", em *Encontro nacional de estudos populacionais, Anais* (Belo Horizonte, ABEP, 17, 2010); Flávia R. P. Cescon, *Migração e unidades prisionais: o cenário dos pequenos municípios do oeste paulista* (Dissertação de Mestrado em Demografia, Campinas, IFCH/ Unicamp, 2012); e Daniella F. Cambaúva et al., *A Nova Alta dos presídios: uma história de Tupi Paulista* (Trabalho de Conclusão de Curso de Graduação em Jornalismo, São Paulo, Faculdade Cásper Líbero, s/d), disponível em <http://altadospresidios.com.br>, acesso em 19 nov. 2014.

[69] Para um breve histórico da entidade, ver Pastoral Carcerária, *Relatório sobre tortura: uma experiência de monitoramento dos locais de detenção para prevenção da tortura* (São Paulo, Serviço da CNBB, 2010).

junto com Dracena, constituíram os territórios de maior investimento da pesquisa empírica no interior do estado. Nas reuniões pastorais nos bairros, aproximei-me de egressos e familiares de presos que traziam notícias de diversas unidades, de diferentes situações processuais – da prisão provisória à liberdade condicional –, do "mundo do crime" e da atuação da polícia em suas vizinhanças. Sem perder de vista os impactos da prisão no interior do estado e nas periferias das cidades, quanto mais visitas pastorais eu fazia, mais proveitosa a circulação por territórios exteriores à penitenciária se mostrava para compreender o próprio funcionamento da instituição. Nesse sentido, foram de extrema importância para esta pesquisa tanto um conjunto de entrevistas realizadas com defensores públicos e advogados sobre as dinâmicas do sistema de justiça penal quanto o acompanhamento de algumas viagens de familiares de presos – do município de São Paulo aos presídios da Nova Alta Paulista –, quando pude compartilhar percursos, estadas e esperas constitutivas da dinâmica de visitação prisional.

Posto de observação

Todo pesquisador empírico interessado no tema da punição estatal precisa de uma entrada nesse universo complexo. Independentemente dos problemas que se proponha a perseguir, é necessário estabelecer determinado acesso ao dispositivo carcerário, a partir do qual outras conexões e mecanismos poderão ser vislumbrados. Mesmo quando a pesquisa se volta para as dimensões exteriores do encarceramento, o estigma, a desconfiança, o receio que permeiam esse universo social impõem dificuldades à aproximação[70]. Dentro das instituições punitivas, sobretudo, a presença de pesquisadores é altamente regulada[71],

---

[70] Sandra Regina G. Miyashiro, *Filhos de presidiários: um estudo sobre estigma* (Dissertação de Mestrado em Educação, São Paulo, FE-USP, 2006); Rafael Godoi, *Ao redor e através da prisão: cartografias do dispositivo carcerário contemporâneo* (Dissertação de Mestrado em Sociologia, São Paulo, FFLCH-USP, 2010); Giane Silvestre, *Dias de visita: uma sociologia da punição e das prisões em Itirapina* (Dissertação de Mestrado em Sociologia, São Carlos, Cech/UFSCar, 2011); e Jacqueline Stefanny Ferraz de Lima, *Mulher fiel: as famílias das mulheres dos presos relacionados ao Primeiro Comando da Capital* (Dissertação de Mestrado em Antropologia Social, São Carlos, Cech/UFSCar, 2013).

[71] Em 2010, a Secretaria de Administração Penitenciária (SAP) criou um Comitê de Ética em Pesquisa, seguindo critérios e procedimentos próprios da pesquisa médica, bem como exigindo algum tipo de aplicabilidade dos resultados do trabalho em prol da melhoria dos serviços penitenciários, o que não contempla as especificidades da pesquisa em ciências sociais e humanas.

tanto por questões de segurança como para não atrapalhar a rotina diária, ou mesmo pelo interesse deliberado em manter suas estruturas e dinâmicas inacessíveis à sociedade mais ampla. Não obstante, cada pesquisador encontra seu próprio caminho. Ou negociam com a instituição uma entrada específica para a pesquisa[72] – o que é importante, pois afirma e faz reconhecer a legitimidade do ofício –, ou pesquisam a partir de outras entradas que já compõem o universo institucional, como visitantes ou agentes penitenciários – o que abre a possibilidade de investigar certos temas cuja exploração seria inviabilizada (ou enviesada) pela interferência da administração[73]. Cada entrada engendra limites e potenciais próprios, os quais precisam ser explicitados.

A assistência religiosa é um direito garantido em lei[74], que se exerce sob diferentes circunstâncias conforme a unidade e os agentes envolvidos. Mesmo entre os agentes da Pastoral Carcerária, a diversidade de práticas e de condições de visitação é grande. Em linhas gerais, a entrada pastoral engendra duas limitações: de um lado, tende a inspirar certa desconfiança e frieza nos funcionários[75]; de outro, quanto aos presos, há uma diretriz da entidade para que seus agentes procurem ignorar o que cada um fez (ou foi acusado de fazer) para estar numa penitenciária e também o que fazem (ou pretendem fazer) a respeito de ilegalismos vários, dentro e fora da instituição[76]. Portanto, não se pode esperar que um pesquisador, entrando na prisão na qualidade de agente pastoral, possa desenvolver um estudo centrado nos funcionários, em sua visão de mundo, em seus dilemas e práticas, nem que ele vá se aprofundar na dinâmica dos ilegalismos prisionais ou na lógica do mundo do crime[77]. A posição de agente de assistência religiosa não favorece tais investimentos. Entretanto, a pre-

---

[72] José Ricardo Ramalho, *O mundo do crime: a ordem pelo avesso* (São Paulo, IBCCrim, 2002); e Camila C. N. Dias, *Da pulverização ao monopólio da violência*, cit.

[73] Karina Biondi, *Junto e misturado*, cit.; e Anderson M. Castro e Silva, *Participo que...: desvelando a punição intramuros* (Rio de Janeiro, Publit, 2011).

[74] No Art. 24 da Lei 7.210/84 – a Lei de Execução Penal (LEP) – e no Art. 5º, inciso VII, da Constituição Federal.

[75] Questão já identificada e discutida por Antônio Rafael Barbosa, "Um levantamento introdutório das práticas de violência física dentro das cadeias cariocas", em Ana Claudia Marques (org.), *Conflitos, política e relações pessoais* (Campinas, Pontes, 2007).

[76] Essa diretriz tenta evitar discriminações no atendimento pastoral.

[77] Mundo do crime, aqui, no sentido preciso formulado por Gabriel de S. Feltran, *Fronteiras de tensão*, cit.

sença continuada no interior da prisão, o acesso a seus diversos espaços, o diálogo com presos e funcionários possibilitam conhecer certas dinâmicas de funcionamento da casa penal, bem como alguns traços estruturantes da experiência da punição[78]. Além das atividades próprias da assistência religiosa – leituras bíblicas, celebrações, orações –, o coletivo da Pastoral Carcerária ao qual me integrei procura estar sempre aberto às demandas dos presos, ajudando-os no que for possível[79]. Expedientes de assistência material e jurídica compõem nosso repertório de práticas cotidianas: levamos livros, revistas e jornais para ajudar a passar o tempo; papel sulfite, cola, palito de sorvete para artesanato; papel higiênico, pasta de dente, sabonete para aqueles que não recebem visita; também providenciamos óculos, medicamentos, fraldas geriátricas, cadeiras de rodas, bombinhas para asma, drenos e bolsas de drenagem (de pus, de urina) para presos enfermos. Ora compramos esses (e outros) itens com nosso dinheiro, ora levantamos doações. Esclarecimentos sobre processos criminais, de execução penal e de apelação, bem como intervenções junto aos operadores do direito, são, de longe, as demandas mais frequentes da maioria dos presos, de modo que atividades ligadas à assistência jurídica ocupam o centro de nossas práticas pastorais. Não atuamos como seus advogados, mas emitimos e distribuímos extratos que informam sobre a movimentação de processos de execução e de apelação, ajudamos a decifrarem tais informações e provocamos a Defensoria Pública a tomar providências em casos que se mostrem especialmente graves. Embora a viabilização dessas atividades dependa de um elevado grau de entendimento e colaboração com diretores e funcionários, elas não impedem que estejamos atentos a possíveis violações de direitos e maus-tratos nem que, quando necessário, tomemos as devidas providências para a formalização de denúncias[80].

---

[78] Sobre essa noção de experiência penal, remeto a Dan Kaminski e Michel Kokoreff, *Sociologie pénale: système et experiénce – pour Claude Faugeron* (Ramonville Saint-Agne, Érès, 2004).

[79] No entendimento dos agentes pastorais, não há apoio espiritual descolado das condições materiais da vida. Estar disposto a ouvir as queixas e a ajudar nas questões que mais afligem os presos é condição necessária para o estabelecimento de uma relação efetiva que abra a possibilidade de um diálogo construtivo sobre questões mais transcendentais.

[80] Sobre o papel da Pastoral no combate e prevenção da tortura, ver Pastoral Carcerária, *Relatório sobre tortura*, cit.

Pesquisador e agente pastoral, ora mais agente pastoral que trabalha com pesquisa, ora mais pesquisador que também é voluntário da Pastoral Carcerária – dependendo do contexto, uma identidade se sobrepõe, sem, no entanto, omitir nem anular a outra. Dentro da penitenciária, sou mais agente pastoral que trabalha com pesquisa. Nas visitas pastorais, nunca realizei uma entrevista nem sequer me vali dos contatos estabelecidos (dentro) para agendar alguma (fora). Sempre me limitei ao estrito cumprimento das atividades pastorais, tais como propunha Fátima[81], nossa incansável coordenadora. Meu trabalho nunca foi alvo de grande interesse, nem dos funcionários nem dos presos. Quando me tomavam por padre, seminarista ou advogado e eu esclarecia ser pesquisador, inspirava mais frustração que curiosidade. Nas conversas com detentos e servidores, tampouco orientava o diálogo para certos temas que interessassem à pesquisa, pelo contrário: sempre busquei orientar minhas práticas de pesquisa (fora) para os temas que emergiam da experiência de agente pastoral (dentro). Como Fátima, eu sempre entrava com papel e caneta e tomava nota de dúvidas e demandas dos presos. Esses registros serviam para balizar a atividade pastoral, para que não esquecesse os compromissos assumidos, embora fossem também importantes para que, já em casa, pudesse organizar o turbilhão de experiências do dia num caderno de campo. Nestes termos, a pesquisa que acabei por realizar no interior de algumas penitenciárias paulistas tende ao que Favret-Saada definiu como etnografia por afetação[82]. Sob tal forma da etnografia, não se trata exatamente de observar para apreender o ponto de vista do outro, mas de ocupar uma posição num sistema (ou num dispositivo), de deixar-se afetar por ele e por todas as contingências e constrangimentos que o qualificam, fazendo dessa posição e da experiência que ela propicia instrumentos de conhecimento.

Do lado de fora das muralhas, minha postura nas reuniões pastorais nos bairros periféricos da capital sempre foi idêntica à assumida dentro da prisão. Já entre os operadores do sistema de justiça na capital e, principalmente, na Nova Alta Paulista, sempre fui mais um pesquisador que também é voluntário da Pastoral Carcerária. No interior do estado, além da observação etnográfica, realizei diversas entrevistas com moradores, comerciantes, autoridades, funcionários e ex-funcionários da administração penitenciária, agentes pastorais, familiares de presos e egressos. Para alguns,

---

[81] Esse e os demais nomes próprios presentes neste livro são fictícios.
[82] Jeanne Favret-Saada, "Ser afetado", *Cadernos de Campo*, n. 13, 2005.

minha condição de agente pastoral era de todo indiferente; para outros, só importava na medida em que me aproximava da Igreja. Para os familiares de presos e egressos, no entanto, mostrava-se extremamente importante, pois me qualificava como alguém que provava não ter preconceitos sobre o tema e que conhecia, de perto, as agruras do sistema[83].

---

[83] Sobre a importância dessa espécie de dupla inserção no dispositivo para o pesquisador poder acessar determinadas relações e questões, ver Karina Biondi, *Junto e misturado*, cit.

# 2
CARTOGRAFIA DO DISPOSITIVO CARCERÁRIO PAULISTA

Se fosse formulado o problema psicológico: como fazer para que pessoas da nossa época, pessoas cristãs, humanas, simples e boas, pratiquem as maldades mais terríveis sem sentirem-se culpadas, só haveria uma solução possível – seria preciso que se fizesse exatamente como se faz agora, seria preciso que tais pessoas fossem governadores, diretores, oficiais, policiais, ou seja, que em primeiro lugar estivessem convencidas de que existe um trabalho chamado serviço de Estado, no qual é possível tratar as pessoas como se fossem coisas, sem relações fraternas e humanas com elas, e em segundo lugar que essas mesmas pessoas do serviço do Estado estivessem unidas de tal forma que a responsabilidade pelo resultado de suas ações para as outras pessoas não recaísse em ninguém isoladamente. Fora de tais condições, não existe possibilidade em nossa época de cumprir tarefas tão horríveis como as que vi hoje.

Liev Tolstói, *Ressurreição* (São Paulo, Cosac Naify, 2010)

Circuitos

Sistema penitenciário

O sistema penitenciário paulista é um aglomerado de instituições e edifícios interconectados, com diferentes atribuições e nomenclaturas. Presos provisórios – ainda não submetidos a julgamento – habitam carceragens de delegacias sob responsabilidade da Secretaria de Segurança Pública (SSP) e, em maior medida, permanecem em Centros de Detenção Provisória (CDPs) geridos pela Secretaria de Administração Penitenciária (SAP)[1]. Tais

---

[1] Sobre a formação da SAP e a divisão do trabalho custodial com a SSP no decorrer da história, ver Fernando Salla, "De Montoro a Lembo", cit.; Alessandra Teixeira,

instituições – 41 em 2016[2] – superlotadas, são as mais precárias do sistema, as que oferecem as piores condições de vida: o espaço é exíguo, a alimentação é péssima, não há trabalho nem escola[3]. Presos chegam a passar anos aguardando julgamento e, não raro, quando condenados, já cumpriram, se não totalmente, boa parte da pena[4]. Há também aqueles tantos que, já condenados, ali esperam por muito tempo a transferência, o *trânsito*[5], para uma penitenciária. Em alguns CDPs, pavilhões – também conhecidos como *raios* – inteiros são destinados ao cumprimento de pena, funcionando como penitenciárias em condições pioradas.

As penitenciárias são os locais por excelência de cumprimento de pena em regime fechado. Em 2016, eram 83 unidades, praticamente todas funcionando bem acima da capacidade, algumas abrigando até três vezes mais pessoas do que o planejado. No entanto, geralmente, tais penitenciárias oferecem condições um pouco melhores do que os CDPs, em especial graças às escolas, cursos e oficinas de trabalho que disponibilizam[6]. Embora esses serviços sejam precários e restritos, sua parca existência é suficiente para mudar o horizonte da experiência prisional. É importante destacar, no entanto, que nem todos os que vivem numa penitenciária são presidiários que formalmente estão cumprindo pena em regime fechado, embora o estejam na prática. Em algumas, é significativo o contingente de detentos provisórios[7], bem como o de presos que já ascenderam ao regime semiaberto. Para amenizar inadequações, em diversas penitenciárias existem anexos onde

---

Prisões da exceção: política penal e penitenciária no Brasil contemporâneo (Curitiba, Juruá, 2009); e Camila C. N. Dias, *Da pulverização ao monopólio da violência*, cit.

[2] O número de unidades por cada tipo está em SAP, Secretaria de Administração Penitenciária, *166 unidades prisionais*, cit.

[3] Segundo relatos de agentes pastorais que visitam cotidianamente essas unidades.

[4] Não é raro que as condenações proferidas sejam de penas diferentes da privação de liberdade. Nestas circunstâncias, o preso provisório depois de julgado é posto em liberdade. Para um diagnóstico geral da prisão provisória em São Paulo, ver ITTC, Instituto Terra, Trabalho e Cidadania; e Pastoral Carcerária, *Tecer justiça: presas e presos provisórios da cidade de São Paulo* (São Paulo, Open Society/Paulus, 2012).

[5] As categorias que fazem parte do vocabulário carcerário estão em itálico apenas na primeira vez que aparecem no texto.

[6] Esses tipos de atividade não se distribuem uniformemente em todas as penitenciárias.

[7] Especialmente em unidades femininas.

vigoram outros regimes: Anexos de Detenção Provisória (ADPs), Anexos de Regime Semiaberto (Arsas) e Alas de Progressão Penitenciária (APPs). Se a penitenciária pode ser considerada o lugar comum do cumprimento de pena, existem ainda outras duas variantes como espaços alternativos para segmentos específicos de presos. De um lado, os Centros de Ressocialização (CRs): 22 unidades menores, destinadas a presos considerados de baixa periculosidade e provenientes das cidades médias (e regiões imediatas) que as sediam[8]. Originalmente, funcionavam por meio de parcerias público-privadas (PPPs) com organizações não governamentais que administravam todo o presídio, exceto a segurança. Nos últimos anos, esse modelo de cogestão foi desmantelado[9]. As proporções menores, o leque mais variado de serviços disponibilizados e a proximidade entre a prisão e o lugar de origem dos presos contribuem para que essas unidades sejam consideradas as menos ruins do sistema penitenciário paulista. De outro lado, para detentos considerados problemáticos, indisciplinados, lideranças negativas, existe o Regime Disciplinar Diferenciado (RDD), que vigora no Centro de Readaptação Penitenciária (CRP) de Presidente Bernardes. No CRP, os presidiários ficam isolados em celas individuais praticamente o dia todo, não desempenham nenhuma atividade educativa ou profissional e estão submetidos a rígidas restrições de visitação e comunicação. Essa unidade foi construída em reação à primeira megarrebelião do PCC e serviu de modelo para os presídios federais[10].

Os presos que ascendem ao regime semiaberto, quando não ficam em unidades de regime fechado nem em Arsas ou APPs adjacentes a casas penais, são levados aos Centros de Progressão Penitenciária (CPPs). São quinze unidades destinadas a presos que, idealmente, sairiam para trabalhar, voltariam

---

[8] Em SAP, *166 unidades prisionais*, cit., os CRs são classificados como unidades de regime misto que podem receber presos provisórios e condenados em regime fechado e semiaberto.

[9] Para mais informações sobre os CRs, ver Alessandra Teixeira, *Prisões da exceção*, cit., p. 153-4; Camilla M. Massaro, "Trabalho no cárcere feminino: subcontratação, subsistência, ocupação do tempo e esperança", em *Congresso Latino-Americano de estudos do trabalho, Anais* (São Paulo, ALAST, 7, 2013); e idem, *Trabalho em tempos de crise: a superexploração do trabalho penal nos Centros de Ressocialização Femininos do estado de São Paulo* (Tese de Doutorado em Ciências Sociais, Araraquara, FCL--Unesp, 2014).

[10] Presídios federais construídos em Catanduvas (PR), Mossoró (RN), Campo Grande (MS) e Porto Velho (RO).

para dormir e ali passariam os fins de semana em que não está prevista a saída temporária – a *saidinha*[11]. Contudo, nos últimos anos, a prática estatal consolidou outro significado para o regime semiaberto: o de "semifechado"[12]. O número de detentos que cotidianamente deixam a unidade para trabalhar é mínimo, de modo que os CPPs mais se caracterizam por uma maior oferta de oportunidades de trabalho no próprio interior da unidade e, principalmente, por um regime disciplinar mais ameno. Uma maior mobilidade no interior da prisão, o acesso a telefones públicos, a sequência de saidinhas, o horizonte próximo da liberdade são elementos que fazem da experiência prisional nos CPPs um significativo alívio para o presidiário – não obstante a aguda superlotação que caracteriza essas unidades.

No fim da linha, quando finalmente alcança a liberdade (via cumprimento integral da pena, livramento condicional ou progressão para regime aberto), o preso encontra à disposição 31 Centrais de Atenção ao Egresso e Família (Caefs) administradas pelo estado de São Paulo, as quais prestam serviços de orientação psicológica e burocrática (para retirada de novos documentos), oferecem cursos de capacitação profissional e tomam outras iniciativas de assistência social[13]. É patente a insuficiência dessa estrutura ante a demanda do fluxo penitenciário.

Seria necessário acrescer a essa breve descrição geral do sistema penitenciário paulista as quatro unidades hospitalares geridas pela Coordenadoria de Saúde (CS) da SAP. O Centro Hospitalar do Sistema Penitenciário – conhecido como COC[14] – é mais propriamente um hospital. Situado no município de São Paulo, no bairro do Carandiru, dispõe de pouco mais de 350 vagas para atender a toda a população carcerária do estado, masculina e feminina. Nele são levados a cabo consultas, exames e tratamentos mais complexos. Sua notória insuficiência é remediada com a mobilização do próprio sistema público de saúde – principalmente as Santas Casas interioranas e outros hospitais da RMSP. As outras três unidades são Hospitais de Custódia e Tratamento Psiquiátrico, manicômios judiciários para cumprimento de

---

[11] Permissão para passar alguns dias em liberdade, em datas comemorativas como Dia das Mães e Natal.
[12] Antônio Rafael Barbosa, *Prender e dar fuga*, cit., p. 139.
[13] A SAP também registra a existência de 28 Centrais de Penas e Medidas Alternativas.
[14] Em referência ao antigo Centro de Observação Criminológica, que funcionava no mesmo prédio.

medidas de segurança (MS) – destinadas a infratores considerados inimputáveis por diagnóstico especializado. Dois desses manicômios se situam, não por acaso, em Franco da Rocha[15]; o outro, em Taubaté. Embora não se verifique superlotação nessas unidades, a experiência prisional que nelas se tem é das piores possíveis, seja pelo mais frequente abandono da família, seja pela falta de horizonte de livramento[16].

Acoplada às unidades penitenciárias, às suas alas e anexos, aos CPPs e CRs, no interior da SAP, mas centralizada num edifício próprio no centro de São Paulo, está a Fundação Prof. Dr. Manoel Pedro Pimentel (conhecida como Funap por ter sido primeiramente chamada de Fundação de Amparo ao Preso), autarquia criada em 1977 pelo então secretário de Justiça que hoje lhe dá nome. A Funap é importante para uma mínima caracterização do sistema penitenciário paulista, pois operacionaliza e gere praticamente todo o trabalho e os serviços jurídicos que têm lugar nas instituições penitenciárias[17]. É responsável por administrar os contratos com empresas privadas que se instalam nas prisões e mobilizam a mão de obra dos internos; também por alocar um (ou mais) advogado(s) na unidade para desempenhar a assistência judiciária gratuita e encaminhar os procedimentos da execução penal, especialmente os pedidos de progressão de pena.

Sistema de justiça

No estado de São Paulo, a maioria das trajetórias prisionais começa com a prisão em flagrante efetuada pela Polícia Militar (PM), corporação central do sistema de segurança pública, responsável pelo patrulhamento ostensivo e preventivo. A Polícia Civil, por sua vez, apesar de prender relativamente pouco[18], acumula funções investigativas e judiciárias, de modo

---

[15] É notória a vocação manicomial do município de Franco da Rocha, cujo desenvolvimento foi em grande medida pautado pela instalação do Manicômio do Juqueri ainda no final do século XIX.

[16] O término do cumprimento da medida de segurança está condicionado a um parecer psiquiátrico.

[17] Entre 2012 e 2013, a Funap deixou de ser também responsável pelos serviços educacionais, que foram vinculados à Secretaria da Educação.

[18] No estado de São Paulo, em 2011, existiam 89.345 policiais militares e 34.258 policiais civis, conforme Maria Gorete M. de Jesus et al, *Prisão provisória e lei de drogas: um estudo sobre flagrantes de tráfico de drogas na cidade de São Paulo* (São Paulo, NEV/Open Society/FUSP, 2011), p. 20.

que quase todos os casos de prisão acabam passando por ela[19]. A Polícia Civil é responsável pelo inquérito, expediente pré-processual necessário para qualquer incriminação. Em princípio, no inquérito não há acusação nem defesa, apenas uma busca técnica e neutra sobre a "verdade dos fatos" – traço fundamental da tradição inquisitorial que informa as práticas policiais no Brasil e se prolonga no processo penal[20]. Na delegacia, o policial civil registra a ocorrência, toma depoimento do acusado, dos policiais militares que efetuaram a detenção, às vezes de outras testemunhas[21], compila as provas disponíveis e as encaminha para perícia. Conforme o delito, ou o policial lavra um termo circunstanciado que encaminha para o Juizado Especial Criminal[22] (Jecrim) e libera o acusado, ou estabelece fiança para liberá-lo, ou formaliza a prisão em flagrante e o encaminha para um CDP[23].

Durante o inquérito, juízes, promotores e defensores, principais agentes do sistema de justiça, só podem zelar pela lisura dos procedimentos policiais. Na

---

[19] Uma exceção, por exemplo, são os crimes cometidos por policiais militares, cujos processos tramitam na Justiça Militar sempre que não se trata de crime contra a vida.

[20] Sobre a tradição inquisitorial no sistema de justiça criminal brasileiro, ver Roberto Kant de Lima, *Ensaios de antropologia e de direito: acesso à justiça e processos institucionais de administração de conflitos e produção da verdade jurídica em uma perspectiva comparada* (Rio de Janeiro, Lumen Juris, 2009).

[21] Em prisões por tráfico, é comum que os relatos dos policiais militares que efetuaram o flagrante sejam os únicos presentes nos registros policiais, como apontam Maria Gorete M. de Jesus et al, *Prisão provisória e lei de drogas*, cit., p. 80.

[22] Criado em 1995, instaura a possibilidade de negociação para contravenções e crimes menos graves (penas inferiores a dois anos), com o objetivo de desafogar as varas criminais, conforme assinalam Joana Vargas e Ludmila M. Ribeiro, "Estudos de fluxo da justiça criminal: balanços e perspectivas", em *Encontro nacional da Anpocs, Anais eletrônicos* (São Paulo, Anpocs, 32, 2008), p. 10, disponível em <http://anpocs.org/index.php/papers-32-encontro/gt-27/gt08-23/2351-joanavargas-estudos/file>, acesso em 14 mar. /2017.

[23] Nessa "antessala" do sistema penitenciário, inúmeras negociações são possíveis: com a PM sobre o encaminhamento à delegacia, com o delegado sobre o encaminhamento ao CDP, com ambos sobre a tipificação da acusação. São várias as mercadorias políticas – como aponta Michel Misse, *Crime e violência no Brasil contemporâneo*, cit. – que podem ser transacionadas nessa fase de encarceramento ainda potencial. Sobre mercadorias políticas, ver também Vera da S. Telles, "Ilegalismos urbanos e a cidade", cit.; idem, *A cidade nas fronteiras do legal e ilegal*, cit.; Vera da S. Telles e Daniel V. Hirata, "Cidade e práticas urbanas, cit.; idem, "Ilegalismos e jogos de poder em São Paulo", *Tempo Social*, v. 2, n. 22, 2010; e Daniel V. Hirata, *Sobreviver na adversidade*, cit.

capital, em casos de prisão em flagrante, o policial civil informa as primeiras providências tomadas a um juiz do Departamento de Inquéritos Policiais (Dipo), que avalia o cabimento da prisão, informa ao Ministério Público[24] (MP) e, quando o acusado não dispõe de advogado, nomeia um pago pelo Estado[25]. No mais das vezes, a prisão preventiva é confirmada pelo juiz[26]. Nessa fase, ao defensor resta pedir a liberdade provisória do acusado para que este aguarde a conclusão do inquérito fora da prisão – pedido que tende a ser sistematicamente combatido por promotores e sumariamente negado pelos juízes.

Uma vez concluído, o inquérito policial é encaminhado ao Ministério Público, que pode formalizar ou não a denúncia. Esta é, então, encaminhada a um juiz criminal, marcando o início da fase processual. A defesa pode, então, produzir provas de inocência e circunstâncias atenuantes, bem como continuar questionando a prisão provisória, demandando que o réu aguarde julgamento em liberdade. O promotor de justiça pode realizar suas próprias investigações, ampliando e aprimorando os elementos acusatórios dispostos no inquérito. E o juiz pode demandar procedimentos investigativos, como perícias adicionais e interrogatórios – expedientes que replicam a lógica inquisitorial dentro do processo penal. No entanto, a despeito de todas as prerrogativas legais, a fase processual costuma se desenrolar de maneira bastante burocrática, com procedimentos mínimos e altamente padronizados.

---

[24] No estado de São Paulo, são 1.500 promotores e procuradores, como assinalam Maria Gorete M. de Jesus et al, *Prisão provisória e lei de drogas*, cit., p. 20. Sobre a evolução institucional do MP no Brasil, ver Ronaldo P. Macedo Jr., "A evolução institucional do Ministério Público Brasileiro", em Maria Tereza Sadek, *Uma introdução ao estudo da justiça* (Rio de Janeiro, Centro Edelstein de Pesquisas Sociais, 2010).

[25] Fora da capital, esses procedimentos são levados a cabo pelo juiz da vara criminal da comarca.

[26] Vale, aqui, a citação literal: "Em relação ao fundamento da manutenção da prisão pelo juiz do Dipo, em 92,8% dos casos não constava justificativa para a necessidade da prisão. Na imensa maioria desses casos, lia-se nos autos *o mesmo despacho-padrão*", conforme ITTC e Pastoral Carcerária, *Tecer justiça*, cit., p. 61, grifo meu. Esses dados se referem a prisões por tráfico de drogas na capital, mas a mesma lógica tende a se replicar para outros crimes e em outras jurisdições, conforme Salo de Carvalho (coord.), *Dos critérios de aplicação da pena no Brasil: análise doutrinária e jurisprudência da conveniência da determinação da pena mínima* (Brasília, Ministério da Justiça, Série Pensando o Direito, n. 2, 2009); e idem, *O papel dos atores do sistema penal na era do punitivismo (o exemplo privilegiado da aplicação da pena)* (Rio de Janeiro, Lumen Juris, 2010). Esse quadro parece não ter sido alterado pela recente criação das chamadas "Audiências de Custódia" nem pela aprovação da nova lei de medidas cautelares (Lei 12.403/11).

56 • Fluxos em cadeia

Os advogados pagos pelo Estado costumam elaborar uma defesa meramente formal, não questionam a prisão preventiva, não arrolam testemunhas nem provas adicionais, nem sequer conversam com o réu. Os promotores tendem a repassar na denúncia apenas o disposto no inquérito; ao passo que os juízes se limitam a presidir a Audiência de Instrução e Julgamento[27].

Após a condenação, o preso deve ser transferido para uma unidade de cumprimento de pena[28] e seu processo de execução é aberto numa Vara de Execuções Criminais – em São Paulo, comumente chamada de *VEC*. Geralmente, os estudos de fluxo da justiça criminal alcançam apenas o julgamento, de modo que as dinâmicas de execução das penas permanecem por demais opacas aos cientistas sociais e à sociedade mais ampla[29]. A execução penal se caracteriza, minimamente, como um sistema progressivo e jurisdicionalizado: progressivo porque supõe certa gradação de austeridade nos regimes de cumprimento de pena – fechado, semiaberto, aberto – conforme a gravidade atribuída ao delito, o perfil e a conduta do preso; jurisdicionalizado porque as agências do sistema de justiça continuam atuando no processo, com seus pareceres e intervenções determinando o desenrolar da pena – mesmo depois do período de encarceramento[30]. São inúmeros os incidentes processuais que pautam o desenrolar da execução penal: detração[31], remição[32], indulto[33]

---

[27] Uma ressalva: traço aqui apenas um percurso geral, pois diferentes crimes correspondem a diferentes dinâmicas de processamento. Em crimes dolosos contra a vida, por exemplo, o julgamento se dá por meio do Tribunal de Júri, regido por outra lógica e procedimentos, como apontam Roberto Kant de Lima, *Ensaios de antropologia e de direito*, cit. e Anna Lucía P. Schritzmeyer, *Jogo, ritual e teatro: um estudo antropológico do Tribunal de Júri* (São Paulo, Terceiro Nome, 2012).

[28] Para um CPP, quando a pena estabelece regime inicial semiaberto; para uma penitenciária, quando é fechado.

[29] Como ressalta Roberto Kant de Lima, *Ensaios de antropologia e de direito*, cit., p. 33.

[30] Quando o condenado está em liberdade condicional ou sob regime aberto, por exemplo.

[31] Conversão do tempo de prisão preventiva em pena cumprida.

[32] Diminuição de pena por abatimento de dias trabalhados (ou estudados). Para uma análise desse instituto legal, suas ambiguidades e impactos na dinâmica carcerária, ver Luiz Antônio B. Chies, *A capitalização do tempo social na prisão: a remição no contexto das lutas de temporalização na pena privativa de liberdade* (Tese de Doutorado em Sociologia, Porto Alegre, IFCH-UFRGS, 2006).

[33] Decreto presidencial anual que estabelece possibilidades e critérios para atenuação de penas.

e progressão[34] são apenas alguns exemplos de *benefícios* possíveis[35]. Assim como na fase processual, na execução penal o Ministério Público tende a atuar no sentido de intensificar a punição imposta[36]. Os juízes de execução tendem a referendar um uso mais intensivo da prisão[37]. Esse punitivismo exacerbado não encontra freio, em grande medida, pelo modo como estão estruturados os serviços de defesa pública[38].

Apesar de prevista legalmente desde a Constituição de 1988, a Defensoria Pública do Estado de São Paulo só foi criada em 2006, depois de muita pressão política de entidades de classe, movimentos sociais e de direitos humanos. Antes, uma parcela dos quadros da Procuradoria do Estado[39] costumava ser designada de improviso para os serviços de assistência judiciária. Num primeiro momento, cerca de oitenta procuradores migraram para a Defensoria e deram início à sua estruturação. Por volta de 2011, cerca de cinquenta defensores atuavam na área penal. A escassez de

---

[34] Ascensão do regime fechado ao semiaberto e deste ao aberto.

[35] Sobre o lugar dos benefícios na doutrina e história do sistema punitivo brasileiro, ver Rodrigo D. E. Roig, *Direito e prática histórica da execução penal no Brasil* (Rio de Janeiro, Revan, 2005). Para um diagnóstico do funcionamento atual das VECs de São Paulo, ver CNJ, Conselho Nacional de Justiça, *Relatório geral: mutirão carcerário do estado de São Paulo (e atas anexas)* (Brasília, Poder Judiciário, 2012).

[36] Vale a citação literal: "No campo político-criminal, a postura conservadora [do MP] refletirá, naturalmente, na substancialização da demanda punitiva, através de inúmeras ações pontuais no processo persecutório como, p. ex., aumento na representação por prisões cautelares; propositura indiscriminada de ações penais independentemente da intensidade de lesão ou da qualidade do bem jurídico tutelado; adoção de política de recursos automáticos em casos de decisões favoráveis aos imputados no processo de conhecimento ou *aos condenados no de execução* entre outras", conforme Salo de Carvalho, *O papel dos atores do sistema penal na era do punitivismo*, cit., p. 101, grifo meu.

[37] Também aqui, vale a citação literal: "O sistema de justiça criminal, notadamente enquanto executor da pena, opera na qualidade de aplicador de um *plus* punitivo ao relativizar ao máximo os direitos previstos em lei para os condenados, adotando uma postura altamente repressiva, revelada pelos ínfimos percentuais de benefícios concedidos", constante em Alessandra Teixeira e Eliana. B. T. Bordini, "Decisões judiciais da Vara de Execuções Criminais: punindo sempre mais", *São Paulo em Perspectiva*, v. 18, n. 1, 2004, p. 70, grifo meu.

[38] Mais de 90% dos presos paulistas dependem desses serviços públicos. Este e os dados subsequentes foram levantados em entrevistas com vários operadores do direito, de destacada atuação na área penal.

[39] Em linhas muito gerais, trata-se do corpo institucional que advoga a favor do Estado.

quadros é contornada por parcerias com outras instituições, por um amplo programa de recrutamento de estagiários e por uma atuação mais estratégica, seja em casos de interesse difuso, seja em casos particulares nos quais se verificam maiores problemas procedimentais ou que tenham potencial de recondicionar a jurisprudência[40]. Em comparação com promotores e juízes, os defensores públicos são menos numerosos[41], mais mal distribuídos pelo território estadual – em 2011, estavam em apenas 29 municípios[42] – e, até pouquíssimo tempo atrás, mais mal remunerados[43]. Embora seja reconhecidamente qualificada, a atuação da Defensoria é caracterizada por uma grande distância em relação aos defendidos e ao ambiente prisional. Defensores são acionados por presos por meio de cartas, por familiares por meio dos centros de atendimento ao público[44] e por entidades assistenciais que atuam na esfera penal, como a Pastoral Carcerária.

Nas muitas comarcas onde a Defensoria não está presente, os advogados dativos – que até agora designei como "pagos pelo Estado" – são constituídos para executar a defesa da maioria dos detentos provisórios. Trata-se de advogados particulares que se inscrevem no programa de assistência judiciária da Ordem dos Advogados do Brasil (OAB) e, então, passam a ser nomeados pelo juiz de uma comarca para realizarem a defesa de acusados (presos ou não) que não dispõem de condições financeiras. A essa categoria pertence a maior parte dos defensores públicos atuantes em todo o território estadual. São remunerados ao final dos processos, com valores tabelados correspondentes

---

[40] As ações mais estratégicas nos diferentes campos do direito são planejadas e executadas por núcleos especializados – entre eles, o de Situação Carcerária.

[41] No estado de São Paulo, em 2011, eram 2.017 juízes de primeira instância, 1.500 promotores e procuradores e apenas quinhentos defensores, como registram Maria Gorete M. de Jesus et al, *Prisão provisória e lei de drogas*, cit., p. 20.

[42] Para a distribuição espacial de defensores públicos no Brasil, em 2013, ver Ipea, Instituto de Pesquisa Econômica Aplicada, *Mapa da Defensoria Pública no Brasil* (Brasília, Ipea/Anadep, 2013).

[43] Nos últimos anos, existiu toda uma disputa política e judicial em torno da isonomia salarial entre os agentes do sistema de justiça. Para uma notícia recente desses enfrentamentos, ver Livia Scocuglia, *Defensor de SP terá mesmo teto de ministro do Supremo* (São Paulo, Consultor Jurídico, 20 mar. 2014), disponível em <http://www.conjur.com.br/2014-mar-20/defensores-publicos-sp-terao-mesmo-teto-remuneratorio-ministros-stf>, acesso em 22 nov. 2014.

[44] Como o que funciona no Fórum da Barra Funda, atendendo diariamente cerca de duzentas pessoas.

a cada procedimento adotado. Como os processos são lentos, podem tardar anos a receber seus honorários. Trabalham em seus escritórios particulares e no Fórum; no mais das vezes, nem chegam a conhecer pessoalmente seus defendidos. Não costumam arrolar testemunhas de defesa nem questionar provas e circunstâncias, trabalhando tão protocolarmente quanto promotores e juízes – com despachos-padrão.

O programa de assistência judiciária da OAB é um enorme contrato com a Defensoria, o qual condiciona mais da metade da dotação orçamentária desta. Trata-se de um convênio mais antigo que a própria Defensoria, o qual se fundamenta na patente insuficiência e na desigual distribuição espacial de advogados públicos – seja dos antigos procuradores, seja dos atuais defensores. Tal contrato está longe de ser um acordo, de modo que uma acirrada disputa política e jurídica se arrasta sobre o tema. A Defensoria quer se desfazer da obrigatoriedade do contrato herdado da Procuradoria, reivindicando autonomia para gerir seus recursos e escolher seus parceiros. A OAB, por sua vez, não vê como deixar de prestar o serviço, considerando-se a única organização capaz de garantir minimamente o direito constitucional de defesa, pela estrutura, logística e quadros mais bem distribuídos por todo o território estadual. Apesar de o Supremo Tribunal Federal (STF) ter se manifestado a favor da Defensoria, a disputa está longe de encerrar--se[45], e boa parte dos presos sem condenação continua sendo defendida por advogados dativos.

O preso condenado continua tendo direito a um advogado de defesa para atuar em seu processo de execução penal; porém, nessa fase, é o advogado da Funap que geralmente atua. A Funap dispõe de pouco menos de duas centenas de advogados que atuam no interior do sistema penitenciário e em alguns fóruns, atendendo milhares e milhares de presos. A maioria foi contratada há muito tempo e atualmente recebe salários baixos e defasados. Esses profissionais do direito – vinculados a uma autarquia ligada, por sua vez, ao

---

[45] Para algumas notícias dessa disputa, ver OAB, Ordem dos Advogados do Brasil, "Apresentado projeto que propõe transferir gestão do convênio de assistência judiciária". *OAB*, Notícias, 27 out. 2011, disponível em <http://www.oabsp.org.br/noticias/2011/10/27/7376>, acesso em 21 nov. 2014; e Felipe Seligman, "STF derruba obrigação de convênio entre OAB e a Defensoria de SP", *Folha de São Paulo*, Poder, 29 fev. 2012, disponível em <http://www1.folha.uol.com.br/poder/2012/02/1055412-stf-derruba-obrigacao-de-convenio-entre-oab-e-a-defensoria-de-sp.shtml>, acesso em 22 nov. 2014.

poder executivo – trabalham cotidianamente em colaboração com agentes de segurança penitenciária (ASPs) e outros funcionários administrativos das unidades prisionais. Muitos – nem todos – recebem detentos periodicamente, ouvem suas demandas e informam sobre a evolução de seus processos. Com maior frequência, porém, são acionados pela população carcerária através de bilhetes encaminhados por ASPs, nos quais os presos pedem informações e apresentam suas demandas – as *pipas*. Sua rotina de trabalho, no entanto, costuma centrar-se na verificação dos processos, na conferência de lapsos de progressão e no encaminhamento de pedidos de benefícios, num ritual burocrático de processamento de papéis. Não obstante o trabalho no interior da unidade, próximo ao preso e com o auxílio de outros funcionários, os serviços de assistência judiciária em execuções penais prestados por esses advogados estão longe de ser adequados: os processos ficam anos parados, os pedidos de progressão são, de igual modo, em demasia até, protocolares e geralmente tardam mais que os lapsos mínimos prescritos em lei.

Unidade penitenciária

Embora seja grande a diversidade de modelos arquitetônicos utilizados pelo sistema carcerário paulista, a organização interna do espaço prisional segue certos padrões. Um muro baixo (ou uma cerca de arame) demarca seu perímetro exterior, com uma guarita para carros comuns, *bondes*[46] e pedestres, onde se faz a identificação preliminar dos que chegam à unidade. O estacionamento que se encontra em seguida pode ter ou não uma ala coberta; em algumas unidades, anexos prisionais e/ou residências destinadas a diretores também ocupam esse espaço. A entrada na prisão se dá por um prédio administrativo; em sua fachada, o nome da unidade; de um lado, uma passagem para visitantes (familiares de presos) e um setor de guichês para recebimento de *jumbos*[47]; no centro, uma porta de aço (para funcionários, advogados, agentes pastorais etc.) e, a seu lado, um portão para bondes. Atrás dessa porta metálica, há uma pequena *gaiola*, um retângulo gradeado, com outro portão adiante que só se abre quando o primeiro já se encontra devidamente fechado. Adentra-se então a principal portaria da unidade: um grande quadrado de concreto – com largos portões de cada

---

[46] Veículo próprio para o transporte de presos.
[47] Pacote de roupas, artigos de higiene e alimentos levado pelo familiar ao preso. O jumbo será objeto de discussão mais aprofundada no capítulo 5.

lado – que serve de gaiola para os bondes e veículos de escolta. Nesse espaço se dispõem um balcão para os funcionários, monitores de vigilância, murais de avisos, cartazes, banheiros, o acesso para a ala administrativa, que fica no piso superior do edifício, e para os setores de revista. Trata-se propriamente da área de transição entre o dentro e o fora da prisão; a partir desse ponto, dinheiro, telefones celulares e vários outros objetos não são permitidos. No piso superior, ficam as salas dos diretores, técnicos e demais funcionários administrativos, bem como uma farmácia, uma copa etc.

Passando pelo setor de revista, deixa-se esse primeiro prédio rumo a um espaço intermediário, que pode ter diferentes tamanhos: às vezes, é pequeno e de puro concreto; às vezes, é maior e com depósitos, hortas ou jardins. É desse ambiente que se enxerga a enorme muralha, com suas torres de vigilância e um portão no centro – além de automóveis e pedestres. Do lado oposto, uma nova zona intermediária, diante de outro prédio. Paralelo ao interior da muralha, um alambrado demarca uma zona para os cães de guarda. No prédio, duas entradas: uma lateral, que dá acesso ao setor de *inclusão* de presos, e uma central, que dá acesso a uma gaiola. No setor de inclusão existem duas ou três celas, apertadas e mal iluminadas, e uma sala para revista e registro de presos que chegam ou deixam a unidade. Na gaiola central, um portão gradeado lateral (em frente à inclusão) dá acesso à porção externa do *parlatório*[48], à sala do diretor de disciplina, a outras dependências administrativas e, em alguns casos, também a uma copa; o portão gradeado frontal dá acesso à *radial*, o grande corredor central que interliga todas as demais dependências da unidade.

Na radial, duas faixas pintadas no chão a cerca de um metro de cada parede demarcam a área onde presos em trânsito[49] estão autorizados a circular. O meio é reservado a funcionários e visitantes, bem como aos presos que, com grandes carrinhos de mão, trabalham distribuindo comida ou recolhendo o lixo. A radial é um longo corredor com uma sequência de portas de aço nas laterais e gaiolas na transversal – com mais portas nas laterais internas. As portas do lado de fora das gaiolas dão acesso ao setor de inclusão (por dentro), à porção interna do parlatório e à cela de espera que lhe é anexa, à

---

[48] Área destinada à comunicação entre presos e advogados, separados por uma grade. Também pode abrigar visitas familiares.

[49] "Trânsito" não remete apenas à transferência entre unidades; qualquer movimentação de presos pelo espaço prisional também é assim designada.

enfermaria, ao *castigo*, ao *seguro*, à escola, às oficinas e à cozinha. As gaiolas dão acesso aos raios e demarcam fronteiras internas, práticas e simbólicas.

Três ou quatro gaiolas se interpõem entre a entrada da radial e os últimos raios no *fundão*[50] da unidade, segmentando o espaço interno em zonas de acessibilidade diferenciada, geralmente com cozinha e oficinas ao fundo e, mais à frente, escola, castigo, seguro e enfermaria. Em algumas unidades, as gaiolas da radial contam com um piso superior, também gradeado, de onde o ASP pode manipular as portas sem se aproximar dos presos.

Na parte interna do raio, o acesso é mediado por outra gaiola, manipulável automaticamente desde a gaiola da radial ou manual e diretamente por um ASP. É no raio que a maior parte da experiência do preso se desenvolve. Lá estão as celas, a quadra de futebol e do banho de sol, a barbearia, os tanques e varais para as roupas, os aparelhos improvisados de musculação etc. Em linhas gerais, quando não se encontra em trânsito, o detento está no raio, dentro ou fora da cela.

Além do raio, em apenas três outros espaços o preso cumpre sua pena: no castigo, no seguro e na enfermaria. O castigo é um corredor de celas enfileiradas, de menores proporções que as do raio, onde são alocados presos em cumprimento de sanção disciplinar. Tais celas dispõem apenas de uma cama de concreto, uma privada turca, um cano que serve de chuveiro, uma torneira na parede e uma pequena janela. O seguro é o espaço onde ficam os detentos que não podem permanecer no *convívio* do raio, seja pela contração de dívidas, seja pelo pertencimento a uma facção rival, seja pela infração a algum tipo de norma estabelecida pelos próprios presos[51]. É um conjunto de celas coletivas e bastante cheias ao lado de um pequeno pátio para banho de sol. A enfermaria é um espaço dividido em três: na primeira parte, estão os consultórios, salas mais amplas, com mesas e macas, arquivos e fichas médicas; separadas por uma grade, encontram-se as celas dos presos em tratamento; e, ao fundo, um novo e pequeno pátio para banho de sol. A esses espaços de cumprimento de pena, acrescenta-se ainda um outro, limiar

---

[50] Designação comum para os espaços mais distantes da entrada (e também da saída) da prisão.

[51] Sobre a segmentação do mundo prisional em espaços de convívio e de seguro, ver Adalton José Marques, *Crime, proceder, convívio-seguro: um experimento antropológico a partir de relações entre ladrões* (Dissertação de Mestrado em Antropologia Social, São Paulo, FFLCH-USP, 2009).

entre o trânsito e o raio, constituído pelas celas de Regime de Observação – *ROs* – onde os recém-chegados, depois de passar pela inclusão e antes de serem integrados ao convívio, permanecem uma temporada trancados. Mais que um espaço físico em particular, o RO é uma condição, uma vez que, para tanto, podem ser destinadas determinadas celas de um raio ou mesmo do castigo, a depender do volume do fluxo de chegadas.

Em outros três espaços, o detento também cumpre pena, mas não se instala: a escola, a cozinha e a oficina. A escola é um corredor com salas de aula cujas paredes têm janelas envidraçadas, que permitem a observação do lado de dentro, uma biblioteca e salas de projetos específicos – como oficinas de trabalhos manuais e informática. Na cozinha, estão o estoque de comida, uma padaria, mesas para limpeza e corte dos alimentos, uma cozinha industrial propriamente dita e um pátio externo, onde caixas, panelas e cumbucas são lavadas em grandes tanques. As oficinas variam conforme a unidade e sua parceria com o setor privado; são galpões subdivididos entre empresas e setores de produção: costura de bolas, descascamento de alho, montagem de pregadores de roupas, sacolas, rabiola, móveis de vime, embalagem de artigos de festa, para ficarmos em algumas que cheguei a conhecer.

Como já mencionei, é grande a variação de elementos e de formas de distribuição do espaço prisional no estado de São Paulo. Há unidades antigas e enormes como o CPP de Franco da Rocha e a Penitenciária Feminina de Santana (PFS), com projetos arquitetônicos bastante particulares. Há grandes penitenciárias como as de Presidente Venceslau e de Guarulhos, com apenas três ou quatro raios, cada qual com dezenas de celas dispostas em dois andares. Mais recentemente, multiplicaram-se as unidades compactas, que ocupam uma área menor e são mais subdivididas, com até oito raios (térreos) de cerca de uma dezena de celas cada um. Esse modelo é utilizado indistintamente em CDPs e penitenciárias[52]; no mais das vezes, os raios estão organizados em formato de espinha de peixe – como acabo de descrever –, mas existem também unidades nas quais eles se distribuem em forma de X[53]. Há ainda unidades menores, de raio único, como a maioria dos CRs e algumas penitenciárias[54]. Ademais, modelos arquitetônicos particulares foram experimentados nas mais novas unidades femininas de Tupi Paulista e Tremembé.

---

[52] Como no CDP de Bauru e na Penitenciária de Avanhandava, por exemplo.
[53] Como nas penitenciárias de Álvaro de Carvalho e Getulina.
[54] Como em Assis e em uma das penitenciárias de Itirapina.

Coletivos

Funcionalismo penitenciário

A Secretaria de Administração Penitenciária (SAP) apresenta uma estrutura piramidal, fortemente hierarquizada, na qual os principais cargos são distribuídos entre os servidores públicos segundo relações de confiança, por nomeações pessoais. O governador nomeia o secretário; o secretário nomeia os coordenadores regionais[55], os de saúde e de reintegração social; os coordenadores regionais nomeiam os diretores-gerais das unidades; os diretores-gerais nomeiam os diretores de segurança e disciplina, de trabalho e os demais. Em cada unidade, a diretoria coordena as atividades dos agentes de segurança penitenciária (ASPs), dos agentes de escolta e vigilância penitenciária (AEVPs), dos funcionários técnicos e administrativos e também dos presos que fazem a limpeza e a manutenção cotidianas do espaço prisional.

Os turnos de trabalho são bastante variáveis: de 8 horas diárias para a maioria dos funcionários administrativos ou de "12 por 36" – 12 horas de trabalho por 36 horas de descanso – para a grande maioria dos ASPs e AEVPs, podendo ser também de "24 por 72" ou outros imagináveis arranjos. Os funcionários administrativos ocupam principalmente o primeiro prédio da unidade, no qual só se relacionam com os presos que trabalham na limpeza e na copa dessa área específica. Divididos em diversos setores e funções, são operadores da burocracia, lidam com processos, prontuários, contabilidades, contratos, recursos humanos etc. Segundo o Departamento Penitenciário Nacional (Depen), no final de 2014, um total de 2.509 servidores desempenhavam funções de apoio administrativo em toda a SAP[56]. Os técnicos podem estabelecer uma relação mais direta com a população prisional, ainda que esporádica.

---

[55] Da região metropolitana, do vale do Paraíba e litoral, das regiões central, noroeste e oeste.

[56] Os dados oficiais sobre o volume e a composição dos servidores da administração penitenciária estão em Depen, *Relatórios estatísticos-analíticos do sistema prisional do estado de São Paulo*, dez. 2014 (Brasília, Ministério da Justiça, 2016), disponível em <http://www.justica.gov.br/seus-direitos/politica-penal/transparencia-institucional/estatisticas-prisional/relatorios-estatisticos-analiticos-do-sistema-prisional-do-estado-de-sao-paulo>, acesso em 24 jul. 2017.

Trabalham principalmente com temas de saúde. Em 2014, toda a SAP empregava 602 técnicos de enfermagem, 385 enfermeiros, 183 médicos (127 clínicos gerais, 10 ginecologistas, 44 psiquiatras e 2 de outras especialidades), 322 psicólogos e 341 assistentes sociais. A insuficiência desses quadros para atender a população carcerária de todo o estado é gritante, de modo que os serviços de saúde são complementados em instituições públicas do lado de fora das muralhas. Entre outras funções, os psicólogos e assistentes sociais são responsáveis pela realização dos exames criminológicos, demandados por alguns juízes de execução antes de decidirem sobre a concessão de um benefício.

AEVP é uma categoria profissional criada no começo dos anos 2000 a fim de substituir a PM na guarda das muralhas. São responsáveis ainda pela operação dos bondes e, em 2014, inicialmente na região metropolitana de São Paulo (RMSP), com viaturas e armas próprias, passaram a substituir a PM também na escolta do transporte de detentos[57]. O contato dos agentes de muralha com os presos é meramente visual, limitam-se a observá-los no raio, na cela e nos diversos postos de serviço nos ambientes externos da unidade. Trabalham armados e são orientados a atirar contra aqueles que ultrapassem, sem autorização, certa zona que margeia a muralha. Passam a maior parte do tempo nas guaritas – torres de vigilância que se elevam nas quinas e na fronte do grande muro. Os motoristas de bonde (e os agentes de escolta) operam principalmente transferências entre unidades e trânsitos para o fórum. Se a maior preocupação do agente de muralha é a fuga, a do motorista de bonde (e sua escolta) é a ação de resgate.

O ASP é o funcionário que mais proximidade desenvolve com o preso, de modo que seu maior temor é a rebelião – ainda que o grau de proximidade varie conforme a posição que ele venha a ocupar no segmentado espaço prisional. A maioria desses funcionários opera o trânsito de detentos, de outros funcionários e de visitantes; ficam nas portarias e gaiolas, identificando, revistando, registrando, abrindo e fechando a passagem. Os que ocupam posições em setores de atividades dos presos – como a cozinha e as oficinas – ficam durante toda a jornada de trabalho em contato direto com

---

[57] Rafael Ribeiro, "Escolta de presos será feita por agentes a partir de 2014", *Diário do Grande ABC*, 29 nov. 2013, disponível em <http://www.dgabc.com.br/Noticia/497133/escolta-de-presos-sera-feita-por-agentes-a-partir-de-2014?referencia=buscas-lista>, acesso em 21 nov. 2014.

eles. Os que trabalham nas gaiolas operam a entrada e a saída dos raios e seus respectivos registros: as várias idas e vindas de detentos que trabalham, que recebem visitas de advogados, que são convocados pela diretoria, que conseguem uma consulta médica, bem como as movimentações de comida, remédios e outros insumos. Nos dias de visita, os familiares dos presidiários também passam por tais agentes.

As ocasiões em que os APSs da gaiola entram no raio e mais se expõem aos presos se dão na *contagem* e nos momentos de abrir e fechar a *tranca* – o cadeado da cela[58]. Na contagem, o ASP se aproxima da cela e pode ou observar seu interior pela portinhola que se abre na chapa de aço, realizando uma espécie de chamada por número de matrícula[59], ou fazer com que todos os habitantes de uma cela saiam, respondam à chamada e entrem novamente. Diferentes procedimentos também podem ser adotados no abrir e fechar da tranca, mas, em linhas gerais, o ASP entra no raio e vai abrindo, uma a uma, as portas das celas. De resto, os ASPs da gaiola podem observar o raio através de aberturas de vidro nas paredes – embaçadas, quase disfuncionais – ou entrar na gaiola e sair rapidamente dela para alguma entrega ou comunicado. A pequena gaiola do raio é a principal interface de comunicação entre os agentes estatais e a maioria da população carcerária. Pelos vãos de suas grades, os presos requisitam consultas médicas e medicamentos, postos de trabalho, vagas na escola, informações sobre os processos de apelação e execução penal, alterações no rol de visitas etc. Queixas e reivindicações coletivas também podem ser feitas quando adentram essa gaiola diretores e outras autoridades. Também é por meio dela que os funcionários comunicam trânsitos, alvarás de soltura, concessões de benefícios etc.

Dentre os ASPs, duas posições específicas podem ser destacadas. Em primeiro lugar, a figura da ASP feminina que trabalha em unidade masculina, que cotidianamente ocupa a porção mais exterior da prisão, mas que é fundamental na revista das familiares de detentos nos dias de visita. Outro corpo diferenciado de agentes estatais se constitui como uma elite do funcionalismo penitenciário, não se confundindo com as diversas diretorias. Trata-se do Grupo de Intervenção Rápida (GIR), criado no começo dos anos

---

[58] Tranca é um termo com sentido mais amplo, remete ao interior da cela. Estar na tranca é estar recolhido na cela, é não estar no pátio do raio nem em trânsito.

[59] Número que todo preso recebe ao ingressar no sistema, é sua principal identificação no espaço prisional.

2000 como "tropa de choque" dos agentes penitenciários, especialmente munidos e treinados (pela PM e outras agências de segurança) ou para a realização de intervenções preventivas em situações de risco ou para operações rotineiras de grande escala, como revistas em raios e unidades inteiras. De uniforme preto, com escudos, balas de borracha, cassetetes, bombas de gás lacrimogêneo e de efeito moral, tubos de gás de pimenta, cães, coletes, capacetes e coturnos, organizados militarmente em tropa, os agentes do GIR adentram os raios para desfazer situações de crise e, mais comumente, para auxiliar os ASPs na realização de revistas nas celas, facilitando a remoção e o controle da população de um raio. Agem com constante truculência e distanciamento dos presos. Os vários destacamentos do GIR – inclusive o feminino – distribuem-se por todo o estado, atuando em diversas unidades prisionais. Inspirada nessa experiência, em junho de 2009, a SAP regulamentou ainda a criação das Células de Intervenção Rápida (CIRs), destacamentos de elite vinculados a uma unidade penitenciária, igualmente treinados e recrutados[60], embora menos equipados. Segundo o Depen, no final de 2014, um contingente de 24.563 agentes penitenciários (ASPs e AEVPs) trabalhava nas unidades geridas pela SAP.

População carcerária

Atualmente, a fonte oficial mais acessível para a elaboração de um perfil mínimo da população carcerária paulista é o Depen, ligado ao Ministério da Justiça (MJ), que compila e disponibiliza os dados fornecidos pelas secretarias estaduais de Justiça ou de Administração Penitenciária. Segundo o Depen, em dezembro de 2014[61], a população carcerária paulista era de 220.030 pessoas – o que representava uma taxa de encarceramento de 498,5/100 mil habitantes. Desse total, 98,5% estavam alocados nas dependências da SAP, 94% eram homens e 70% habitavam unidades para cumprimento de pena de prisão ou medida de segurança.

Dos presos custodiados pela SAP em junho de 2013, 52% eram provenientes de área urbana de municípios do interior, 46,5% de área urbana

---

[60] O recrutamento se dá por inscrição (individual) ou indicação (por superiores) de ASPs e AEVPs de interesse e reconhecida reputação, que são submetidos ao treinamento e a um período de experiência e observação.

[61] Depen, *Relatórios estatísticos-analíticos do sistema prisional do estado de São Paulo*, dez. 2014, cit.

de municípios de regiões metropolitanas e apenas 1,5% de área rural: população carcerária, logo população urbana[62]. No fim de 2014, apenas 0,8% eram estrangeiros. Quanto ao grau de instrução, aproximadamente[63] 2,7% não eram alfabetizados, 3,8% eram apenas alfabetizados, 43,3% não tinham completado o ensino fundamental, 19% possuíam o ensino fundamental completo, 17,4% tinham o ensino médio incompleto, 12,3% tinham o ensino médio completo e apenas 1,5% chegara a cursar o ensino superior (completo ou não). Quanto à faixa etária, é possível afirmar que a população carcerária do estado de São Paulo é bastante jovem: 54% tinham menos de 30 anos, tendo 29% dos presos entre 18 e 24 anos e 25% entre 25 e 29. Quanto à raça/etnia, aproximadamente[64] 45,3% eram brancos, 16,1% negros e 38,3% pardos, de modo que no mínimo 54,4% eram afrodescendentes.

Os crimes (tentados ou consumados) atribuídos a essa população assim se distribuíam[65]: apenas 9,6% eram crimes graves contra a pessoa, como homicídio (artigo 121 do Código Penal Brasileiro), sequestro ou confinamento em cárcere privado (artigo 148), entre outros; 27,1% correspondiam à legislação específica que pune o tráfico de entorpecentes (Lei 6.368/76 ou Lei 11.343/06); e 50,3% eram crimes contra o patrimônio, sendo 12,8% de furtos (artigo 155) e 31,49% de roubos (artigo 157)[66].

Quanto à distribuição das penas impostas, o Depen informa que apro-

---

[62] O último relatório oficial que reporta a procedência dos detentos é Depen, *Relatórios estatísticos-analíticos do sistema prisional do estado de São Paulo*, jun. 2013 (Brasília, Ministério da Justiça, 2016), disponível em <http://www.justica.gov.br/seus-direitos/politica-penal/transparencia-institucional/estatisticas-prisional/anexos-sistema-prisional/sp_201306.pdf>, acesso em 24 jul. 2017

[63] Os dados do Depen nem sempre são consistentes. A quantidade de presos cuja escolarização é registrada (216.826) não coincide com o total indicado da população carcerária. De qualquer maneira, as informações disponibilizadas permitem traçar um perfil aproximado.

[64] Os dados também são inconsistentes, como no caso da escolarização. A quantidade total de presos registrada por cor de pele/etnia é também de 216.826.

[65] As proporções foram calculadas com base na Quantidade de Crimes Tentados ou Consumados discriminada pelo Depen: um total 238.618. Deve-se ter em mente que um mesmo preso pode estar condenado por mais de um crime contabilizado.

[66] Na proporção de furtos somei os montantes de incidência simples e qualificada, na de roubos somei os montantes de incidência simples, qualificada e de latrocínio, apresentados separadamente na planilha do Depen.

ximadamente[67] 17,1% haviam sido condenados a até 4 anos de prisão; 33,45% tinham penas de 4 a 8 anos; 24,6%, de mais de 8 a 15; 10,8%, de mais de 15 a 20; 8,3%, de mais de 20 a 30, e 5,7% receberam condenações maiores que 30 anos. Dos dados disponibilizados pelo Depen, destacaria apenas mais algumas informações sobre o contingente da população carcerária que trabalha: apenas 5,2% dos presos realizavam atividades externas; 19,5% realizavam serviços internos, sendo que 7,4% (16.266 detentos) desempenhavam funções classificadas como "Apoio ao Estabelecimento Penal", ou seja, estavam empregados na manutenção e nas rotinas da própria prisão[68]; e 8,9% trabalhavam em oficinas instaladas nas casas penais por meio de "Parceria com a Iniciativa Privada".

Facção prisional

Como já ressaltei, o mundo do crime não figura no cerne de minhas questões de pesquisa nem minha entrada em campo favorece seu conhecimento. Entretanto, é inegável que a existência de facções prisionais, dentro e fora do ambiente institucional, tanto condiciona as práticas e políticas da administração penitenciária como conforma a experiência que se desenvolve ao redor e através das prisões de São Paulo. Nas visitas pastorais, em conversas com presos e com funcionários, e também fora das muralhas, em reuniões, conversas e entrevistas com familiares de detentos, egressos, advogados, agentes pastorais, é recorrente que a facção seja evocada para explicar (ou complicar) certas dinâmicas de funcionamento do sistema penitenciário.

---

[67] O total de presos com penas conhecidas que o Depen informa é de 133.488.

[68] Vale mencionar que a remuneração desses trabalhadores não é extraída do orçamento da administração penitenciária, mas dos salários daqueles que trabalham nas oficinas privadas. Segundo um sistema estabelecido pela SAP, chamado de Mão de Obra Interna (MOI), cerca de 25% do salário de cada empregado de uma oficina é retido pela administração a fim de remunerar, ainda que quase simbolicamente, os trabalhadores da manutenção e das rotinas da prisão. Esse sistema está registrado nas atas anexas ao relatório do Mutirão Carcerário do Conselho Nacional de Justiça, conforme CNJ, *Relatório geral*, cit., e relatos de sua existência também constam em meus cadernos de campo. Camilla M. Massaro, *Trabalho em tempos de crise*, cit., p. 38, designa-o como "Mão de Obra Indireta".

O Primeiro Comando da Capital (PCC) é a facção mais disseminada em São Paulo[69], alcançando cerca de 90% das unidades[70]. Comando Revolucionário Brasileiro da Criminalidade (CRBC)[71], Comando Democrático da Liberdade (CDL)[72], Seita Satânica (SS)[73], Terceiro Comando da Capital (TCC)[74], Comando Nazista da Criminalidade (CNC) e Amigos dos Amigos (ADA)[75] são apenas alguns exemplos de facções minoritárias que existem ou existiram nas prisões do estado de São Paulo. Para além de algumas dessas e de possíveis outras facções, o pouco espaço que ainda resta tem de abrigar ex-policiais, ex-agentes penitenciários e estupradores, bem como

---

[69] Ela está presente também em outros estados. No relatório final da Comissão Parlamentar de Inquérito (CPI) do sistema carcerário, levada a cabo na Câmara dos Deputados entre 2007 e 2008 – e relatada pelo deputado Domingos Dutra –, a existência do PCC foi identificada em presídios do Ceará, Espírito Santo, Mato Grosso, Mato Grosso do Sul, Pernambuco, Piauí, Rio Grande do Sul, Santa Catarina e Bahia, conforme Câmara dos Deputados, *Relatório final: CPI do sistema carcerário* (Brasília, 2008), p. 40.

[70] Fernando Salla e Camila C. N. Dias, "Controle disciplinar e relações de poder nas prisões em São Paulo", em *Encontro nacional da Anpocs, Anais eletrônicos* (São Paulo, Anpocs, 35, 2011), p. 2, disponível em <http://www.anpocs.org.br/portal/35_encontro_gt/GT38/FernandoSalla.pdf>, acesso em 22 nov. 2014.

[71] O CRBC é o principal opositor do PCC e foi fundado em 1999, na Penitenciária José Parada Neto, em Guarulhos. Há indicações de que essa facção tenha sido fomentada por agentes da própria administração penitenciária para fazer frente ao PCC; seu estatuto teria sido escrito na sala do diretor da unidade, como consta em Fatima Souza, *PCC: a facção* (São Paulo, Record, 2007), p. 30, e em Marcos César Alvarez, Fernando Salla e Camila C. N. Dias, "Das comissões de solidariedade ao Primeiro Comando da Capital em São Paulo", *Tempo Social*, v. 25, n. 1, 2013, p. 76. Para uma discussão sobre como PCC e CRBC divergem, ver Karina Biondi e Adalton José Marques, "Memória e historicidade em dois 'comandos' prisionais", *Lua Nova*, n. 79, 2010.

[72] O CDL foi fundado em 1996, na Penitenciária 1 de Avaré, também com colaboração da diretoria da unidade; em meados dos anos 2000, já havia sido praticamente dizimado, segundo Marcos César Alvarez, Fernando Salla e Camila C. N. Dias, "Das comissões de solidariedade ao Primeiro Comando da Capital em São Paulo", cit., p. 76.

[73] Grupo que inicialmente rivalizou com o PCC, principalmente na Casa de Detenção de São Paulo, conforme Fatima Souza, *PCC*, cit., p. 31.

[74] O TCC foi formado por membros fundadores do PCC que foram excluídos da facção no começo dos anos 2000. Ibidem, p. 234.

[75] CNC e ADA foram facções mencionadas no decorrer do trabalho de campo. Não pude encontrar registros sobre suas histórias e dimensões. Embora ADA seja também o nome de uma facção carioca, não sei dizer se há relação entre elas.

ex-integrantes de facções (ex-PCC e ex-CRBC, por exemplo, que não se integraram a nenhum outro grupamento) e presos não relacionados a nenhuma delas – os *sem-camisa*[76]. A incontestável hegemonia do PCC no sistema penitenciário paulista, em linha gerais, acaba por repartir as unidades prisionais entre *favoráveis* (ao PCC) e de *oposição*; clivagem que também se manifesta na divisão entre unidades (e espaços) de convívio e de seguro[77].

A hegemonia do PCC não se explica pela pura dominação mediante a força nem pela simples adesão por convencimento, de modo que coerção e consentimento ativo se articulam na produção histórica e cotidiana da facção. Entender essa complexa articulação exige que o PCC seja interpelado numa dupla chave: como um sujeito coletivo e uma forma de subjetivação[78], como um grupo e uma ética, irredutíveis entre si, mas que se reforçam mutuamente[79].

A história do grupo foi contada por jornalistas como Jozino e Souza, além de reconstituída e analisada por sociólogas como Teixeira e Dias[80]. Em linhas gerais, essa história pode ser dividida em três fases. A primeira vai da fundação, em 1993, no Anexo da Casa de Custódia de Taubaté[81],

---

[76] A existência de presos não relacionados a nenhuma facção também foi mencionada no decorrer do trabalho de campo.

[77] Para uma discussão mais completa sobre os sentidos e implicações dessa segmentação, ver Adalton José Marques, *Crime, proceder, convívio-seguro*, cit.

[78] Sobre as formulações foucaultianas das formas de subjetivação, ver Michel Foucault, *A história da sexualidade 1: a vontade de saber* (Rio de Janeiro, Graal, 1988); *A história da sexualidade 2: o uso dos prazeres* (Rio de Janeiro, Graal, 1998); e *A história da sexualidade 3: o cuidado de si* (Rio de Janeiro, Graal, 2005); Gilles Deleuze, *Foucault* (Barcelona, Paidós, 1987), p. 125-158; Hubert L. Dreyfus e Paul Rabinow, *Michel Foucault: uma trajetória filosófica – para além do estruturalismo e da hermenêutica* (Rio de Janeiro, Forense Universitária, 1995); e Thomas Lemke, "Foucault, Governmentality, and Critique", em *Rethinking Marxism Conference, Papers*, University of Amherst, 21-24 set. 2000, disponível em <http://www.thomaslemkeweb.de/publikationen/Foucault,%20Governmentality,%20and%20Critique%20IV-2.pdf>, acesso em 20 nov. 2014.

[79] Sobre esse particular entendimento acerca da facção, ver Gabriel de S. Feltran, "Governo que produz crime, crime que produz governo", cit.

[80] Josmar Jozino, *Cobras e lagartos: a vida íntima e perversa nas prisões brasileiras. Quem manda e quem obedece no partido do crime* (Rio de Janeiro, Objetiva, 2005); Fatima Souza, *PCC*, cit.; Alessandra Teixeira, *Prisões da exceção*, cit.; e Camila C. N. Dias, *Da pulverização ao monopólio da violência*, cit.

[81] Karina Biondi, *Etnografia no movimento*, cit., adverte que existiram outras narrativas da gênese do PCC, as quais acabaram suplantadas pela versão consolidada e publicada

até a primeira megarrebelião, em 2001. Nesse período, o PCC constrói sua hegemonia dentro das prisões paulistas, estabelecendo seus princípios progressivamente, de unidade em unidade, por meio da adesão voluntária e da supressão de grupos rivais. O grupo se expande pelo *batismo* de novos *irmãos* e se espalha pelos territórios prisionais, principalmente porque as autoridades penitenciárias transferiam para outras unidades qualquer liderança que identificassem nas cada vez mais frequentes rebeliões. Grandes fugas e ações de resgate também foram importantes para que o PCC se afirmasse como uma potência dentro dos muros e começasse a se capilarizar fora deles, passando a atuar em diferentes mercados criminais.

A segunda fase se estende de uma megarrebelião a outra, entre 2001 e 2006, e é marcada por três processos principais: uma crise interna, a intensificação da repressão estatal e a consolidação da presença da facção em diferentes territórios urbanos. Na crise interna, os fundadores remanescentes – que se colocavam no topo da hierarquia do grupo – foram expulsos e a estrutura piramidal desfeita. A inclusão da igualdade no lema do coletivo – junto com paz, justiça e liberdade – simboliza essa passagem[82], que não se fez sem sangue. A repressão estatal se intensifica dentro e fora dos muros: de um lado, pela criação do RDD e do GIR; de outro, pela atuação extralegal do Grupo de Repressão e Análise dos Delitos de Intolerância (Gradi), que, por meio de escutas ilegais, infiltrações e emboscadas, prendeu e executou diversas pessoas relacionadas ao PCC[83]. A consolidação da atividade da facção em diferentes territórios urbanos se deu por vias diversas: pela conquista de territórios, pela assimilação de coletivos criminais já atuantes em determinadas áreas e pela negociação com outros coletivos que, sem se afirmar como inimigos, optaram por manter a autonomia[84]. Desse modo, o PCC não só se torna um ator importante no tráfico de drogas e em outros mercados ilegais, mas também se afirma como uma instância reguladora dos vários ilegalismos urbanos (e das sociabilidades locais), com ampla capacidade de

---

por Josmar Jozino, *Cobras e lagartos*, cit. Sobre as características excepcionais do Anexo de Taubaté, ver Alessandra Teixeira, *Prisões da exceção*, cit.

[82] Karina Biondi, *Junto e misturado*, cit.

[83] Marcos César Alvarez, Fernando Salla e Camila C. N. Dias, "Das comissões de solidariedade ao Primeiro Comando da Capital em São Paulo", cit., p. 76.

[84] Daniel V. Hirata, *Sobreviver na adversidade*, cit., p. 276.

mediar conflitos – fator determinante na drástica redução dos homicídios que se verifica no período[85].

De 2006 em diante, "uma espécie de armistício"[86] sela as relações entre o PCC e o Estado. Não obstante a irrupção de crises – como na guerra deflagrada entre a PM e o PCC, no segundo semestre de 2012 –, em linhas gerais, nessa terceira (e atual) fase, as rebeliões se tornam mais raras, o RDD é menos utilizado, a hegemonia da facção dentro e fora das prisões não é questionada, e o Estado continua a prender e a construir prisões.

Embora o PCC possa ser considerado um sujeito coletivo – um grupo com uma história, que atua em determinados mercados e está presente em certos territórios –, sua capacidade de expansão, sua forma de atuação e suas relações (com as agências estatais e com os grupos sociais que interpela mais diretamente) não podem ser bem compreendidas caso sejam desconsiderados os elementos éticos que lhe dão sustentação – isto é, a forma de subjetivação que, a um só tempo, promove e manifesta. *Proceder* é o termo que sintetiza toda essa ética, um atributo e uma substância, que diferencia o certo do errado, orienta condutas e conforma sujeitos. Não se trata de um código normativo fechado, mas de determinado modo de avaliar situações, problematizar cursos de ação e atribuir responsabilidades, cujos princípios estruturantes são, de um lado, a manutenção da paz entre os pares e, de outro, a guerra contra os inimigos, especialmente os agentes do Estado, mas não só. Marques e Biondi descrevem e analisam suas múltiplas formas de manifestação e exercício, suas implicações teóricas e consequências práticas, num nível de detalhamento e complexidade que acabo por negligenciar ao fazer essa menção por demais sumária.

De todo modo, nesta cartografia, gostaria de enfatizar três questões sobre o jogo de relações que se estabelece entre a ética do proceder e a facção prisional enquanto grupo. Primeiramente, o proceder é uma arte de se conduzir e se relacionar que não se limita ao espaço penitenciário. É amplamente evocado nas periferias urbanas, nos mais variados contextos: das práticas de lazer (o

---

[85] Vera da S. Telles, *A cidade nas fronteiras do legal e ilegal*, cit.; Daniel V. Hirata, *Sobreviver na adversidade*, cit.; Gabriel de S. Feltran, *Fronteiras de tensão*, cit.; Gabriel de S. Feltran, "Governo que produz crime, crime que produz governo", cit.; e Karina Biondi, *Etnografia no movimento*, cit.

[86] Gabriel de S. Feltran, "Governo que produz crime, crime que produz governo", cit., p. 248.

rap, o futebol de várzea, as torcidas organizadas, a pichação) ao mercado (o comércio local e ambulante), passando pelo mundo do trabalho – na zona de sombra que se estende entre expedientes formais e informais, legais e ilegais[87]. A prisão, portanto, não pode ser identificada como seu ponto de origem, mas com certeza é um de seus principais circuitos de adensamento e difusão. O proceder é absolutamente estruturante nas relações que constituem o mundo do crime[88], dentro e fora da cadeia, mas não se restringe a esse universo social – é uma linguagem amplamente compartilhada.

Em segundo lugar, o proceder é uma arte de se conduzir e se relacionar que se desenvolve e ganha corpo diante de questões de vida ou morte, ante circunstâncias tão adversas que põem em xeque a própria existência das pessoas[89]. Na prisão, vai se constituindo como a arte de contornar a tortura, os maus-tratos, o massacre, bem como as dívidas, as brigas banais, a extorsão, o estupro. Nas periferias urbanas, é a arte de se furtar à violência policial, aos grupos de extermínio, também às intermináveis guerras de gangues. Em suma, é uma forma de "sobreviver na adversidade"[90] que, nas prisões e periferias de São Paulo, vai se impondo de maneira incontornável no decorrer da década de 1990, onde e quando matar ou morrer se faziam possibilidades cada vez mais presentes[91]. A ética do proceder, portanto, preexiste à facção, tanto participa de sua formação e desenvolvimento[92] quanto é promovida e salvaguardada pelo grupo[93].

Finalmente, dentro da prisão, do raio, o proceder é uma arte de se conduzir e se relacionar que une irmãos e *primos* (ou *companheiros*), membros batizados e demais detentos do convívio. Como mostra Biondi, a relação

---

[87] Daniel V. Hirata, "No meio de campo: o que está em jogo no futebol de várzea?", em Vera da S. Telles e Robert Cabanes, *Nas tramas da cidade: trajetórias urbanas e seus territórios* (São Paulo, Humanitas, 2006), p. 277.

[88] Adalton José Marques, *Crime, proceder, convívio-seguro*, cit., p. 95.

[89] Daniel V. Hirata, *Sobreviver na adversidade*, cit., p. 318.

[90] Lima, citado em Daniel V. Hirata, "No meio de campo", cit., p. 275.

[91] Vera da S. Telles, *A cidade nas fronteiras do legal e ilegal*, cit., p. 236-8.

[92] A crise interna do PCC, no começo dos anos 2000, decorre de todo um questionamento sobre o proceder dos fundadores, como mostram Karina Biondi, *Junto e misturado*, cit., p. 158; e Adalton José Marques, *Crime, proceder, convívio-seguro*, cit., p. 47.

[93] Gabriel de S. Feltran, "Governo que produz crime, crime que produz governo", cit., p. 50.

entre eles não é de mando absoluto e totalitário – como insiste Dias. Proceder é exigência comum do convívio, imprescindível para irmãos, mas não menos necessário aos demais. Sobre esse solo comum, erigem-se diferenciais de *visão*[94] e de desempenho que fazem variar o grau de respeito e admiração que uns e outros inspiram em seus pares, assim como qualificam, uns e outros, para negociar e disputar as condições de existência junto à administração penitenciária[95]. Esses diferenciais, portanto, informam a distribuição de responsabilidades, no que diz respeito tanto às posições políticas que estruturam o PCC (enquanto grupo) quanto às posições (também políticas) que organizam o cotidiano de um raio – posições que se comunicam o tempo todo pela linguagem comum do proceder, que por vezes podem se sobrepor, mas que em tantas outras circunstâncias são irredutíveis umas às outras. A clivagem que separa irmãos de primos não se confunde com a que separa *setores* da *população*. Os setores de *faxina*[96] (do raio, da escola, da enfermaria, da oficina[97]), de *boia*[98], de *esporte*[99] são posições políticas que estruturam o funcionamento cotidiano da prisão desde muito antes da emergência da facção[100]. São posições amplamente reconhecidas pela administração de cada unidade[101], onde atualmente podem ser alocados irmãos e/ou primos, desde que respeitados pelos presos e aceitos pela direção. Do mesmo modo, irmãos e *pilotos*[102], por mais importantes e influentes que sejam, podem não ocupar nenhum setor.

---

[94] Vale a citação: "...inteligência, perspicácia, bons conhecimentos da vida prisional e do PCC, senso de justiça", de Karina Biondi, *Junto e misturado*, cit., p. 83.

[95] O trabalho de Fábio Mallart, *Cadeias dominadas: a Fundação Casa, suas dinâmicas e as trajetórias de jovens internos* (São Paulo, Terceiro Nome, 2014), é iluminador dessas dinâmicas, em especial porque no contexto por ele estudado (internação de menores) não há ninguém batizado.

[96] Grupo responsável pela limpeza do raio e de outros espaços da prisão.

[97] Em cada oficina, há um faxina responsável. Essa posição deve corresponder ao que Adalton José Marques, *Crime, proceder, convívio-seguro*, cit., p. 30, chama de patronato.

[98] Grupo responsável pela distribuição da comida.

[99] Grupo responsável por organizar campeonatos e arbitrar o uso da quadra do raio.

[100] Adalton José Marques, *Crime, proceder, convívio-seguro*, cit., p. 30.

[101] Faxinas e boieiros, pelo menos, são inclusive remunerados via MOI. Ver nota 68 deste capítulo.

[102] Sobre a posição de piloto no PCC, ver Karina Biondi, *Junto e misturado*, cit.; e *Etnografia no movimento*, cit.

Conexões

Condições de enunciação

Esta cartografia não se pretende totalizadora; através dela, objetivo tão somente dispor alguns elementos constitutivos do sistema penitenciário paulista que me parecem importantes para complementar e informar a leitura dos dados e discussões que se seguirão nos próximos capítulos. Os circuitos e coletivos até aqui sumariamente apresentados fornecem uma mínima visão geral das principais agências – estruturas e atores – que compõem o atual dispositivo carcerário no estado. Se, por certo, as descrições poderiam ser expandidas e mais detalhadas, não exigem maiores justificativas para aqui figurarem. Entretanto, não posso afirmar o mesmo quanto às conexões que estou prestes a descrever. A custo de alguma repetição, pode ser importante articular e explicitar as condições que sustentam uma apresentação minimamente sistemática dos vasos comunicantes que conectam o dentro e o fora das prisões de São Paulo.

Nas últimas décadas, o sistema penitenciário paulista foi um epicentro de profundas crises e transformações. A população carcerária estadual cresceu abrupta e vertiginosamente, acompanhando de perto a tendência de massificação do encarceramento que vem se manifestando em diversos países. Os seguidos esforços da administração pública em expandir vagas – por meio da construção de dezenas de novas e distantes unidades prisionais – mostraram-se sempre insuficientes para reduzir o quadro de superlotação e precariedade que historicamente conforma o sistema penitenciário do estado. Em outros contextos onde também se desenvolveram processos de expansão da população carcerária e do parque penitenciário, diversos autores vêm chamando a atenção para a necessidade de investigar suas implicações do lado de fora das muralhas[103]. Um conhecimento básico das formas empíricas de conexão entre a cadeia e outros territórios sociais se mostra um ponto de partida imperioso para tais explorações. Do mesmo modo, num momento em que se multiplicam as formas de controle e punição em meio aberto, as quais,

---

[103] David Garland, *Mass Imprisonment*, cit.; Jeremy Travis e Michelle Waul (orgs.), *Prisoners Once Removed: the Impact of Incarceration and Reentry on Children, Families, and Communities* (Washington DC, Urban Institute Press, 2003); e Marc Mauer e Meda Chesney-Lind (orgs.), *Invisible Punishment: the Collateral Consequences of Mass Imprisonment* (Nova York, New Press, 2002).

em vez de substituírem a prisão, acabam por capilarizar, diluir e estender sua área de influência num extenso *continuum* punitivo, abarcando amplos territórios, recobra interesse o estudo dos pontos de conexão – onde o que permanece fechado alcança o que fica em aberto. Ademais, essas mesmas formas de conexão se mostram estruturantes das dinâmicas que regem o funcionamento do ambiente interno, bem como da própria experiência do encarceramento. Entender esse jogo de influências recíprocas exige algum conhecimento sobre as mediações concretas que as tornam possíveis.

Para além dessas condições gerais, em São Paulo se verificam condições específicas que exigem uma apreciação mais cuidadosa do que chamo de vasos comunicantes. Nas últimas décadas, o PCC consolidou sua hegemonia primeiramente dentro das unidades prisionais e, em seguida, fora delas, em diversos e amplos territórios urbanos. Tal transbordamento se mostrou especialmente problemático (para autoridades e pesquisadores) após a deflagração da segunda megarrebelião protagonizada pela facção, em maio de 2006, quando, além dos milhares de presos simultaneamente amotinados, centenas de atentados foram praticados nas ruas. O problema dos efeitos do transbordamento do PCC para muito além do perímetro prisional também se coloca no amplo debate (público e especializado) sobre a redução das taxas de homicídio ocorrida em São Paulo nos anos 2000. Considero que a consolidação de organizações como o PCC dentro das prisões, sua ampla capilaridade do lado de fora – também seu papel na redução das taxas de homicídio e em acontecimentos como os de maio de 2006 – são fenômenos que só poderão ser mais bem compreendidos por meio de uma atenta observação das múltiplas formas de ligação (dos vasos comunicantes) que se estabelecem entre o dentro e o fora de uma cada vez mais expansiva prisão, e que o fazem não para subvertê-la ou derrubá-la, mas, ao contrário, para viabilizá-la e fazê-la funcionar.

Vasos comunicantes

Pode ser considerado um vaso comunicante toda forma, meio ou ocasião de contato entre o dentro e o fora da prisão. Trata-se de uma articulação particular que, ao mesmo tempo, une duas dimensões da existência social e define uma separação fundamental entre elas. Os vasos colocam em comunicação dois "mundos", no entanto não são desprovidos de bloqueios: neles, múltiplas negociações, determinações, poderes e disputas operam a diferenciação do que entra e sai, dificultando ou facilitando acessos, registrando (ou não) as passagens e estabelecendo destinações. É a própria existência da cadeia enquanto alteridade socioterritorial – como "heterotopia"[104] – que está em questão no cotidiano jogo de abrir e fechar portões, observando o que por eles passa ou não. No estado de São Paulo, atualmente, mais que a conduta dos reclusos no interior da prisão, as passagens e trânsitos são o foco privilegiado da vigilância penitenciária, bem como de investimentos governamentais.

A maior parte dos vasos comunicantes são vias institucionalizadas, previstas e reguladas pela legislação penal, como a visita semanal dos familiares e o atendimento de um advogado. Nesses casos, é o encontro presencial – corporal – que estabelece a conexão. A visita familiar é minuciosamente controlada: depende da formalização de um cadastro, da emissão de uma carteirinha; passa pela retirada de senha horas antes da visita, pela espera na fila, por seguidas verificações de documentação e por revistas detalhadas de pertences, roupas e, principalmente, corpos. Nos últimos anos, o governo estadual realizou inúmeros investimentos para promover um maior controle sobre esse fluxo, dos quais destacaria o desenvolvimento de um banco de dados de visitantes unificado em todo o estado[105], com informações sobre pessoas e unidades visitadas de cada familiar cadastrado, e a compra de centenas de dispositivos detectores de metais, nos formatos portátil, pórtico e banqueta[106]. O encontro com o advogado, por sua vez, costuma ter lugar

---

[104] Michel Foucault, *Les corps utopiques et les hétérotopies* (Paris, Lignes, 2009).

[105] Como registrado em caderno de campo, ao procurar dissolver imbróglios relacionados a visitas de determinados presos, dialogando com funcionários e diretores, por diversas vezes, pude vê-los consultando esse banco de dados. Ver ainda SAP, Secretaria de Administração Penitenciária, *SAP realiza treinamento do New Gepen para funcionários* (São Paulo, Assessoria de Imprensa, 13 set. 2007), disponível em <http://www.sap.sp.gov.br/common/noticias/0200-0299/not283.html>, acesso em 18 nov. 2014.

[106] Detector de metal portátil é um dispositivo de aproximadamente trinta centímetros que os ASPs aproximam do corpo do preso ou visitante, fazendo-o percorrer rapidamente tronco e membros; os pórticos são aqueles dispositivos amplamente empregados em aeroportos, através dos quais o ingressante deve passar sem que a máquina "apite"; e as banquetas são dispositivos especializados na identificação de itens introduzidos na vagina e no ânus, sobre os quais especialmente as visitantes mulheres são obrigadas a se sentar a cada visita. Sobre a compra de detectores de metais dotados de sensibilidade para identificar objetos metálicos e não metálicos dentro do organismo das pessoas, ver SAP, Secretaria de Administração Penitenciária, *SAP realiza testes com novos portais detectores de metais* (São Paulo, Assessoria de Imprensa, 14 jun. 2007), disponível em <http://www.sap.sp.gov.br/common/noticias/0200-0299/not257.html>, acesso em 18 nov. 2014; e *Novos equipamentos*

no parlatório, onde acusado e defensor se encontram separados por uma grade e/ou vidraça. De todo modo, ainda que não passe pelos mesmos constrangimentos dos familiares – o de desnudar-se, por exemplo –, o advogado é submetido a procedimentos de revista. Esse vaso comunicante também tem sido alvo de investidas governamentais, especialmente no sentido de restringir as prerrogativas de sigilo dos atendimentos, pela instalação de grampos e escutas nos parlatórios[107].

A correspondência postal, igualmente legalizada, é outro importante vaso comunicante que possibilita a criação e o fortalecimento de vínculos entre dentro e fora da prisão. Trata-se de um vaso comunicante que se materializa num artefato, servindo tanto ao estabelecimento de laços afetivos quanto à provocação das agências do sistema de justiça e da administração pública para o devido encaminhamento da execução penal. Tal vaso pode bem funcionar desde que o preso disponha dos recursos necessários, os quais não são disponibilizados pela administração da unidade e, como muitos outros recursos, dependem do provimento de familiares e amigos: o papel, a caneta, o envelope, o selo postal. Não raro, o conteúdo das mensagens também passa pelo crivo da vigilância, de modo que cartas podem ser ou não devidamente encaminhadas, segundo o conteúdo mais ou menos suspeito que expressem[108].

O abastecimento material do presídio, realizado com recursos mobilizados pelos familiares e amigos dos presos, não é dotado da mesma existência e regulamentação legal[109]. Sua formalização se dá num nível administrativo, em que cada unidade estabelece quase autonomamente as dinâmicas de

---

de segurança e inteligência beneficiarão as unidades prisionais (São Paulo, Assessoria de Imprensa, 2 abr. 2007), disponível em <http://www.sap.sp.gov.br/common/noticias/0200-0299/not240.html>, acesso em 18 nov. 2014.

[107] Procedimento adotado nos presídios federais, objeto de contestação e replicação em outras unidades, conforme Hugo Leonardo, *Justiça paulista autoriza grampo em parlatório* (São Paulo, Consultor Jurídico, 12 fev. 2011), disponível em <http://www.conjur.com.br/2011-fev-12/grampos-parlatorios-transcendem-presidios-federais>, acesso em 20 nov. 2014.

[108] Sobre o controle das correspondências, ver Adriana R. F. Taets, *Abrindo e fechando celas: narrativas, experiências e identidades de agentes de segurança penitenciária femininas* (Dissertação de Mestrado em Antropologia Social, São Paulo, FFLCH-USP, 2012), p. 104-5.

[109] O sistema de abastecimento das prisões paulistas é um dos temas a ser explorado no capítulo 5 deste livro.

encaminhamento e o conjunto de bens que serão autorizados a atravessar os portões. O jumbo é sua forma por excelência: uma pesada sacola com alimentos, roupas, artigos de higiene pessoal, cigarros, às vezes medicamentos, que pode ser encaminhada no próprio dia de visita ou em outros dias previstos especificamente para tal. A forma de acondicionamento e a qualidade dos produtos são reguladas, previstas, observadas e revistas segundo critérios altamente variáveis de uma unidade para outra, ou numa mesma unidade com o passar do tempo. Jumbos em versões menores que não contenham alimentos frescos também transitam pelas vias postais, através dos serviços de Sedex, estruturados na maioria das penitenciárias paulistas. Os pacotes passam por aparelhos de raios X e são abertos e revistados antes de serem entregues nos pavilhões[110].

Outra forma de conexão institucionalizada entre a população carcerária e a sociedade mais ampla e seu mercado é o serviço de pecúlio, legalmente estabelecido nas penitenciárias e unidades de regime semiaberto – onde há alguma oferta de trabalho. Funciona como um sistema bancário no interior do sistema prisional, através do qual cada detento é dotado de uma espécie de conta em que se depositarão ou os salários daqueles que trabalham ou os recursos disponibilizados por familiares. Uma parcela desse montante conforma uma poupança obrigatória que só poderá ser sacada quando da libertação, outra parcela poderá ser mobilizada em compras periódicas mediadas pela administração penitenciária[111]. O setor administrativo do pecúlio faz circular uma lista de mercadorias permitidas entre os presos, que assinalam suas demandas; após a realização de uma espécie de pregão, os produtos são comprados e distribuídos nos pavilhões[112]. Principalmente por meio desse mecanismo, dois outros importantes vasos comunicantes são introduzidos no ambiente prisional: a televisão e o rádio, vasos eletrônicos que colocam a população prisional em contato com as grandes (e pequenas) questões culturais, econômicas e políticas da sociedade mais ampla. Mais do que direitos, são considerados regalias, e nem por isso deixam de ser

---

[110] No decorrer das visitas pastorais, por diversas vezes, pude testemunhar a dinâmica de revista e distribuição de Sedex no raio. Ver ainda SAP, *Novos equipamentos de segurança e inteligência beneficiarão as unidades prisionais*, cit.

[111] Mediante autorização do preso, familiares também podem realizar saques do pecúlio.

[112] Informação obtida através de entrevista com funcionário administrativo que trabalhou nesse setor.

estritamente regulamentados em seus modelos e características autorizadas; podem ser também materialmente revistados e subtraídos de uma cela como forma de sanção.

Outra modalidade de vaso comunicante põe os presidiários em contato direto com setores específicos da sociedade mais ampla. Diferencialmente institucionalizadas, as vias da assistência religiosa, social ou judiciária introduzem no ambiente prisional diversos agentes da chamada "sociedade civil" – religiosos, advogados e psicólogos voluntários, artistas, conselheiros da comunidade, defensores dos direitos humanos – que podem estabelecer, intensificar ou recuperar conexões de setores da população carcerária com seus familiares, ou com as movimentações de seu processo no sistema de justiça, ou com a vida religiosa e comunitária, ou com o mundo do trabalho etc.[113] Os controles sobre quais desses agentes poderão prestar seus serviços, e em que condições, são também objeto de inquietação e continuadas disputas, uma vez que tais vias costumam ser das poucas por onde circulam denúncias de maus-tratos e violação de direitos que chegam a causar algum tipo de impacto político, dentro e fora do ambiente prisional. É comum que a entrada desses agentes só se realize mediante autorização prévia e expressa de diretores, coordenadores ou mesmo do secretário, ainda que o acesso livre e irrestrito às dependências de uma unidade seja uma prerrogativa estabelecida em lei – como no caso de agentes pastorais e conselheiros da comunidade. Também é comum que essa entrada seja proibida em dias de *blitz* ou quando a direção identifica situações de risco na unidade.

Vasos comunicantes também são urdidos quando os detentos saem da prisão, temporária ou definitivamente. A saída temporária e o regime semi-aberto são igualmente institucionalizados, previstos no regime de progressão de pena adotado pela legislação penal brasileira como etapas intermediárias,

---

[113] Sobre esses diversos agentes transitando pelo espaço penitenciário, ver Camila C. N. Dias, *A Igreja como refúgio e a Bíblia como esconderijo: religião e violência na prisão* (São Paulo, Humanitas, 2008); Ana Gabriela M. Braga e Maria Emília A. N. Bretan, "Teoria e prática da reintegração social: o relato de um trabalho crítico no âmbito da execução penal", em Alvino Augusto de Sá e Sérgio S. Shecaira (orgs.), *Criminologia e os problemas da atualidade* (São Paulo, Atlas, 2008); Maureen Bisilliat (org.), *Aqui dentro: páginas de uma memória – Carandiru* (São Paulo, Memorial, 2003); Ministério da Justiça, *Relatório da situação atual do sistema penitenciário: conselhos da comunidade* (Brasília, Depen, 2008); e Pastoral Carcerária, *Relatório sobre tortura*, cit. Discuto mais detidamente essa modalidade de vaso comunicante em *Ao redor e através da prisão*, cit.

nas quais os presos paulatinamente se readaptariam ao ambiente externo. A progressão de pena para regime aberto, a concessão de liberdade condicional e a expedição de alvará de soltura pelo cumprimento integral da pena são as vias institucionalizadas da libertação, a partir de quando o recém-egresso já não tem de voltar para o lado de dentro se estiver cumprindo todas as obrigações legalmente estabelecidas do lado de fora[114]. A presença de um número cada vez maior de egressos do cárcere no seio da sociedade é um dos elementos que mais prolongam os efeitos da expansão de entidade tão particular, que mais a inscrevem na realidade cotidiana do tecido social e que, atualmente, mais colocam questões para o escrutínio sociológico. O prolongamento da vigilância sobre quem deixa o espaço penitenciário pode ser identificado nas iniciativas governamentais de promover o monitoramento a distância, via tornozeleiras eletrônicas, e também na constituição de um banco de dados genéticos com informações de DNA daqueles que passaram pela prisão condenados por crimes hediondos ou violentos[115].

A figura do funcionário do presídio é tão fundamental e elementar quanto a do preso que se torna egresso na constituição do dispositivo prisional como mecanismo regulador de um jogo de relações entre um dentro e um fora. Um vaso comunicante se conforma em cada encontro cotidiano, em cada episódio de colaboração ou conflito que se desdobra entre um funcionário e um preso. No interior da carceragem, é o funcionário que mais cotidianamente expressa a presença "da sociedade". Do lado de fora, por mais que se ressinta, ele não pode deixar de pensar, sentir-se e conduzir-se como se estivesse dentro. Ainda, é ele o principal operador da maioria das passagens acima mencionadas, sendo fundamental na realização de praticamente a totalidade dos fluxos que constituem a prisão: revista os bens e

---

[114] Em casos de liberdade condicional e regime aberto, exemplos dessas obrigações são o comparecimento regular ao fórum, o respeito a restrições de circulação em determinados locais e horários e a não realização de viagens sem autorização judicial.

[115] Janaína R. Geraldini, *O monitoramento eletrônico como dispositivo de controle no sistema prisional brasileiro* (Dissertação de Mestrado em Psicologia, Florianópolis, CFCH--UFSC, 2009); Alceu Corrêa Jr., *Monitoramento eletrônico de penas e alternativas penais* (Tese de Doutorado em Direito, São Paulo, FD-USP, 2012); e Tatiana Lopes, "Dilma sanciona lei que cria banco de DNA de criminosos no país: lei obriga identificação genética de condenados por crimes violentos", *G1*, Porto Alegre, 29 maio 2012, disponível em <http://g1.globo.com/rs/rio-grande-do-sul/noticia/2012/05/dilma-sanciona-lei-que-cria-banco-de-dna-de-criminosos-no-pais.html>, acesso em 20 nov. 2014.

os corpos, registra a movimentação de pessoas e coisas, interpõe obstáculos e critérios a cada uma, em suma, abre ou fecha as passagens[116].

A esse amplo e sortido conjunto de vasos comunicantes mais ou menos institucionalizados e legalizados soma-se um número menor de vias informais e ilegais. Os bilhetes – ou pipas – que transitam de mão em mão entre presos, visitantes, advogados e funcionários podem ser considerados vias informais de comunicação que funcionam como cartas, mas exigem menos recursos e possibilitam a circulação de certas informações mais controladas. Abertamente ilegal é o uso de telefone celular dentro da prisão. Embora tal aparelho tenha sido reputado como responsável pela articulação do PCC e de suas megarrebeliões, moderníssimos aparelhos proliferam ilegalmente no interior do sistema penitenciário paulista, permitindo que presos estabeleçam vínculos instantâneos e continuados com pessoas de fora, conhecidas ou não antes do aprisionamento, sejam jornalistas, egressos, familiares ou amigos. Tais aparelhos podem ser utilizados tanto para empreender ou administrar um negócio criminoso quanto para participar da educação dos filhos ou conseguir uma namorada[117]. Os investimentos governamentais que visam a coibir o uso desses telefones no espaço prisional são, de longe, os mais reiterativos dos últimos anos. A compra, o teste e a instalação de bloqueadores de celulares em diferentes unidades prisionais de São Paulo povoam noticiários e pronunciamentos de autoridades a cada crise deflagrada no sistema[118].

Mesmo esses vasos comunicantes informais e ilegais parecem ser frequentemente mobilizados para fins ordinários, que mais visam a contornar as dificuldades impostas pela prisão e sua precariedade institucional do que a propriamente ferir a ordem urbana ou carcerária. A condição de informalidade ou ilegalidade desses expedientes se deve precisamente à subversão que operam no controle estatal sobre as formas de comunicação entre o dentro e o fora da prisão, e não exatamente ao conteúdo das infor-

---

[116] Discuto em maior profundidade essas dimensões do serviço penitenciário em "Gerindo o 'convívio' dentro e fora da prisão: a trajetória de vida de um agente penitenciário em tempos de transição", em Robert Cabanes et al. (orgs.), *Saídas de emergência*, cit.

[117] Josmar Jozino, *Casadas com o crime* (São Paulo, Letras do Brasil, 2008), p. 112-3.

[118] Para uma nota governamental recente, ver Governo do Estado, *Força-tarefa da Segurança Pública vai combater o crime organizado: governo também vai aumentar o número de bloqueadores de sinal em unidades prisionais* (São Paulo, Portal do Governo do Estado, 15 out. 2013), disponível em <http://www.saopaulo.sp.gov.br/spnoticias/lenoticia.php?id=233388&c=6>, acesso em 20 nov. 2014.

mações que geralmente transitam por essas vias. Em contrapartida, os vasos comunicantes regulamentados e legalizados podem ser – e frequentemente são – mobilizados informal ou ilegalmente pelos diversos agentes que neles concorrem, de modo que as passagens podem ser bloqueadas ou facilitadas a despeito das leis e normas institucionalmente estabelecidas. Em suma, os vasos comunicantes ilegais (ou informais) não servem apenas às ilegalidades, assim como os vasos comunicantes legais não transmitem estritamente legalidades. Interessa reter que, nessa complexa trama de vasos comunicantes, opera um jogo de aberturas e usos (legais e ilegais, formais e informais), no qual não só a facção como a própria prisão paulista parecem se viabilizar.

3
AS LEIS DO TEMPO

Mas você se aproxima do ponto doloroso. Faz muito tempo que ele devia receber, não uma libré, que não existe no castelo, mas um uniforme da repartição; isso lhe foi assegurado, mas nesse aspecto as pessoas são muito lentas no castelo, e o pior é que nunca se sabe o que significa essa lentidão; pode significar que a coisa está em andamento, mas pode também significar que o trâmite oficial ainda nem começou, que, por exemplo, querem primeiro pôr Barnabás à prova; pode significar também, afinal, que o trâmite já terminou, que por algum motivo a garantia foi retirada e que Barnabás nunca vai receber o uniforme. Mais detalhes a esse respeito não é possível saber, ou então só depois de muito tempo.

Franz Kafka, O castelo (São Paulo, Companhia das Letras, 2000)

Presos e processos

Uma visita pastoral

"A pastoraaaaaaaaal, a pastoraaaaaaaaaaal..." é o grito que emana do outro lado da porta de aço. Fátima e eu estamos na gaiola que dá acesso ao raio de uma penitenciária do estado de São Paulo. Um ASP foi avisar a respeito de nossa chegada, outros três estão ali, trocamos algumas palavras de cordialidade. Minha atenção se volta ao que se pode ver através de uma pequena janela: o futebol é interrompido de imediato, os presos se agitam, correm para as celas, vestem camisetas, alguns penduram terços no pescoço. A um sinal dos detentos, o ASP que estava lá dentro nos convida a entrar. Passamos pela porta de aço e adentramos a gaiola do raio, três grades nos separam de um grupo de presos que já vai se aglomerando, alguns sorrindo, outros curiosos. Quando se fecha a porta às nossas costas, o ASP abre outra, passamos; ele nos tranca e volta à gaiola da radial.

Cumprimento com um aperto de mão todos os que se aproximam, os *setores de judiciária*, presidiários responsáveis por nossa recepção, e os demais, conhecidos ou não. Uma enorme quantidade de gente passa a caminhar em círculo pelo pátio central, em pares ou pequenos grupos, aproveitando o sol. Muitos continuam suas atividades, observando-nos de longe, sentados à porta de uma cela, jogando baralho, costurando bolas. Numa parede, grafites expressam o amor às mães. Diante dela, presos fazem musculação usando pesos improvisados com garrafas PET cheias de água e coladas em cabos de vassoura. Mais adiante, outros lavam roupas numa pia coletiva. Num canto do pátio, alguns colchões tomam sol, e lençóis são pendurados no varal. No outro, uma grande mesa de madeira vai sendo disposta a fim de centralizar o nosso atendimento. Antes de iniciá-lo, Fátima diz que quer fazer uma oração. Os setores então gritam "A oraçãããããão, oraçããããão..." e, com o grupo que já se aglomerava ao nosso redor, caminhamos até o pátio, que vai se abrindo. Rapidamente, um enorme círculo se forma, nem todos se aproximam, alguns ficam só olhando, mas um silêncio se faz. Quando todos no círculo já estão de mãos dadas, Fátima os cumprimenta: "Bom dia, povo de Deus!". A resposta vem grave e uníssona: "Bom dia, dona Fátima!". Ela então explica rapidamente que trouxe os extratos pedidos na última semana, que só levaria mais pedidos daqueles que não tivessem conseguido fazê-lo na última vez e que estes só poderiam ser entregues depois de quinze dias, já que na semana seguinte não os visitaríamos. Proclama em seguida algumas breves intenções para a família e a saúde e inicia o pai-nosso. Todo o círculo se põe a rezar: "Painossoqueestaisnocéu...". Rezamos o pai-nosso ecumênico num tom forte, num ritmo acelerado, marcado: "santificadosejavossonome... GraçasaDeus". Os católicos emendam a ave-maria na mesma toada, os evangélicos se calam. Uma salva de palmas encerra o momento de oração.

Caminhamos em direção à mesa e somos abordados por vários presos: "O que precisa para pedir o extrato? Número de matrícula serve? E quando não se sabe o RG?". Ao nos aproximarmos, uma longa fila já está formada. Fátima procura em sua pesada sacola o maço de extratos correspondente ao raio em que estamos e o entrega ao setor, que o repassa ao responsável por leva-lo à sala da judiciária a fim de organizar a distribuição – um volume grande de detentos se dirige até lá. Fátima também retira da sacola um maço de papéis em branco e uma caneta, o setor de judiciária pede que um dos presos se encarregue de fazer a relação. Fátima reitera que é só para quem não pediu na última visita. Do outro lado da mesa, ele começa a anotar no papel os dados daqueles enfileirados. Dá-se início, então, aos atendimentos individuais. Fátima e eu ficamos em pé, perto da mesa, cada qual rodeado por presidiários ansiosos por conversar e tirar dúvidas. Além das questões pontuais sobre as informações necessárias para a realização do pedido do extrato, todo um universo de questões processuais nos é apresentado. O diálogo se inicia com um aperto de mãos, o preso então explica sua situação. Muitos têm uma condenação de X anos, já cumpriram Y da pena, tendo, portanto, lapso para progredirem de regime ou mesmo para serem soltos, no entanto ainda estão lá, sem informação sobre o andamento de seus benefícios. Outros: ou têm um advogado particular que deixou de atuar em seu caso, ou já progrediram para o regime semiaberto e ainda não foram transferidos, ou apelaram da condenação e não têm nenhuma notícia desse processo, ou acabam de ser condenados em outra ação e não sabem como ficará a pena.

Questões pessoais de diversas ordens também emergem: a necessidade de óculos, de um medicamento, de notícias da família; protocolos para contrair matrimônio, para registrar um filho. Entre um atendimento individual e outro, em conversas mais amplas, abordamos temas como o racionamento de água no raio, o mutirão judiciário do Conselho Nacional de Justiça (CNJ), a saidinha que se aproxima, o ritmo do fluxo de transferências e chegadas. Fátima tem praticamente todas as respostas, anota nomes e problemas em sua agenda; o círculo ao seu redor é bem maior que ao meu. Eu respondo o que posso, anoto alguns nomes e dúvidas; não raro, presos que estão me acompanhando esclarecem as dúvidas de outros. Os casos são muitos, mas nem tão distintos. Minha presença acaba servindo de ocasião para que eles troquem informações e experiências entre si, com o que aprendo muito.

Conforme os extratos vão sendo distribuídos na sala da judiciária, muitos vêm nos procurar para interpretá-los, uma vez que as informações neles dispostas são bastante cifradas, não permitindo observar muito mais que as datas em que o processo foi movimentado e onde atualmente se encontra. Tendo por base somente o extrato, é praticamente impossível ter conhecimento acerca da natureza dos pedidos e dos encaminhamentos que vão sendo feitos. Por mais frustrante que seja a desinformação imposta pelo papel, o registro de uma movimentação recente basta para amenizar a angústia e os ânimos mais exaltados.

Fátima olha para o relógio: estamos atrasados, há muito ainda a visitar. Desculpando-se, interrompe os atendimentos e recolhe a relação dos pedidos de extratos. Um calhamaço, dezenas e dezenas de nomes e números. Aqueles mais atrasados tentam incluir, no último minuto, o nome na lista; Fátima resiste e cede, resiste e cede; anotações de última hora também são feitas em sua agenda – uma pomada, um telefone de familiar, um número de processo de apelação –, tudo enquanto o setor de judiciária chama na gaiola do raio: "Senhor, atenção aqui para o raio, senhoooooor...". Depois de Fátima ter guardado a relação, enquanto esperamos a reação da gaiola da radial, presos ainda se aproximam pedindo que levemos pipas com seu nome e número de execução, também com indicações do raio e da cela, do tempo de pena imposta e cumprida, ao que cedemos conforme a insistência de cada um. Um ASP entra na gaiola do raio e abre a porta para nossa saída. Vamos nos despedindo, com promessas de voltar. Na gaiola da radial, os outros ASPs recebem um detento vestido de branco, empurrando um carrinho repleto de tinas com arroz, feijão, carne e banana, comida que naquela hora seria servida no raio, naquela mesma mesa em que há pouco atendíamos. Ele cumprimenta "dona Fátima", pede ajuda para ver como anda seu processo e diz que no raio tem uma petição de liberdade condicional para ela protocolar no fórum.

Extratos

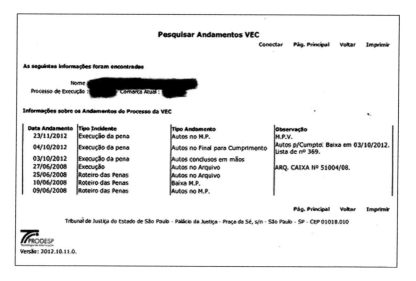

Figura 1. Extrato da VEC.

Extratos da VEC e de apelação são os mais requisitados e distribuídos em qualquer raio que Fátima, outros agentes pastorais e eu visitamos. Do universo de problemas que se apresentam nas penitenciárias paulistas, não temos nenhuma predileção pelas questões processuais, mas elas se impõem, incontornáveis, quando dialogamos com os presos, demonstrando abertura e interesse por suas maiores angústias. Uma apreciação mais detida da estrutura e conteúdo desses documentos, bem como de seus efeitos e significados num raio de penitenciária, possibilita jogar luz sobre algumas dimensões estruturantes da experiência da punição no estado de São Paulo, especialmente no que diz respeito às relações muito concretas e cotidianas que se estabelecem entre os detentos e as diferentes instituições estatais que determinam o desenrolar das penas. O que está em questão nesse debate em torno dos extratos e das visitas pastorais é a rotina das operações estatais que incidem sobre tal parcela da população carcerária, e não as manifestações rituais mais expressivas e teatralizadas da justiça criminal[1] nem os fundamentos históricos e culturais de nosso tão particular sistema judicial brasileiro[2]. Trata-se de um percurso exploratório que visa a indagar como o Estado, em suas dimensões mais triviais e cotidianas, funciona quando pune.

O extrato da VEC é um documento que informa sobre os encaminhamentos de um pedido de benefício – geralmente progressão de regime ou liberdade condicional – num processo de execução penal. É emitido pelo Tribunal de Justiça do Estado de São Paulo via internet[3]. Na tabela "Informações sobre os andamentos do processo da VEC", quatro colunas dispõem diferentes tipos de dado: "Data andamento", "Tipo incidente", "Tipo andamento" e "Observação". Nas sete linhas, aparecem as sete últimas movimentações do processo de execução, em ordem cronológica decrescente. A primeira coluna é a mais legível. A sucessão das datas informa se o processo está parado ou em andamento, o ritmo das movimentações processuais, o intervalo entre elas e o momento preciso em que foram realizadas. A leitura

---

[1] Anna Lucía P. Schritzmeyer, *Jogo, ritual e teatro*, cit.; e Michel Kokoreff, "Les trajectoires recomposées, ou le pénal entre mises en scène et zones d'ombre", em Dan Kaminski e Michel Kokoreff, *Sociologie pénale: système et expériénce – pour Claude Faugeron* (Ramonville Saint-Agne, Érès, 2004).

[2] Marcos César Alvarez, *Bacharéis, criminologistas e juristas: saber jurídico e Nova Escola Penal no Brasil* (São Paulo, IBCCrim, 2003); e Roberto Kant de Lima, *Ensaios de antropologia e de direito*, cit.

[3] Em http://www.tjsp.jus.br.

dessas datas depende de outras referências temporais que os presos, em geral, dominam: o dia da prisão, a duração da pena imposta, os lapsos de tempo legalmente determinados para progressão de regime segundo as diferentes condenações[4]. Por exemplo, sabendo que sua prisão se deu no dia 1º/6/2010, que em 1º/6/2011 foi condenado a seis anos por roubo na condição de primário e que o lapso para progressão de regime segundo sua condenação é de 1/6 da pena, o preso pode minimamente avaliar o andamento de seu processo e especular quando poderá deixar efetivamente o cárcere[5]. Num extrato recolhido em 1º/6/2012 – tendo o preso já cumprido 1/3 da pena em regime fechado –, será possível ler se existe e (nesse caso) como evoluiu o pedido de benefício que lhe é de direito há pelo menos um ano; se ele está sendo encaminhado, se ele intensificou sua movimentação em algum período, se ele já deixou de se movimentar.

Com o extrato da VEC em mãos, o preso continuamente redimensiona os aspectos quantitativos e qualitativos da pena que sofre: seu tempo de duração e regime de cumprimento. De um lado, especula sobre a data provável de sua saída, se ela tende a se aproximar do cumprimento integral da pena ou se já se anuncia para um período próximo. De outro, questiona a justeza de sua própria condição: se a pena que lhe vem sendo imposta corresponde ou não aos seus direitos legalmente estabelecidos, se esses direitos estão sendo ou não devidamente considerados em tempo hábil, em suma, se a lei está sendo aplicada em seu proveito. Feitas e refeitas a cada extrato, a cada dia, verdadeiros focos de angústias e incertezas, essas estimativas e considerações carecem de precisão, em grande medida, devido à quase total ilegibilidade do restante da tabela, que, por sua vez, prolonga uma opacidade própria do sistema de justiça.

Sob a coluna "Tipo incidente", termos genéricos como "Execução da pena" ou apenas "Execução" são bastante frequentes. Sob esses registros,

---

[4] Os lapsos variam para crimes hediondos e não hediondos, para presos reincidentes e não reincidentes; seu cálculo é ainda mais complicado em casos de condenações em diferentes delitos com diferentes lapsos, ou quando novas condenações se acumulam para um mesmo preso, ou quando alterações na lei penal mudam os lapsos prescritos.

[5] É comum que presos provisórios aguardem julgamento por tanto tempo e que, uma vez condenados, já tenham cumprido boa parte de suas penas, com um ou mais lapsos vencidos. Mais grave ainda, num número significativo de casos, a pena imposta é diferente da privação de liberdade. Para mais informações sobre a condição dos presos provisórios em São Paulo, ver ITTC e Pastoral Carcerária, *Tecer justiça*, cit.

diversos requerimentos processuais se enquadrariam, de modo que os presos dependem de outras fontes de informação para saber especificamente qual de seus direitos está em análise na movimentação registrada no extrato. Na coluna "Tipo andamento", duas formas de registros são comuns: ou referências lacunares sobre as movimentações ou indicações da localização do processo. Alguns exemplos do primeiro tipo de registro são "Autos conclusos", "Autos no prazo", "Autos no final para cumprimento", "Autos aguardando cumprimento de penas", entre outros tão ou mais enigmáticos, geradores de muitas dúvidas e especulações entre os presidiários. "Autos no MP", "Autos na Defensoria Pública", "Autos remetidos à comarca", "Autos recebidos da comarca", "Autos no arquivo" são referências espaciais mais legíveis que indicam onde está se passando algo com o processo. Ministério Público, Defensoria, comarca, arquivo são pontos que demarcam o circuito pelo qual o processo deve circular para progredir, para alcançar uma decisão, seja ela positiva ou negativa. Dessa circulação processual depende, em grande medida, o trânsito do próprio preso no sistema penitenciário. Sendo jurisdicionalizada a execução da pena – constituída, portanto, de ações e transações entre os diversos agentes que conformam o sistema de justiça –, as informações dessa coluna possibilitam identificar quem é o responsável por cada movimentação em curso – se o promotor, o defensor ou o juiz – e, relacionando-as com a primeira coluna, quanto tempo cada um desses agentes leva para concluir seus procedimentos. Entretanto, o número limitado de sete movimentações apresentadas no extrato impossibilita a reconstituição do percurso geral de um benefício. Assim, o andamento processual mais se apresenta como um incessante ir e vir, sem início, sem fim, imprevisível, ilegível. "Observação" é a única coluna que costuma não ser inteiramente preenchida; a frequente utilização de siglas e números torna seu caráter lacunar e impreciso ainda mais marcante, de modo que dela o preso não pode extrair mais do que inquietações e dúvidas. No extrato impresso, no rodapé da página, são inseridas automaticamente a data e a hora de emissão – dados que permitem ao preso dimensionar não só o intervalo entre a emissão do extrato e a última movimentação de seu processo, como também entre a emissão e sua leitura.

Para além das dificuldades e angústias implicadas na leitura do extrato da VEC, é preciso considerar também que nele jamais figura a decisão judicial proferida. Pelo extrato, o preso nunca saberá se seu benefício foi negado ou concedido – o que eleva a ilegibilidade do documento ao paroxismo. Quando o extrato deixa de acusar qualquer atualização, resta ao interessado buscar informações em outras fontes ou aguardar o ofício judicial que deverá assinar no caso de uma decisão favorável. A entrega do ofício com o despacho do juiz pode demorar meses e, muitas vezes, nem acontece. Se não deixa de ser surpreendente o fato de existir tamanha demanda por um documento tão omisso, deve-se ter em mente que, na leitura do extrato, num raio de penitenciária, tão ou mais importante que saber exatamente o que acontece com o processo de execução é não perdê-lo de vista, é acompanhar seu andamento.

Os extratos de apelação, embora igualmente demandados e também acessíveis via internet, são distribuídos em menor número que os da VEC. Geralmente, os detentos, no raio, não dispõem de informações precisas para sua busca: o número do processo de apelação mais longo e específico, o nome ou o registro do advogado apelante. Apenas com o nome completo, o RG, o número do processo de execução e a matrícula – únicos dados de que os presos, em geral, dispõem –, é quase sempre impossível emitir o extrato requerido do recurso[6]. Nesse documento, figuram informações acerca do processo de apelação a uma sentença proferida em primeira instância. Trata-se de um outro processo, diferente da execução penal, mas que também se vincula ao presidiário e a seu destino. O direito de apelação é amplamente consolidado nos sistemas jurídicos modernos; visa a proteger acusados e acusadores de possíveis negligências, equívocos e perseguições numa primeira decisão judicial. Ao provocar um segundo julgamento, o "apelante" questiona a quantidade, a qualidade ou a pertinência da punição imposta. Geralmente, o processo de apelação se inicia logo após o primeiro julgamento, quando se dá a conhecer a pena, considerada inapropriada pelo defensor ou pelo promotor – por excesso ou falta de rigor. No raio de uma penitenciária, os presos costumam demandar extratos de apelação de processos disparados por seus causídicos, que podem resultar em extinção ou atenuação da pena. Os processos disparados pelo Ministério Público (MP), que visam a aumentar a pena imposta, são menos demandados pois, via de regra, os presos nem estão cientes de sua existência. Para além de

---

[6] Seja por excesso de entradas, pela quantidade de homônimos que existe no universo dos judicialmente processados ou pela existência de vários processos de apelação para um mesmo réu, interpostos quando da prisão provisória ou referentes a outras condenações anteriores; seja por escassez, quando a busca simplesmente não resulta em nenhum registro – o que é mais frequente.

toda a justificação própria da doutrina jurídica, a existência de recursos nos gabinetes do sistema de justiça e o interesse por seus extratos nos raios do sistema penitenciário indicam que uma pena, mesmo quando já estabelecida, pode ser vivenciada como algo potencialmente mutável, para mais ou para menos, permanecendo indefinida em certo grau mesmo enquanto vigente. A tabela de fluxo das "Movimentações" constitui o núcleo do extrato de apelação. Nas colunas "Data" e "Movimento", apresentam-se as informações mais importantes, também em sequência cronológica decrescente. A sucessão das datas é a parte mais legível do extrato, permitindo ao preso avaliar o ritmo e a evolução de seu recurso. Diferentemente do que ocorre no extrato da VEC, no de apelação a consulta às movimentações pode recuar até o cadastramento do processo, possibilitando uma visão geral sobre o tempo de tramitação e os sentidos do ir e vir processual. Na coluna "Movimento", sucedem-se ao cadastro múltiplas remessas, distribuições, recebimentos, pareceres e publicações que envolvem arquivistas, cartorários, procuradores, defensores e magistrados. Após o julgamento, são necessárias outras remessas e publicações para que a nova decisão proferida incida no processo de execução, redefinindo (ou não) condições, lapsos e direitos no interior do sistema prisional. Quando existe uma decisão judicial, sua natureza é telegraficamente informada no extrato com meras indicações do acolhimento total ou parcial, ou da refutação da demanda do apelante. Ao mesmo tempo que se indica, por exemplo, "o parcial provimento ao recurso para reduzir a pena imposta ao acusado", apenas pelo extrato é impossível ter acesso ao conteúdo da nova sentença, que só estará disponível "nos termos que constarão do acórdão". Um preso que acompanha o andamento de sua apelação pelo extrato precisa, portanto, obter acesso aos autos para conhecer integralmente a decisão, suas motivações e consequências. O acórdão também é acessível pela internet através de *link* no próprio documento[7]. No final do extrato, sob a inscrição "Julgamento", ou se reitera que ainda "Não há julgamentos para este processo", ou se indica a data para quando ele foi agendado, ou se reproduzem as telegráficas menções ao indeferimento ou ao provimento – total ou parcial – do recurso encaminhado.

---

[7] Por serem muito extensos, não costumamos imprimir os acórdãos; apenas consultamos seu conteúdo e transmitimos verbalmente ao preso a decisão proferida.

Vias de circulação de informações processuais

Além da Pastoral Carcerária, funcionários, advogados ou familiares podem servir de mediadores entre os detentos e seus processos. A diversidade, a inconstância e a informalidade dessas vias são índices da absoluta insuficiência dos circuitos instituídos para o abastecimento da população carcerária de informações processuais. Nas penitenciárias paulistas, os pedidos de benefícios e os serviços de defesa em geral – de praticamente a totalidade dos presos de uma unidade – estão sob responsabilidade de um número reduzido de funcionários administrativos juntamente com poucos advogados da Funap. A escassez dos quadros, o volume de ações e a significativa rotatividade imposta à população carcerária são elementos que concorrem para a desinformação generalizada que prevalece nos raios. Não é raro ouvir dos presidiários: "nunca fui atendido por um advogado da casa"[8], "só vi o advogado uma vez e já faz muito tempo" ou ainda "mando pipa direto com a minha situação, mas não tenho nenhum retorno do advogado". Os agentes estatais responsáveis exatamente por fazer a mediação entre os presos e seus processos, por colocá-los em movimento, mesmo trabalhando cotidianamente no perímetro penitenciário, figuram-se tão distantes e inacessíveis quanto o juiz.

Antes da assinatura de ofício judicial que informa a progressão de regime, ou a transferência de raio, ala e/ou unidade, ou a efetivação de um alvará de soltura – e sem os extratos circulando por outras vias –, a maioria dos presos só é oficialmente informada de poucos andamentos processuais de sua execução penal por meio da *pauta* e do *protocolo*, duas outras fontes de expectativa e angústia no interior de um raio. A pauta é uma listagem de presidiários periodicamente afixada numa parede que serve de mural – a *pedra*. Nessa lista, estão relacionados os detentos cujos processos foram identificados pela equipe do advogado "da casa" como passíveis de encaminhamento de pedidos de benefícios, ou seja, são os presos que finalmente tiveram seus lapsos vencidos observados. O protocolo é outra lista também afixada na pedra, com a relação dos presos que tiveram um pedido de benefício efetivamente encaminhado. Em linhas gerais, a expectativa primeira de um presidiário

---

[8] Interessante notar que os advogados contratados pelo Estado para prestarem gratuitamente serviços de defesa nas penitenciárias paulistas são comumente designados como advogados "da casa", e não "do preso", como se defendessem a instituição mais do que seus habitantes.

com lapso vencido é que seu nome saia na pauta; uma vez lá relacionado, sua expectativa é que saia no protocolo. Portanto, através desses canais institucionais, a população carcerária não tem acesso a muito mais que a etapa de preparação e provocação de algum andamento processual. Embora se trate apenas do início de uma diligência, entre a pauta e o protocolo muitos meses podem se interpor, de tal modo que outros lapsos podem vencer no período ou alguma intercorrência – uma nova condenação, uma sindicância, uma transferência – pode vir a anular a possibilidade de pedido ou alterar seu desdobramento. Nas visitas pastorais, é frequente ouvir "meu lapso venceu há X meses e meu nome ainda não saiu na pauta", "meu nome saiu na pauta há Y meses e ainda não saiu meu protocolo" ou ainda "meu benefício foi protocolado há N meses e até agora... nada". A presença dessas listas no interior do raio, por conseguinte, tanto pode amenizar quanto intensificar a ansiedade e a incerteza que invariavelmente pesam sobre a qualidade e a duração efetiva do período de clausura.

Se a pauta e o protocolo organizam um fluxo mínimo de informações da equipe jurídica da unidade para a população carcerária, demandas coletivas e casos particulares podem ser encaminhados, no sentido inverso, pelo setor de judiciária. Como na faxina e na boia, no setor de judiciária trabalham alguns presos destacados dentre os demais de um raio. São eles que nos recepcionam nas visitas pastorais, elaboram as listas de pedidos e distribuem os extratos que levamos. Também esclarecem dúvidas específicas de detentos, compilam casos semelhantes, analisam situações mais críticas e, eventualmente, demandam de diretores e outros funcionários os encaminhamentos mais urgentes[9]. Como também se encontram cumprindo pena, tais setores têm uma capacidade bastante limitada de introduzir novas e atualizadas informações que contemplem o conjunto da população de um raio. A pauta, o protocolo e o setor de judiciária são as mais comuns vias de circulação de informações processuais nas penitenciárias que pude conhecer de perto; no entanto, como já foi apontado, são vias absolutamente insuficientes, incapazes de garantir amplamente o direito à informação processual, gerando mais expectativas que certezas.

Sob tais circunstâncias, cada presidiário procura, individualmente, sem cessar, vias alternativas. Em tese, como os extratos são emitidos pela internet, qualquer pessoa conectada que disponha dos dados pessoais ou processuais

---

[9] Diretamente ou pela mediação da faxina ou do piloto.

necessários e que frequente a prisão pode emitir um extrato e entregá-lo ao preso. Aqueles que recebem visitas ou mantêm outro tipo de contato com familiares sofrem menos com a desinformação, enquanto alguns dos muitos que não as recebem podem contar com o parente de algum companheiro de cela ou de raio, conforme as relações estabelecidas, para acessar um extrato vez ou outra. Embora a visita constitua um dos principais canais por meio dos quais um grande volume de detentos – ainda que pontualmente, caso a caso – consegue acessar as movimentações processuais, é preciso ponderar que um número significativo deles não recebe visitas de familiares nem desenvolve maiores afinidades com quem recebe e que muitos dos visitantes não dispõem de fácil acesso à internet ou não dominam os procedimentos de emissão, de tal modo que a via familiar de circulação de extratos e outras informações processuais pode ser considerada tão importante quanto exígua.

Além da parentela, qualquer funcionário em contato cotidiano com presos – sejam diretores, ASPs, técnicos ou administrativos –, ultrapassando suas funções específicas, pode, como um favor, emitir e entregar um extrato. Tal disposição depende do posto, do perfil, da carga de trabalho e do ânimo do servidor, bem como das relações que estabelece com seus tutelados. Em linhas gerais, são os detentos mais próximos dos funcionários – uma minoria que trabalha e transita fora do raio – que podem, assim, tomar conhecimento do andamento de seus processos; e são os funcionários que trabalham cotidianamente em proximidade com um número reduzido de presos – em divisões administrativas ou oficinas de trabalho – os que mais se dispõem a tais favores. Presidiários que quase nunca saem do raio dificilmente conseguirão, sem mais, extratos e outras informações por intermédio dos ASPs que ficam na gaiola da radial.

Como o processo de execução penal é jurisdicionalizado – pressupondo, portanto, o princípio do contraditório na tramitação de cada benefício –, o defensor do preso, seja público ou privado, seria o agente legalmente responsável por provocar, acompanhar, informar e decifrar as movimentações processuais, ademais ajudando o detento no contínuo exercício de reprojetar a duração e as condições da pena. Se, como já foi apontado, o advogado da Funap – defensor público da esmagadora maioria dos presos condenados do estado – costuma ser tão distante de seus defendidos quanto os juízes dos réus, seria de se supor que aqueles que contam com serviços privados de defesa estariam mais bem atendidos. No entanto, a experiência continuada de visitação pastoral indica o contrário. É muito comum ouvir de presos reclamações acerca de advogados particulares que, após certo tempo, abandonaram seus casos, deixando de acompanhar os processos e de informá-los sobre os andamentos e as medidas tomadas ou cabíveis. Quando um processo é abandonado pelo advogado particular, ele efetivamente para de tramitar, sendo necessário que o detento (ou seu familiar) interceda no fluxo processual, protocolando a destituição do causídico e requerendo formalmente os serviços da Defensoria Pública – o que geralmente só acontece com a colaboração de outros agentes mais ou menos conhecedores da dinâmica da execução penal, como presos mais experientes, advogados voluntários ou agentes pastorais. Nesses termos, o que poderia tranquilizar condenados e agilizar recursos em trâmite acaba por ser outra importante fonte de angústias, morosidade ou mesmo prolongamento das penas. A indubitável existência de bons advogados particulares, profissionais e atenciosos com seus defendidos, só vem corroborar o entendimento de que a via de circulação de informações processuais pelos agentes de defesa jurídica é, também, tão importante quanto exígua no sistema carcerário paulista, figurando como uma possibilidade entre outras no interior de um quadro geral marcado pela desinformação e pela opacidade do fluxo dos processos no Judiciário.

Regime de processamento

Os diferentes suportes e vias de circulação de informações processuais que acabo de apresentar só ganham sentido num sistema punitivo que se caracteriza pelo regime progressivo e pela jurisdicionalização da execução penal. Regime progressivo e sistema penitenciário possuem histórias e doutrinas amplamente compartilhadas: prender e soltar aos poucos, há muito tempo, tem sido um modo privilegiado de fazer justiça e de buscar a reintegração social daqueles considerados desviantes[10]. Nos raios das penitenciárias paulistas, na virada dos tempos, o regime progressivo tem dois significados muito práticos: de um lado, expressa que, para conquistar a liberdade, é preciso passar por certo número de etapas formalmente estabelecidas; de outro,

---

[10] Já no histórico sistema penitenciário de Auburn, alguma progressividade era admitida, com os presos ingressando sob um regime de isolamento total e progredindo para um regime de trabalho comum diurno. Para discussões mais aprofundadas sobre o sistema progressivo de administração das penas nos Estados Unidos e no Brasil, ver respectivamente David J. Rothman, *The Discovery of Asylum: Social Order and Disorder in the New Republic* (Londres, Aldine Transaction, 2008); e Fernando Salla, *As prisões em São Paulo: 1822-1940* (São Paulo, Annablume, 1999).

que existe a possibilidade de se ver fora da prisão antes do cumprimento integral da pena estabelecida no julgamento. Pela jurisdicionalização – pela série de transações e ações entre defensores, promotores e juízes – tanto se desdobram as etapas da penalidade quanto se estabelece a oportunidade de saída antecipada do cárcere. Num plano ideal, a jurisdicionalização da execução penal significaria a aproximação dos agentes do sistema de justiça dos locais de clausura, proporcionando as condições para a fiscalização das instalações e para o resguardo dos direitos dos presos[11]. Na prática, tal como a experiência da punição pôde ser apreendida no decorrer das visitas pastorais, parece-me que a jurisdicionalização funciona mais distanciando do ambiente de reclusão os mais importantes expedientes que conformam a gerência das penas.

À centralidade do sistema de justiça no regime de processamento – que organiza o fluxo de entradas e saídas de condenados do regime penitenciário – corresponde um mesmo grau de opacidade. Com efeito, essa opacidade pode ser pensada como a resultante de dois fatores contraditórios tão somente à primeira vista: 1) a importância fundamental do vínculo entre presidiários e processos para o desenrolar das penas e 2) a absoluta precariedade das conexões que unem esses dois elementos. O processo condiciona a vida do preso, mas o preso dificilmente saberá o suficiente sobre ele. Num raio de prisão, o processo é ao mesmo tempo determinante e indeterminado.

A ilegibilidade dos extratos e a precariedade das vias de circulação de informações processuais são apenas dois modos de manifestação da opacidade do sistema de justiça; existem muitos outros. Como já foi apontado, um processo de apelação disparado pelo Ministério Público pode vir a aumentar uma pena sem que o detento sequer tenha conhecimento de sua existência. Nos recursos disparados pelo defensor, os presos quase nunca sabem a natureza dos questionamentos interpostos, seus efeitos possíveis e prováveis, nem os conteúdos dos vários requerimentos e remessas que circulam entre as diversas agências do judiciário. Dentro de um raio, ficam sabendo de apelações que tramitam em velocidades absolutamente discrepantes; de pessoas presas em condições muito similares, mas cujos recursos apresentam resultados bem diferentes. No que se refere ao processo de execução, a ilegibilidade é maior ainda. É comum, por exemplo, que condenados pelo mesmo delito, às vezes num mesmo processo criminal, experimentem destinos de

---

[11] Alessandra Teixeira, *Prisões da exceção*, cit., p. 86.

todo diferentes, com um progredindo mais rapidamente que o outro; ou, inversamente, que presos com condenações diversas progridam simultaneamente ou num mesmo ritmo. Também acontece de detentos em regime fechado que, tendo cumprido o lapso para requerimento de progressão ao regime aberto ou à liberdade condicional, estejam ainda acompanhando nos extratos a movimentação de um benefício de semiaberto ou que, após uma longa espera, tendo cumprido todos os lapsos possíveis sem perceber nenhuma evolução processual, comecem a acompanhar o andamento de um pedido de liberdade condicional – o último legalmente programado, o primeiro que lhes é efetivamente pleiteado.

Nesses termos, conforme a pena e o tempo passado no cárcere, também segundo a percepção do ritmo das movimentações processuais nos extratos, a possibilidade de sair da prisão se faz presente de um modo ao mesmo tempo muito concreto e indefinido: uma possibilidade real para os próximos dias ou para os próximos anos, conforme a deriva processual de cada um. Não ter como saber o que esperar nem quanto há de durar a espera são fatores que intensificam bastante o sofrimento vivido no decorrer desse tempo[12].

Os extratos da VEC e de apelação distribuídos pelos agentes pastorais são importantes e muito demandados num raio de penitenciária, pois permitem que o preso estabeleça um mínimo contato com o andamento, nos circuitos do sistema de justiça, de dois dos mais significativos processos que definem seu destino. No entanto, trata-se de um contato não só precário, mas ambivalente, que pode amenizar ou agravar os ânimos, fundar ou erradicar a esperança. Saber que seu recurso está estagnado há anos num arquivo ou que um benefício está parado há meses na mesa do juiz, enquanto se aproxima a próxima saidinha ou outro lapso está para ser cumprido, conformam circunstâncias que intensificam a angústia vivida na prisão. Por outro lado, saber que o julgamento da apelação já foi marcado ou que um pedido de benefício se movimentou diversas vezes num mesmo mês pode alimentar esperanças de uma antecipação da liberdade, gerando expectativas e angústia. De um modo ou de outro, a leitura dos extratos traz

---

[12] Sobre a experiência social da espera, remeto às reflexões de Barry Schwartz, "Waiting, Exchange and Power: the Distribution of Time in Social Systems", *American Journal of Sociology*, v. 79, n. 4, 1974; e Adriana Vianna, "Tempos, dores e corpos: considerações sobre a 'espera' entre familiares de vítimas de violência policial no Rio de Janeiro", em Patrícia Birman et al., *Dispositivos urbanos e trama dos viventes: ordens e resistências* (Rio de Janeiro, FGV, 2015).

à tona um tipo particular de sofrimento experimentado na prisão, referente ao próprio regime de processamento das condenações e dos condenados por parte do sistema de justiça.

É sempre possível problematizar a opacidade do sistema de justiça, a ilegibilidade de suas operações, também as experiências e ansiedades que engendram, analisando as diversas instituições e suas relações, seus aspectos organizacionais, seus gargalos procedimentais, suas disfunções logísticas, seus recursos mal alocados e os investimentos necessários para que o desempenho prático se aproxime o máximo possível do ideal normatizado nos códigos. Desse ponto de vista, é possível discutir a precariedade das estruturas voltadas à defesa jurídica gratuita, o desconhecimento, por parte de promotores e juízes, das condições reais do cárcere, a inadequação dos recursos técnicos e administrativos das varas, a falta de qualificação dos profissionais – os déficits de formação, seja em técnicas de gestão, seja em direitos humanos. A análise, no entanto, não ultrapassaria os limites do registro negativo. As situações e experiências que venho descrevendo apareceriam então como decorrência da falta – a falta de eficiência, a falta de recursos, a falta de procedimentos e, no limite, a falta de Estado. Todavia, não é porque juízes e promotores só muito raramente visitam unidades penitenciárias, não é porque inexiste um número adequado de defensores públicos exclusivamente voltados para a execução penal nem porque os advogados "da casa" figuram como tão distantes quanto o juiz da comarca que o sistema de justiça deixa de fazer seu trabalho no que diz respeito ao regime de processamento penitenciário. Se os operadores do direito geralmente não pisam num raio de prisão, nem por isso suas atividades deixam de ser estruturantes para o funcionamento do sistema. Eles agem a distância, por meio do processo e das várias documentações que nele confluem. Concluir que a experiência de uma pena ilegível e indefinida resultaria da ausência ou ineficiência do Estado na cadeia só seria possível caso se mantivesse irrefletido o pressuposto de que o perímetro institucional bem delimita uma unidade de análise, ou seja, seria o mesmo que negligenciar tanto as múltiplas conexões que ligam uma unidade prisional a outros territórios quanto a profusão de documentos que por essas vias circulam, permeando a vida e definindo o destino dos presos.

Na prisão contemporânea, que abdicou de seus ideais ressocializadores e incapacita um número cada vez maior de pessoas, o gerenciamento meramente burocrático da população prisional assume uma renovada importância estratégica. Os extratos descritos colocam detentos e agentes pastorais diante das expressões mais cotidianas e triviais dos expedientes de gestão de maior peso na operacionalização do fluxo de condenados pelo sistema penitenciário. Transações documentais, movimentações processuais têm, com efeito, o poder de determinar a duração e as condições do período de confinamento, não importando se são efetuadas em outras territorialidades – nos circuitos do Judiciário, que mal tangenciam o espaço prisional. Se, nesse sistema de justiça, os prazos procedimentais são metodicamente extrapolados, se as intervenções dos diversos agentes são por demais protocolares e se a desorganização logística é a marca da relação entre as diferentes agências, o particular regime de processamento que viabiliza a boa performance do sistema penitenciário não deve ser visto apenas como obviamente incompatível com o código legal, mas sobretudo como a compatibilização prática, empírica, entre o imperativo securitário da contenção incapacitante e as exigências legais de um ordenamento que se caracteriza pela progressividade das penas e pela jurisdicionalização da execução.

Esse regime de processamento pode ser pensado como uma forma particular de governo a distância[13], que opera por meio de tecnologias de escrita[14], em que a interação direta entre presos e agentes estatais é reduzida ao mínimo possível. Cadastros, depoimentos, citações, peças, remessas, juntadas, distribuições, recebimentos, pareceres, petições, vistas, publicações são apenas alguns exemplos das modalidades de ação estatal que prevalecem nesse circuito. Escrever, compilar, transportar e ler uma infinidade de registros é um tipo de influxo cotidiano das forças estatais, com efeitos próprios. A composição e o manuseio dos diferentes processos não são meros expedientes burocráticos, colaterais, secundários em relação a outro tipo de ação que seria mais real – seja o mero confinamento, seja algum tipo de trato carcerário. Foucault já chamava a atenção para a centralidade dos registros escritos – das "técnicas

---

[13] Peter Miller e Nikolas Rose, "Governing Economic Life", *Economy and Society*, v. 19, n. 1, 1990; Nikolas Rose, "Government and Control", cit.; e Nikolas Rose, Pat O'Malley e Mariana Valverde, "Governmentality", *Annual Review of Law and Social Sciences*, n. 2, 2006.

[14] Bruno Latour, "Visualization and Cognition: Thinking with Eyes and Hands", em Henrika Kuklick (org.), *Knowledge and Society: Studies in the Sociology of Culture Past and Present* (Bingley, Jai Press, 1986); Veena Das, *Life and Words: Violence and the Descent into the Ordinary* (Berkeley, University of California Press, 2007); e Akhil Gupta, *Red Tape: Bureaucracy, Structural Violence and Poverty in India* (Londres, Duke University Press, 2012).

documentárias"[15] – na operacionalização e desenvolvimento das disciplinas.

O vínculo estratégico entre formas de conhecer o indivíduo e de exercer poder sobre o corpo não se altera no sistema de justiça, mas funciona de outro modo – em escala, por agregado. Se nas disciplinas, por meio de sucessivos exames, as autoridades fazem proliferar um conhecimento sobre as aptidões, os desempenhos e as tendências subjetivas de cada um, a fim de classificar e prognosticar um tratamento específico ao indivíduo, nesse particular governo judiciário os registros do processo operam por redução, por "extração"[16] dos elementos considerados centrais para fundamentar a sentença sobre direitos adquiridos e sobre a necessidade (ou não) de dar continuidade à reclusão do maior número de pessoas, no menor tempo possível.

O conjunto de documentos escritos que constitui um processo duplica a existência do preso num outro circuito[17] ao mesmo tempo que concretiza o Estado e sua ação sobre a população carcerária por outros meios que não a muralha. Se num raio de penitenciária prevalece a indistinção das penas, a mistura dos sujeitos e um tratamento uniforme, o processo opera as segmentações, fixando as penas e os lapsos a cumprir, diferenciando o tratamento para primários e reincidentes, hediondos e comuns. É pela materialidade e pelo fluxo dos papéis que se condiciona o fluxo dos corpos e se assinala o destino de todos e de cada um. Nos gabinetes do sistema de justiça, os processos – não diretamente os presos – são avaliados, encaminhados e chancelados, e esse fluir impacta, conforma e individualiza a experiência que cada qual terá na prisão. O gabinete do juiz é como um "centro de comando"[18] – de avaliação, cálculo e intervenção – a partir do qual é possível que um único agente, baseado num conjunto de documentos, decida sobre a vida e o destino de milhares de pessoas.

Não obstante seja necessário admitir que, desde os primórdios da punição moderna, o processamento meramente burocrático das condenações e dos condenados de um modo ou de outro já estruturava as práticas punitivas estatais, é possível sugerir que, em tempos de encarceramento em massa, quando, mais do que nunca, o problema carcerário se converte em questão populacional, esses mecanismos indiretos de gestão parecem ganhar uma

---

[15] Michel Foucault, *Vigiar e punir*, cit., p. 157.
[16] Bruno Latour, "Visualization and Cognition", cit., p. 17.
[17] Antônio Rafael Barbosa, *Prender e dar fuga*, cit., p. 145.
[18] Peter Miller e Nikolas Rose, "Governing Economic Life", cit., p. 7.

renovada importância estratégica. O grau de ansiedade manifesta pela população carcerária diante de tais expedientes corrobora essa hipótese. Entretanto, indicar a centralidade – ainda que deslocada (ou deslocalizada) – do sistema de justiça no funcionamento do sistema penitenciário não é o mesmo que proclamar sua ascendência absoluta. Não há uma relação de dominação unívoca dos agentes do judiciário sobre os funcionários da prisão, nem dos letrados da burocracia estatal sobre uma população (presa) majoritariamente iletrada. Nessa particular tecnologia de governo, não só há espaço para a ação fora dos gabinetes judiciais como essa ação é continuamente incitada para o bom funcionamento do sistema. Uma abordagem dos processos de sindicância permitirá interpelar as práticas próprias da administração prisional que incidem de modo determinante nesse regime de processamento. Uma apreciação dos modos pelos quais os presos se mobilizam para interferir na deriva processual, por sua vez, mostrará como eles não são meros objetos passivos dessa particular forma de governo a distância.

A gestão dos castigos

Outra visita pastoral

A ala do castigo é um corredor estreito de odor pesado e úmido, com celas dispostas do lado esquerdo numa sequência de portas de aço e suas pequenas portinholas, de onde se projetam mãos e olhares ansiosos. Nem todas estão ocupadas. Um ASP nos acompanha. Fátima e eu caminhamos até o fundo do corredor, dizendo: "Bom dia, pessoal, é a Pastoral Carcerária, viemos conversar com vocês". No trajeto, posso entrever os presos se vestindo para nos receber, ouço suspiros de alívio e esperança: "Dona Fátima, dona Fátima, aqui! Por favor, aqui!". Observo mais atentamente o espaço de uma cela vazia, o chamado *pote*: uma pequena janela envidraçada oposta à porta e, sob ela, uma fenda na parede permite a entrada de ar; um buraco no chão, uma torneira pingando, uma caixa de concreto fazendo as vezes de cama.

Do fundo adiante, através das portinholas, conversamos com doze fragmentos de bocas ou olhos, distribuídos em sete celas: na primeira, estavam dois presos acusados de serem os donos de uma porção de maconha encontrada na última *blitz*, cumpriam dez dias de castigo provisório enquanto não se concluía a sindicância. Anotamos os contatos de seus familiares para avisarmos que não poderiam visitá-los no próximo fim de semana; ambos estavam preocupados com os gastos e o esforço inútil. Também pediram ajuda para viabilizar alguma defesa no processo de sindicância no intuito de livrar ao menos um deles do castigo; ambos já tinham ganho o semiaberto e queriam que apenas um regredisse para o fechado. No segundo pote visitado, havia um preso flagrado no parlatório recebendo um telefone celular do advogado; já havia cumprido dez dias de castigo provisório, passado uma semana no raio – aguardando a conclusão da sindicância – e estava, naquele momento, no penúltimo dos vinte dias de pena pela falta. Disse acreditar que não voltaria para o raio, que seria transferido para o interior em alguns dias, onde cumpriria os três anos restantes da sua condenação. Na terceira cela, apenas um dos dois presos quis conversar conosco; não estava de castigo, mas em RO – regime de observação –, tendo chegado havia pouco na unidade, vindo de uma penitenciária no interior. Pediu que avisássemos seus familiares sobre o novo endereço o mais rápido possível para que não viajassem em vão no fim de semana seguinte e já dessem entrada na documentação para emitir a carteirinha de visitação da nova unidade. Na quarta cela, conversamos com dois detentos recapturados, um depois de um ano e meio na rua, o outro depois de alguns dias. Ambos foram de saidinha e não retornaram à unidade. O primeiro contou que, em liberdade, trocou de namorada e teve um filho; pediu-nos ajuda para recompor seu rol de visitas. Anotamos o nome e o contato da moça para pegar o número de seu RG e repassar ao rapaz numa próxima visita. O segundo pediu um extrato de apelação. Na quinta cela, também um preso recapturado e outro que voltou com um dia de atraso da última saidinha; este disse que precisou desse dia para viabilizar um abrigo para os filhos, que estavam morando na rua com a mãe viciada em *crack*. Encontrava-se bastante revoltado, disse que, caso soubesse que teria o mesmo tratamento dispensado aos recapturados, jamais teria voltado "com as próprias pernas". No sexto pote, havia apenas um preso, mais velho e conhecido de Fátima. Ela se assustou ao reconhecê--lo: "Você aqui?". Ele, visivelmente constrangido, tentou se explicar: na última *blitz*, tinham encontrado o controle remoto da televisão em suas coisas; controle remoto é proibido, ele bem sabia, mas a preguiça de levantar toda vez para trocar de canais acabou desafortunadamente sendo mais forte. Fátima se preocupou com o andamento de seu processo: "uma sindicância bem agora que o regime semiaberto parece que finalmente vai sair?". Ele a tranquilizou, disse que o diretor de disciplina tinha lhe garantido que não abririam sindicância, que cumpriria um castigo de uma semana, mas que tal fato não seria registrado, já que ele era um preso antigo e não dava problema. Na última cela de castigo visitada, estavam dois presos acusados de desacato a um funcionário. O primeiro não quis muita conversa conosco, apenas pediu um terço, que não tínhamos para lhe dar. O outro se abriu mais, estava inconformado, falava alto a fim de que o ASP que nos acompanhava ouvisse, dizia não ter desacatado ninguém, que o acusaram por perseguição, que no processo de sindicância não teve direito à defesa, que foi sua palavra contra a do funcionário. Pediu-nos ajuda para formalizar algum tipo de recurso. Ao perceber um sorriso mal disfarçado no rosto do funcionário, exaltou-se e colocou o braço inteiro para fora da portinhola, apontando o indicador para o ASP, batendo nervoso na porta de aço, proferindo ameaças mal veladas: "O senhor me conhece, veja lá minha ficha, o senhor sabe que comigo não tem chance, que mais cedo ou mais tarde saio daqui e aí já viu...". Fátima e eu tentávamos acalmá-lo, dizendo que poderíamos conversar com mais tranquilidade quando ele estivesse no raio; ele já não nos ouvia, continuava gritando sua inocência e suas reivindicações de justiça. O ASP interrompeu a situação, tirando-nos da ala do castigo. Disse que era bom estarmos vendo quanto tal preso era problemático, que aquele já não teria mais futuro algum ali, que tomaria outra falta por novo desacato e que, por coisas como essa, não gostavam que visitássemos o castigo.

O processo de sindicância

O breve relato de uma visita (quase) ordinária ao espaço do castigo de uma unidade prisional visa a cercar um campo de práticas e discursos também estruturante da experiência da pena nas prisões de São Paulo: o processo de sindicância. Trata-se de um sistema punitivo particular que funciona no interior do sistema penitenciário e interfere, em grande medida, nas condições e no tempo de cumprimento da pena. Assim como aos presos e a seus familiares, aos agentes pastorais também nos é vetado o acesso a informações mais aprofundadas sobre tais processos, de modo que acessamos a dinâmica que rege a distribuição dos castigos no interior da cadeia apenas através de visitas como essa e de conversas no raio com presos que passaram pela experiência.

Se os processos de execução penal ou de apelação se desenrolam fundamentalmente no âmbito do sistema de justiça, funcionários e gestores da prisão desempenham um maior protagonismo na sindicância. Mesmo sua formatação institucional, sua estrutura jurídica, é híbrida: parte estabelecida pela Lei de Execuções Penais (LEP) – Lei 7.210/84; parte a cargo de autoridades administrativas da esfera estadual – em São Paulo, a última regulamentação se deu através da Resolução SAP 144, de 29 de junho de 2010[19]. A LEP estabelece o conjunto de faltas graves[20], as principais sanções[21], as diretrizes gerais do processo disciplinar[22] e, desde 2003, normatiza a mais dura punição oficialmente admitida pelo Estado brasileiro: o Regime Disciplinar Diferenciado (RDD)[23]. O *Regimento interno padrão das unidades prisionais do estado de São Paulo*[24] detalha o conjunto de faltas leves[25] e médias[26], bem como as circunstâncias atenuantes ou agravantes[27], e especifica os procedimentos da sindicância – as formas de instauração,

---

[19] SAP, Secretaria de Administração Penitenciária, *Regimento interno padrão das unidades prisionais do estado de São Paulo*. *Resolução SAP 144, 29 jun. 2010* (São Paulo, Gabinete do Secretário, 2010).

[20] Em linhas gerais, as principais faltas graves são a rebelião, a fuga, o porte de armas ou aparelhos telefônicos e a desobediência a funcionários. Ver Art. 50 a 52 da Lei 7.210/84.

[21] Advertência verbal, repreensão, suspensão ou restrição de direitos, isolamento temporário e inclusão no Regime Disciplinar Diferenciado (RDD). Ver Art. 53 e 54 da Lei 7.210/84.

[22] A possibilidade de isolamento preventivo, o imperativo do direito de defesa e a necessidade de decisão motivada. Ver Art. 59 e 60 da Lei 7.210/84.

[23] Recolhimento em cela individual, duas horas diárias de banho de sol, visitas semanais de duas horas de duração, por um período de até 360 dias. Ver Art. 52 e 54 da Lei 7.210/84.

[24] SAP, *Regimento interno padrão das unidades prisionais do estado de São Paulo*, cit.

[25] Em linhas gerais, ou se estabelecem tipificações imprecisas, como "estar indevidamente trajado" e "transitar indevidamente pela unidade prisional", ou se tipificam práticas rotineiras que dificilmente são enquadradas formalmente como faltas, como "improvisar varais e cortinas nas celas" e "comunicar-se com presos em regime de isolamento celular". Ver Art. 44 da Resolução SAP 144.

[26] Das 23 tipificações de falta média, destacaria estas: "induzir ou instigar alguém a praticar qualquer falta disciplinar", "divulgar notícia que possa perturbar a ordem ou a disciplina", "praticar autolesão ou greve de fome isolada como atos de rebeldia", "provocar perturbações com ruídos, vozerios ou vaias", "praticar atos de comércio, de qualquer natureza, com outros presos ou funcionários", "mostrar displicência no cumprimento do sinal convencional de recolhimento ou formação", "descumprir horário estipulado, sem justa causa, para o retorno da saída temporária". Ver Art. 45 da Resolução SAP 144.

[27] Primariedade, reincidência e outras circunstâncias. Ver Art. 46 e 47 da Resolução SAP 144.

instrução, audiência, relatório e decisão[28] – quase inteiramente conduzido no âmbito da própria unidade prisional[29].

Replicando e duplicando o sistema punitivo mais amplo no interior da prisão, o processo de sindicância, em tese, é também jurisdicionalizado – ou seja, dependente da participação de juízes, acusadores e defensores. No entanto, o registro e a apuração de infrações disciplinares são normalmente realizados por funcionários da administração penitenciária – ASPs e diretores – sem a participação de agentes do sistema de justiça; no mais das vezes, o julgamento é proferido pelo diretor-geral da unidade, que apenas informa sua decisão ao juiz responsável, que, por sua vez, a acata e passa a considerá-la nas apreciações de pedidos de benefícios que possam vir a ser feitos ulteriormente.

São muitos os motivos que disparam (ou não) uma sindicância. Em linhas gerais, imediatamente após o registro de alguma infração, o preso é transferido preventivamente para o castigo, por um tempo máximo de dez dias – o pote, então, converte-se numa espécie de centro de (sobre)detenção provisória[30]. No decorrer desse período, o preso deverá ser ouvido ou num simples depoimento ao funcionário responsável pela sindicância ou, quando o reivindica expressamente, numa oitiva com o juiz de execução penal. Embora esteja legalmente previsto que toda sindicância deve seguir os princípios do contraditório e da ampla defesa, os advogados da Funap que trabalham na unidade pouco participam desse processo em particular. Muitos detentos relatam que prestaram depoimentos ou compareceram a oitivas sem a assistência de um defensor e que tudo o que falaram, na verdade, não teve consequência prática alguma, bastando a acusação do ASP para imputar-lhes a culpa. Depois desse período inicial, se o processo de sindicância não for concluído, o preso retorna ao raio, onde aguarda a decisão final que pode levá-lo de volta ao pote por mais uma temporada de até vinte dias[31]. A depender da decisão de diretores e

---

[28] Art. 53 a 76 da Resolução SAP 144.
[29] Para outras informações sobre o processo de sindicância, consultar Anderson M. Castro e Silva, *Participo que...*, cit. e Camila C. N. Dias, "Disciplina, controle social e punição: o entrecruzamento das redes de poder no espaço prisional", *Revista Brasileira de Ciências Sociais*, v. 29, n. 85, 2014.
[30] Anderson M. Castro e Silva, *Participo que...*, cit., p. 172.
[31] O máximo de trinta dias de isolamento no castigo está estabelecido no Art. 58 da Lei 7.210/84, mas muitos são os relatos de punições que excedem esse prazo.

funcionários, o período de "isolamento" pode se dar em dupla (ou com mais pessoas), o processo de sindicância pode nem sequer ser aberto, o juiz pode ficar sabendo de tudo o que foi decidido só muito depois. A sindicância é o processo que, no estado de São Paulo, mais realiza o que Foucault designa como a "soberania punitiva"[32] da administração penitenciária. Através da sindicância, o poder de determinar a qualidade e a duração efetiva do período de reclusão, os direitos adquiridos e os lapsos de progressão escapa ao Judiciário, que acaba por exercer um papel secundário, de mero avalista[33]. O fluxo do processo de execução penal de um preso castigado em sindicância é totalmente alterado, em primeiro lugar, porque o período no pote não encerra o castigo; o detento retorna ao raio, mas carrega um novo lapso a ser cumprido – um tempo de reabilitação que pode chegar a um ano em casos de falta grave[34]. Nesse período, nenhum pedido de benefício poderá ser feito e o que já tramita ficará parado. Ainda, para aqueles que já estão em regime semiaberto, a sindicância pode levar à regressão de regime[35]. Por fim, após o cumprimento do prazo de reabilitação (sem novas faltas), o registro de sindicância em seu *prontuário*[36] passa a condicionar negativamente as decisões do juiz a respeito da concessão de benefícios que o preso venha a ter direito, mesmo após vários anos. Tais impactos dos processos de sindicância no desenvolvimento das penas são fonte de muita angústia e ansiedade num raio de penitenciária, objeto de muitas dúvidas e questionamentos nas visitas pastorais.

Práticas administrativas

Se, em linhas gerais, o regime de processamento penitenciário opera como uma forma de governo a distância – alijado dos circuitos do sistema de justiça por meio de mediações documentais –, os processos de sindicância indicam que a operacionalização desse regime não se realiza a despeito dos

---

[32] Michel Foucault, *Vigiar e punir*, cit., p. 207.
[33] CNJ, *Relatório geral*, cit., p. 18.
[34] Art. 89 da Resolução SAP 144.
[35] Mesmo quando a condenação estabelece regime inicial semiaberto.
[36] Prontuário é um arquivo individualizado do preso, produzido e mantido pela administração penitenciária, com os mais variados registros. A partir dele, extraem-se documentos que deverão ser agregados ao processo, como o registro de condenação em sindicância ou de tempo trabalhado para fins de remição de pena.

agentes da administração prisional, mas sim por meio de sua ação cotidiana, da produção contínua de situações e registros que orientarão as posições e tomadas de decisões dos operadores do direito. Nas prisões contemporâneas, onde prevalecem funções de contenção e incapacitação de uma massa populacional, agentes de segurança e outros funcionários não podem ser vistos como meros guardiões de um perímetro, cujo preenchimento se determinaria exclusivamente por outros agentes e em outros lugares. A ação contínua e cotidiana desses funcionários, o modo como se relacionam com os presos e como apreendem as interações destes entre si são determinantes para o fluir das condenações e dos condenados.

Em *Vigiar e punir*, Foucault afirma que a soberania punitiva da prisão – sua "Declaração de Independência carcerária"[37] ante o sistema jurídico que lhe dá sustação – resulta do emprego de um multifacetado conjunto de técnicas disciplinares que programaticamente visam à correção dos indivíduos condenados. É certo que, na passagem do programa de correção ao de contenção, as intervenções disciplinares recuam; o monitoramento dos corpos e das disposições subjetivas de cada um já não é tão detalhista. No entanto, as sanções disciplinares permanecem fundamentais e continuam estabelecendo clivagens no conjunto de detentos, retardando a saída daqueles considerados mais problemáticos. De um programa a outro, a soberania punitiva tende a mudar de mãos: dos agentes técnicos – da medicina, psiquiatria, criminologia e outras ciências do homem – aos agentes administrativos, especialmente àqueles com funções de gestão e segurança.

Na atual gestão penitenciária no estado de São Paulo, o registro objetivo da falta parece interferir mais na determinação de durações efetivas e condições de cumprimento da pena que um parecer informado sobre as disposições subjetivas do preso. Embora o instituto do Exame Criminológico evoque a dinâmica propriamente disciplinar – em que essas disposições subjetivas são aferidas por técnicos especializados em pareceres que fundamentariam as decisões do juiz –, sua realização não é obrigatória desde a reforma da LEP de 2003[38]. Ademais, mesmo quando o exame é requisitado pelo juiz, as considerações dos técnicos sobre a subjetividade do preso não se sobrepõem

---

[37] Michel Foucault, *Vigiar e punir*, cit., p. 207.

[38] Sobre as recentes controvérsias em torno do Exame Criminológico, ver Francis M. de Almeida, "Criminologia clínica", em Renato Sérgio de Lima, José Luiz Ratton e Rodrigo G. de Azevedo, *Crime, polícia e justiça no Brasil* (São Paulo, Contexto, 2014).

à objetividade dos registros administrativos no processo. Quando o parecer especializado é negativo, os juízes tendem a confirmá-lo, indeferindo o pedido de benefício; quando é positivo, os juízes tendem a ignorá-lo e a também negar o benefício[39]. Para além de seu impacto reduzido na motivação das decisões judiciais, sua realização protocolar e burocrática torna o exame mais um trâmite documental, mais uma remessa não muito diferente das outras que compõem as movimentações processuais, cujo principal efeito é mais prolongar o tempo de espera do que interferir decisivamente no destino do condenado. Detentos que passaram (ou passariam) pelo procedimento relataram-me, em diversas visitas pastorais, que o exame é uma entrevista – muito breve – com a psicóloga ou a assistente social "da casa", onde lhes questionam se sentem algum tipo de arrependimento pelo crime cometido. Embora o teor das perguntas seja motivo de alguma preocupação, esses presos manifestavam maior inquietação quanto à morosidade no agendamento do exame (fator que retarda a decisão judicial) e à impossibilidade de acessar o resultado do parecer – se favorável ou não à concessão do benefício. Nesses termos, não só o registro administrativo da falta se sobrepõe à papelada propriamente técnica – funcionando como uma espécie de marcador objetivo de risco[40], evidência de periculosidade, suficiente para retardar a progressão da pena e ampliar o tempo de reclusão – como os ritos de produção e a própria materialidade da documentação técnica são indistinguíveis de outras movimentações documentais que conformam o andamento do processo.

Na digressão filosófica que escreveu sobre o trabalho de Wacquant, Arantes chama a atenção para alguns sentidos gerais dessa mudança nas práticas penitenciárias em tempos de encarceramento em massa. Segundo o autor, o trabalho preponderante da administração prisional contemporânea visa a produzir "um excedente de sofrimento [...] num regime institucional de mero processamento de pessoas, sem outro fim que não a contenção pura e simples"[41]. Entre outros meios, esse sofrimento se administra – como um

---

[39] Alessandra Teixeira e Eliana B. T. Bordini, "Decisões judiciais da Vara de Execuções Criminais", cit., p. 69.

[40] Mobilizo aqui a noção de risco num sentido bastante amplo; para uma apreciação de seus diversos usos e sentidos, ver Pat O'Malley, *Governmentality and Risk: Legal Studies Research Paper n. 09/98* (Sydney, Sydney Law School, 2009).

[41] Paulo Arantes, "Zonas de espera: uma digressão sobre o tempo morto da onda punitiva contemporânea", em Vera Malaguti Batista (org.), *Loïc Wacquant e a questão penal no capitalismo neoliberal* (Rio de Janeiro, Revan, 2012), p. 232-3.

medicamento – através da imposição de uma espera indefinida, despojada de qualquer horizonte de consumação. Nas palavras do autor, na prisão contemporânea, "fazer esperar já é punir, na exata medida que não se pune mais para corrigir um desvio mas para agravar um estado indefinido de expiação e contenção"[42]. A prisão se converte, então, numa gigantesca e expansiva "zona de espera", onde decorre o "tempo morto da onda punitiva", cujo fluir sem sentido nem rumo é a realização mesma de "um novo metabolismo carcerário movido a 'retribuição automática'", no qual "no limite se encarcera 'para fazer mal', 'pune-se para punir', numa indistinção deliberada de meios e fins"[43].

Embora o quadro geral que venho esboçando acerca do atual funcionamento penitenciário no estado de São Paulo corresponda, em grande medida, ao diagnóstico do filósofo, de um ponto de vista estritamente empírico, a espera e o "tempo morto" da punição contemporânea compreendem mais ação do que o autor parece sugerir – e mais ação por parte tanto dos vigilantes quanto dos custodiados. Como já indiquei, o trabalho cotidiano dos funcionários prisionais excede a simples gerência de um perímetro de segregação; suas atividades e registros são determinantes para o estabelecimento das condições e da duração do período de reclusão dos condenados. De outro lado, por mais que ao preso reste esperar pelos avanços processuais que lhe dizem respeito nos circuitos do sistema de justiça, no ambiente amplamente vigiado da prisão, ele enfrenta cotidianamente o desafio de passar despercebido, de evitar a captura num processo de sindicância que venha a agravar ainda mais sua espera. Os detentos devem, então, a um só tempo, saber esperar e reagir às investidas dos agentes institucionais sobre suas ações e relações, o que demanda alguma organização e muita acuidade no modo de ler as situações e de se portar diante delas. Evitar problemas com os funcionários da prisão constitui uma prática constante que atravessa todo o período de espera indefinida pelo andamento dos benefícios e recursos. Essa prática tem o sentido positivo da esquiva, do furtar-se a complicações. Nem sempre a estrita adesão às normas institucionais basta para tanto, uma vez que geralmente a mera acusação do funcionário já é o bastante para caracterizar uma falta. O exercício continuado dessa esquiva indica que a espera que se experimenta nas prisões paulistas não constitui,

---

[42] Ibidem, p. 237.
[43] Ibidem, p. 233.

absolutamente, um "tempo morto", em que nada acontece, mas um tempo em que (quase) tudo pode acontecer.

Administração de fluxos

Punição dentro da punição, prisão dentro da prisão: o ato de refletir sobre o castigo pode se desdobrar em diversas direções. O regime dos castigos prisionais pode ser apreciado em seus fundamentos ideológicos e aspectos normativos, mais ou menos variáveis no decorrer da história. Pode também ser analisado ante os mais amplos e complexos processos de convívio entre população carcerária e *staff* da unidade, especialmente no que diz respeito aos meios formais e informais de produção da ordem prisional e de exercício cotidiano do poder no ambiente penitenciário. A formalização das sanções, então, aparece como um dos recursos disponíveis para que os agentes estatais busquem manter a normalidade na instituição, ao lado de múltiplas negociações, de um instável jogo de tolerâncias e do próprio uso da violência[44].

No entanto, aqui esboço um outro percurso analítico, exploratório, que visa a situar o castigo na gestão dos fluxos que conformam a prisão e a experiência da pena. Nesse sentido, a primeira e mais importante marcação já foi adiantada: a condenação em sindicância interfere nas movimentações processuais da execução penal, estabelecendo novos lapsos a serem cumpridos, fazendo regredir regimes de cumprimento de pena e condicionando negativamente as decisões judiciais sobre pedidos de benefícios. A sindicância é o meio mais generalizado de assinalar indivíduos e grupos de risco no interior da população penitenciária, para os quais as penas serão mais longas e mais duras. "Sou ladrão e estou cumprindo pena de assassino", ouvi diversas vezes de Geraldo, preso com quem estabeleci um diálogo continuado no decorrer das visitas pastorais. Condenado por roubo a seis anos e alguns meses de prisão, cumpria o quinto ano de sua pena em regime fechado sem nunca ter ganho nenhum benefício por causa do registro de duas faltas graves em seu prontuário. Independentemente das circunstâncias que conduzem

---

[44] Antônio Rafael Barbosa, *Prender e dar fuga*, cit.; Edmundo C. Coelho, *A oficina do diabo e outros estudos sobre criminalidade* (Rio de Janeiro, Record, 2005); Anderson M. Castro e Silva, *Participo que...*, cit.; Camila C. N. Dias, *A Igreja como refúgio e a Bíblia como esconderijo*, cit.; Camila C. N. Dias, "Disciplina, controle social e punição", cit.; e Roy D. King e Kathleen McDermott, "'My Geranium is Subversive': Some Notes on the Management of Trouble in Prisons", *The British Journal of Sociology*, v. 41, n. 4, 1990.

à sindicância, no que diz respeito à gestão das movimentações processuais, seus efeitos tendem à uniformidade.

A segunda questão que gostaria de levantar se refere, precisamente, à multiplicidade de contextos que conduzem à sindicância ou, em outras palavras, à ordem de problemas em que esses particulares processos administrativos incidem. Não obstante a profusão de tipificações de faltas nos diversos ordenamentos vigentes, foi possível perceber, no decorrer das visitas pastorais ao castigo, que um número significativo das infrações imputadas remete a circunstâncias de trânsito, de movimentação dos presos, tanto dentro da unidade quanto entre dentro e fora do perímetro prisional. Praticamente em todas as visitas que realizei aos potes, sempre havia dois ou mais detentos recapturados pela polícia por terem deixado de cumprir as obrigações impostas pela liberdade condicional ou, no caso das saidinhas, por não terem voltado e até, castigo dos mais comuns, por terem atrasado nesse retorno. Portanto uma parcela nada desprezível das faltas punidas diz respeito a atravessamentos entre o dentro e o fora da prisão que não seguiram estritamente as prescrições estabelecidas pelas agências estatais. Os trânsitos no interior da unidade penitenciária – entre o raio e a enfermaria, o parlatório, a oficina, a escola – configuram ocasiões também bastante propícias à imputação de faltas[45]. Uma quantidade importante de acusações de desobediência ou desacato se dá no decorrer desses deslocamentos. A percepção do trânsito como uma situação favorável à captura numa sindicância é tão presente e difundida entre os presos que muitos dos que trabalham ou estudam, quando finalmente conquistam a progressão para o regime semiaberto, pedem desligamento da oficina ou da escola – abrindo mão do salário e da remição de pena – para aguardar a transferência de unidade no raio, diminuindo o número de deslocamentos que realizam cotidianamente no interior da unidade e reduzindo, assim, o risco de maus encontros com ASPs e diretores, que poderiam desembocar em processos de sindicância e, tão logo, na perda do benefício – exemplo claro do que há pouco designava como prática cotidiana da esquiva.

A terceira e última questão que gostaria de assinalar se refere aos sentidos do isolamento imposto no castigo, que também remetem aos fluxos que atravessam e constituem a prisão. Como a visita pastoral relatada já sugere, apesar das terríveis condições físicas, o pote não se confunde com a *solitária*, com aquele isolamento celular e individualizado que segrega totalmente o

---

[45] Anderson M. Castro e Silva, *Participo que...*, cit., p. 188-91.

castigado dos demais presos. Mesmo quando há disponibilidade de celas, os potes costumam ser ocupados por duas ou mais pessoas e, não raro, estão interligados por *teresas* – linhas que conectam as diversas portinholas, permitindo que pequenos objetos sejam trocados entre as diferentes celas[46]. Ademais, cigarros, roupas, cobertores e outros objetos pessoais costumam ser enviados pelos companheiros do raio para amenizar o sofrimento experimentado no período. Não é, portanto, a segregação dos demais detentos que promove o isolamento do castigo, mas, sim, a interrupção de diversos dos fluxos que condicionam a experiência cotidiana na prisão. Uma vez no pote, o preso não pode ver televisão nem ouvir rádio, receber cartas, jumbos, visitas – por isso ainda faz sentido falar em "isolamento" como medida punitiva, mesmo que seja compartilhado com outros presidiários. O preso isolado no castigo não é necessariamente aquele impedido de se comunicar com outros, mas, sim, aquele que tem bloqueados os vasos comunicantes que o ligam ao exterior – daí o contragosto que muitos funcionários deixam transparecer quando insistimos em visitar os castigados, principalmente porque nessas ocasiões costumamos anotar telefones de familiares para avisarmos do castigo, prevenindo-os de desperdiçarem recursos e tempo em jumbos, visitas e até viagens frustradas, e assim acabamos por suspender, ainda que pontualmente, a incomunicabilidade estruturante dessa particular forma de punição.

A sindicância retarda o fluxo processual, visa de modo privilegiado a regular deslocamentos no espaço e opera restringindo fluxos que cruzam o perímetro prisional para abastecer os presos. Por meio dessas três ponderações, procuro pôr em evidência a dimensão gestionária da mecânica dos castigos no ambiente penitenciário; sem prejuízo de outras possibilidades de análise, minha intenção é apenas sugerir que a gestão das faltas é também gestão de fluxos.

Ilegibilidade e mobilização

UMA CARTA

Aos cuidados do(a) Excelentíssimo(a) Assessor(a) da Presidência – (NOME)
Gabinete da Presidência – Central do Cidadão.
Execução Criminal nº XXX.YYY

---

[46] Lima, citado em Antônio Rafael Barbosa, *Prender e dar fuga*, cit., p. 348.

Ref. "Pedido de Liberdade Condicional"
(Solicita-se)
Amparo Legal: Em conformidade e o fundamento do artigo 83, inciso XIV, sucessivamente artigo 112, ambos da Lei nº 7.210/84 (Lei das Execuções Penais), subsidiárias ao artigo 5º, XXXIV, alínea (2) da Constituição Federal de 1988 (Carta Magna).

Requerente/Paciente: NOME SOBRENOME, *Já devidamente qualificado nos autos da Execução Criminal em epígrafe, atualmente preso e recolhido em cumprimento de pena de reclusão em regime fechado na Penitenciária X "(NOME)" de CIDADE-SP, sob matrícula SAP:* AAA.BBB, *vem com o devido acato e mui respeitosamente em meu favor ante a presença de Vossa Excelência por intermédio desta infra-assinada representação, "requerer" o meu pedido de Liberdade Condicional tendo em vista as razões e motivos aduzidos na forma seguinte:*

I – Dos Requisitos Objetivos

Condenado com o incurso a uma pena de reclusão totalizada em 5 anos e 6 meses, por infração do artigo 155, 155 do Código Penal Brasileiro (CP). Dos quais até a presente data já estou cumprindo ininterruptamente 2 anos e 4 meses em regime fechado, onde, desta forma preencho o requisito objetivo conforme estipula o artigo 112 da Lei de Execuções Penais (LEP).

Artigo 112 – "A pena privativa de liberdade deverá ser cumprida em forma progressiva com a transferência para o regime menos rigoroso com o cumprimento mínimo de 1/6 da pena se seu mérito demonstrar o direito ao benefício."

II – Do Requisito Subjetivo

No que tange a esta situação o requerente preenche o requisito subjetivo sempre com "bom" comportamento carcerário, trabalhando e respeitando funcionários e seus companheiros de infortúnio, seguindo os conformes do artigo 40 da Lei de Execuções Penais nº 7.210/84.

III – Do Pedido

Desta forma, conforme todo o exposto e face ao perfil apresentado, não se pode negar o deferimento do meu pedido de Liberdade Condicional.

Outrossim requeiro por derradeira Vossa Excelência determinar via ofício a emissão e envio por parte da unidade prisional em epígrafe do referido expediente para apenso do Boletim Informativo, Atestado de Conduta e Permanência Carcerária, Folha de Antecedentes, Certidão de Objeto e Pé, entre todas as outras documentações exigidas para instrução do presente pleito.

Termos em que pede e espera deferimento.

CIDADE, DATA,
Ass. ASSINATURA
Nome: NOME SOBRENOME
Execução: XXX.YYY
Matrícula SAP: AAA.BBB
RG: NNNNNNNN-N

Essa é a transcrição literal de uma carta escrita à mão, em folha de papel almaço, com canetas azul e vermelha, que enviei por correio ao Supremo Tribunal Federal (STF) a pedido de um preso. Sua forma, estrutura e conteúdo não diferem muito da infinidade de documentos que cotidianamente recolhemos nas visitas pastorais para serem protocolados no fórum ou enviados por correio a diferentes instituições – do Tribunal de Justiça do Estado de São Paulo à Presidência da República.

Mobilização e processamento penitenciário

A gerência da população penitenciária se dá, em linhas gerais, por meio da mediação dos processos e das transações documentais nos circuitos do sistema de justiça, sobre as quais os tão demandados extratos da VEC e de apelação dão notícias. Embora se constitua como um controle a distância, por meio do fluxo dos processos, a forma como a conduta dos presos no interior da prisão é apreendida pode determinar, em grande medida, o desenrolar das penas. Os processos de sindicância – operacionalizados, soberana e fundamentalmente, pelos agentes da administração penitenciária – constituem a ferramenta mais generalizada para assinalar indivíduos e grupos de risco entre a população prisional, aos quais as penas serão invariavelmente ainda mais duras e longas. No entanto, há também todo um conjunto de práticas e saberes que os presos mobilizam cotidianamente no sentido de abreviar a permanência na prisão e melhorar as condições de cumprimento da pena. A carta supratranscrita é um exemplo desse tipo de iniciativa.

Segundo a legislação penal vigente, o trabalho e o estudo – este, desde 2011 – são as duas únicas atividades que podem abreviar a duração da pena imposta, na razão de um dia a menos na pena para cada três dias trabalhados ou para cada doze horas (em, no mínimo, três dias) de estudo[47]. Nas penitenciárias paulistas, as oficinas e a escola funcionam como "máquinas do tempo" nas quais este passa mais depressa, principalmente pelo instituto legal da remição de pena, mas também pelo preenchimento do cotidiano com alguma atividade mais ou menos dotada de sentido. Segundo o Depen, no final de 2014, dos 220.030 presos do sistema carcerário paulista, apenas 43.022 realizavam algum tipo de trabalho interno, 11.519 exerciam algum trabalho externo e 17.666 estavam envolvidos em atividades educacionais.

---

[47] Art. 126 da Lei 7.210/84. Sobre disputas jurisprudenciais em torno da remição de pena, ver Luiz Antônio B. Chies, *A capitalização do tempo social na prisão*, cit.

A restrição do direito à remição de pena é fator que prolonga a permanência na prisão de um número significativo de pessoas. No entanto, a remição não é uma operação automática; a consideração dos dias trabalhados/estudados no redimensionamento da pena tramita burocraticamente nos circuitos do sistema de justiça, como os demais benefícios. Nesses termos, fazer valer os dias remidos é também aguardar uma movimentação processual.

No sentido de fazer andar a execução, acelerar seus trâmites, agilizar as movimentações processuais, os presos precisam mobilizar continuamente ações e relações, tanto dentro quanto fora dos muros. Essa mobilização – que a carta transcrita expressa – não se prescreve na lei, mas replica suas formalidades e se realiza quase sempre por vias informais. Para compreendê-la, é preciso levar em conta um fator determinante no funcionamento do sistema de justiça: qualquer movimentação processual em matéria de execução penal é disparada, via de regra, por provocação. Segundo os juízes do Conselho Nacional de Justiça (CNJ), que, no âmbito de um mutirão carcerário, no segundo semestre de 2011, inspecionaram todas as unidades prisionais do estado de São Paulo e apreciaram 76.098 processos, é manifesta a "inexistência de uma organização cartorária nas Varas de Execução no Estado, de forma que possibilite o controle das fases e das movimentações processuais"[48]. O efeito direto dessa desorganização, afetando quase a totalidade dos presos condenados, é que "o processo de execução, praticamente, só é movimentado quando há pedido expresso da parte interessada"[49]. Portanto, o regime institucional de processamento de pessoas no sistema penitenciário de São Paulo depende, em grande medida, da agência dos presos, de seus familiares e/ou defensores, de modo que possa se desenrolar.

Como já indiquei, os defensores da Funap figuram, num raio de penitenciária, como tão distantes e protocolares quanto os juízes que proferem as condenações. Os agentes da Defensoria Pública, por sua vez, para contornar a desorganização e irracionalidade das varas e poder interferir em determinados processos de execução no momento preciso, também dependem da provocação de familiares[50], agentes pastorais e presos[51].

---

[48] CNJ, *Relatório geral*, cit., p. 8.
[49] Idem.
[50] Principalmente em seus centros de atendimento ao público, mas não só.
[51] Quando os defensores visitam unidades ou recebem cartas.

Não obstante a ilegibilidade característica do processamento penitenciário, o preso é quem mais sabe sobre (e se interessa por) seu processo, seus direitos adquiridos não observados nem realizados. O acompanhamento das movimentações processuais, por meio dos extratos ou de outras fontes de informações, não só permite ao preso vislumbrar as transações que, a distância, definem seu destino, mas também o mantém atualizado sobre o que poderia ou deveria ser feito em sua causa. O esforço cotidiano para saber do processo se complementa com o de promover seu andamento. Nas visitas pastorais, é comum entrarmos na unidade com uma porção de extratos e sairmos com uma porção de documentos escritos à mão para serem enviados pelo correio ou protocolados diretamente no fórum.

Os requerimentos mais comuns são precisamente os de progressão de regime e os de liberdade condicional. A precariedade do suporte material contrasta com a linguagem protocolar e a polidez no tratamento. Muitas vezes, os manuscritos seguem modelos que circulam nos raios, de modo que os presos alteram somente dados pessoais e algumas passagens específicas para qualificar cada situação. Alguns se aventuram em manifestações mais individualizadas, formalizando queixas, analisando problemas e sugerindo alterações procedimentais. Em muitos raios, existe ainda a figura do *recursista*, detento versado na produção dessas petições, o qual atua em causa própria, mas também presta seus serviços a "colegas de infortúnio", por solidariedade ou alguma remuneração. Alguns são reconhecidos como melhores e mais eficazes que muitos advogados, públicos ou particulares. Embora não haja garantia da eficácia do procedimento, é certo que muitos presos atribuem a esses documentos alguma melhoria ou avanço processual que tenham experimentado após seu envio.

A proliferação de documentos – sua iterabilidade – é a paradoxal contrapartida de um regime de gestão calcado na ilegibilidade[52]. A circulação de modelos, o labor do recursista, a redação e o envio desses manuscritos conformam todo um universo de práticas que, mesmo num embate agonístico contra as forças estatais, acaba por reproduzir suas formas e duplicar sua linguagem, instanciando o próprio Estado no cotidiano do vivido, ainda que por outras vias. Ao operacionalizar formas de gestão por meio de tecnologias de escrita, as agências estatais também instauram a possibilidade permanente – para aqueles que são assim governados – da ação por meio de falsificações, adulterações

---

[52] Veena Das, *Life and Words*, cit., p. 168.

e outras performances miméticas[53]. Agentes pastorais, presos, seus amigos e familiares mobilizam técnicas de escrita, mimetizam os procedimentos que vigoram no sistema de justiça no intuito de acionar fluxos documentais e incidir no desenrolar da pena. Operam, portanto, na mesma gramática que estrutura a gestão penitenciária, mas para viabilizar a abreviação das penas, a melhoria das condições de vida e, no limite, a saída da instituição.

Tamanha proatividade que testemunhamos e compartilhamos nas visitas pastorais evoca a crescente e contínua, mas também atomizada, responsabilização dos sujeitos que se constituem como objetos de governo[54]. No entanto, nas prisões de São Paulo, não se trata de uma injunção deliberada à participação ativa e ao empoderamento dos sujeitos na gerência de suas próprias penas, como parece acontecer em alguns laboratórios de alta tecnologia penitenciária de países do primeiro mundo – como Escócia, Espanha e Canadá[55]. No estado de São Paulo, a estratégia de responsabilização se apresenta numa modulagem ao mesmo tempo mais generalizada e particular. Generalizada porque não se restringe a alguns centros de excelência e inovação em disciplina penitenciária, mas estrutura o funcionamento do sistema como um todo. Particular porque prescinde de incentivos positivos, como programas de formação, monitoramento e mecanismos de articulação dos diferentes sujeitos implicados nessa gestão. Nas penitenciárias paulistas, a responsabilização dos presos pelo desenrolar de suas penas é uma estratégia que funciona sem estrategistas, sem uma programação explícita e deliberada; é pautada pela urgência, um imperativo que decorre da necessidade de sobreviver, com a mente sã e alguma esperança.

A mobilização para além dos muros

Como as movimentações processuais se desenvolvem, em grande medida, nos circuitos do sistema de justiça e os presos se encontram segregados

---

[53] Ibidem, p. 163; Akhil Gupta, *Red Tape*, cit., p. 141-4 e 226-31.
[54] Nikolas Rose, "Government and Control", cit., p. 324; David Garland, *La cultura del control*, cit., p. 211-6; O'Malley, 2012, p. 112.
[55] Tecnologias que designei como neodisciplinares no capítulo 1 deste livro. Aqui, como lá, as principais referências são David Garland, "'Governmentality' and the Problem of Crime, cit.; Dario Malventi, *Curar y reinsertar*, cit.; idem, "Simbiosis vital", cit.; Alvaro Garreaud, "Biopolítica y prisión", cit.; Gilles Chantraine, "A prisão pós-disciplinar", cit., p. 79-106.

no espaço penitenciário, a capacidade de incidirem diretamente no fluxo processual é bastante limitada. Por isso, a ativação de relações com agentes que transitam fora da cadeia consome a maior parte de seus esforços de mobilização. Os familiares são os mais demandados. Agentes pastorais experientes costumam dizer: "o melhor advogado do preso é a família".

Um familiar presente, em contato contínuo com o preso, pode encaminhar cartas para autoridades, procurar a Defensoria Pública, reclamar e cobrar procedimentos da administração da unidade – expedientes que podem interferir, significativamente, no fluxo processual e no destino do parente. Muitos agentes pastorais dedicam um esforço considerável em reaproximar familiares e presos, transmitindo notícias e orientando sobre possíveis e necessárias ações.

No decorrer das visitas pastorais, ao observar o incansável trabalho de Fátima, dentro e fora da prisão, conforme fui me familiarizando com as demandas e os encaminhamentos mais frequentes, pude constatar que a duração da permanência no cárcere e as condições de cumprimento de pena podem efetivamente variar – e para melhor – quando alguém intercede pelo detento no jogo de transações entre as diversas agências do sistema de justiça e da administração penitenciária. Não tenho condições de expor exaustivamente quais seriam todos esses procedimentos, por incompetência técnica, mas também pela característica ilegibilidade do processamento. Posso, no entanto, expor algumas situações e encaminhamentos bastante comuns, alguns exemplos significativos.

Muitas vezes somos procurados por presos que, embora tenham sido condenados já há algum tempo – às vezes meses, às vezes anos –, ainda não tiveram seus processos de execução abertos; tais presos já habitam uma penitenciária de regime fechado, mas ainda não existem nos circuitos da execução penal. Sem a vinculação de um processo de execução ao presidiário, nenhum requerimento de benefício é possível – o que é bastante grave quando consideramos que, em um número importante de casos, o detento já cumpriu um ou mais lapsos na condição de provisório[56] quando recebe a condenação. Como Fátima me ensinou, esses casos acontecem porque a Vara Criminal responsável pela condenação não emitiu um documento

---

[56] Para que o tempo em prisão provisória conte como cumprimento de pena é preciso tramitar o benefício da detração de pena, que também depende da abertura do processo de execução.

chamado Guia de Recolhimento (GR), o qual deve ser encaminhado à Vara de Execução para que ela inicie seu processamento. Nesse trâmite, que deveria ser automático, precisamos incidir. Procuramos saber a Vara Criminal responsável pela condenação e entramos em contato para provocar a emissão da GR, muitas vezes informando os cartorários sobre a VEC específica para onde o documento deverá ser endereçado. Só então o processo de execução é aberto, o preso recebe seu número de execução e nós podemos emitir e entregar extratos que informem sobre suas movimentações processuais. Ao provocarmos a celeridade da abertura do processo de execução, possibilitamos que os lapsos cumpridos sejam observados e os pedidos de benefícios agilizados com relativa antecedência.

Situação análoga e também muito comum se dá quando o preso é transferido para outra unidade, em outra região, e seu processo fica retido na VEC de origem. O preso vai, o processo não. Nessas situações, pedidos de benefícios e movimentações processuais também não são possíveis. Dependendo dos contatos de que dispomos com as diferentes VECs, podemos provocar a VEC de origem para encaminhar o processo ou induzir a VEC de destino a reivindicar a documentação da VEC de origem. Tanto no caso das GRs quanto nas transferências de processos, a eficácia de nossa intervenção depende de contatos absolutamente contingentes com a burocracia da vara. Quando um diálogo produtivo com os cartorários não se realiza, costumamos acionar os agentes da Defensoria Pública para que tomem, formalmente, as devidas providências.

O contato próximo e continuado com os defensores públicos é estratégico, pois potencializa e viabiliza as intervenções do agente pastoral. Como já indiquei, é comum que advogados particulares abandonem certos casos, deixando de intervir no processo e de informar seus clientes sobre as movimentações processuais. Quando um preso nos expõe esse tipo de situação, nós o orientamos a pedir a destituição do advogado particular e a reivindicar os serviços da Defensoria Pública. Por dois motivos: primeiro, porque um defensor público, por maior que seja sua sobrecarga de trabalho, não pode abandonar um caso que institucionalmente está sob sua responsabilidade[57]; segundo, e principalmente, porque os defensores públicos nos são acessíveis,

---

[57] Ainda que o advogado da Funap atue mais diretamente nos casos dos presos condenados, seu trabalho é coordenado por defensores públicos, que, conforme a necessidade, podem reivindicar um processo para nele intervir.

podemos acioná-los em casos de necessidade. Quando convencemos o preso dessas vantagens, recomendamos que ele redija de próprio punho uma petição destituindo seu advogado particular e a protocolamos diretamente no fórum. A partir de então, se observarmos situações muito estranhas no decorrer das movimentações processuais, poderemos procurar o defensor para nos informar e intervir de algum modo.

O caso de Artur serve de exemplo. Tendo seu lapso vencido havia anos, por meio dos extratos que levávamos ele pôde acompanhar de perto todas as movimentações de um pedido de regime semiaberto até o processo ficar parado por alguns meses justamente depois de chegar às mãos do juiz. Como a próxima saidinha se aproximava, a ansiedade crescia. Poderia passar o Ano-Novo com a família depois de tanto tempo? Teria sido negado seu benefício? Caberia recurso? O juiz teria concedido o benefício, mas mesmo assim perderia a tão esperada saidinha? Essas e outras dúvidas foram compartilhadas conosco numa visita, algumas semanas antes de ser divulgada a lista dos presos que seriam contemplados com o benefício da saída temporária. Fátima foi até o fórum e repassou os questionamentos de Artur ao defensor público, que, por sua vez, consultou o processo e descobriu que o juiz não tinha decidido sobre a concessão do regime semiaberto, pois constava um registro de sindicância que não continha cópia do depoimento de Artur: "O juiz pediu cópia da oitiva para a unidade, é isso que está demorando", ele disse. Fátima sabia que Artur não tinha cometido (nem sido acusado de cometer) falta, mas foi conferir. Na visita seguinte, Artur confirmou que não possuía falta nenhuma, mas, havia algum tempo, um funcionário comentara que tinham registrado a sindicância de um outro preso em seu prontuário – tratara de tranquilizá-lo, no entanto, afirmando por fim que já tinham desfeito o equívoco. Artur não deu importância. Fátima procurou novamente o defensor, que fez um requerimento formal para a administração da unidade providenciar uma espécie de carta de correção, esclarecendo o mal-entendido, a fim de que ele a anexasse ao processo. Como o tempo urgia, Fátima pegou pessoalmente o requerimento do defensor e o levou até a unidade. Ficou lá esperando e pressionando para que fizessem na hora a tal carta de correção. Não sem reticências, fizeram-na. Fátima pegou a carta e a levou até o fórum, o defensor a anexou ao processo. No entanto, o juiz não tomou conhecimento em tempo hábil de todas essas movimentações e Artur perdeu a saidinha de fim de ano. Com o fato consumado, lamentávamos o infortúnio com Artur numa outra visita, e Fátima asseverava:

"Tudo isso aconteceu porque você é muito tranquilo, muito calado, muito parado. Por que não nos disse que tinham colocado uma sindicância de outro em seu prontuário?".

Embora no caso de Artur a intervenção pastoral não tenha sido inteiramente bem-sucedida, em diversas outras situações esse tipo de mobilização funciona[58]. Além da necessária prontidão e mobilização dos presos e das produtivas relações com defensores públicos, a capacidade de atuação de nosso coletivo de agentes pastorais ante o sistema de justiça é potencializada pela participação de egressos, familiares e advogados voluntários em reuniões periódicas que organizamos em três bairros periféricos de São Paulo. O diálogo com egressos e familiares não só estende o atendimento pastoral para muito além dos muros como possibilita uma compreensão mais ampla das diversas situações que nos são expostas no decorrer das visitas. A presença dos advogados voluntários permite ampliar o entendimento dos trâmites possíveis e necessários para ativar movimentações processuais ou desfazer imbróglios, de tal modo que é possível avaliar quando presos, familiares e agentes pastorais podem atuar com seus próprios meios e quando é necessária a provocação do defensor. Além disso, como frequentam cotidianamente fóruns e varas, podem consultar processos, estabelecer contatos, protocolar documentos e fazer outras provocações; também, quando há disponibilidade, revisam e corrigem os requerimentos escritos à mão que coletamos nas visitas.

Como procurei demonstrar, a necessária contrapartida da indeterminação de um regime de processamento ilegível e opaco é o imperativo de uma contínua mobilização, dentro e fora das muralhas. Mobilização tanto do preso quanto de seu familiar a fim de saber do processo e fazê-lo andar, mobilização de agentes pastorais para (re)aproximar presos e familiares a fim de fazê-los saber como proceder para que o recurso ande e para provocar

---

[58] Sobre peregrinações institucionais para fazer a justiça andar, ainda que em processos de outra natureza, ver Adriana Vianna e Juliana Farias, "A guerra das mães: dor e política em situações de violência institucional", *Cadernos Pagu*, n. 37, 2011; Adriana Vianna, "Introdução: fazendo e desfazendo inquietudes no mundo dos direitos", em *O fazer e o desfazer dos direitos: experiências etnográficas sobre política, administração e moralidades* (Rio de Janeiro, E-papers, 2013); idem, "Violência, Estado e gênero: considerações sobre corpos e corpus entrecruzados", em Antonio Carlos de S. Lima e Virginia García-Acosta (orgs.), *Margens da violência: subsídios ao estudo do problema da violência nos contextos mexicano e brasileiro* (Brasília, ABA, 2014); e idem, "*Tempos, dores e corpos*", cit.

a ação de defensores e burocracias judiciárias. Desse modo, o regime de práticas que conforma a atual gestão penitenciária, pautado pela urgência e estruturado sobre tecnologias de escrita, ultrapassa em muito seus muros. Também por essas vias, a trama prisional se faz "translocal"[59], instaurando dentro e fora da prisão um espaço de experiência[60] em que a incerteza não pode obstaculizar a ação, e a ação não pode reduzir a incerteza. Nas penitenciárias paulistas, as leis do tempo se impõem e escapam a todo instante, constituem um ente fugidio que não se pode abrir mão de perseguir e que não se pode perseguir sozinho.

Sincronizações

"Tique-taque, ainda é nove e quarenta, o relógio na cadeia anda em câmera lenta". O verso da canção "Diário de um detento", dos Racionais, poetiza uma diferença estruturante da experiência do tempo no interior do espaço carcerário. Se o tempo, além de uma variável física universal, é um objeto privilegiado de construção e elaboração cultural[61], não é de se estranhar que, no contexto prisional – constituído pela segregação espacial e por toda uma estrita rotina administrativa –, o passar do tempo seja vivido e problematizado como uma heterogeneidade em relação ao tempo comum, do mundo fora dos muros. Prisão, outro mundo, outro tempo – esse é um quadro bastante consolidado no imaginário social e nos estudos prisionais.

Alguns temas são bastante frequentes quando a relação entre tempo e prisão é abordada mais detidamente. Algumas proposições de Messuti são exemplares. Segundo a autora, o tempo dentro da prisão difere fundamentalmente daquele que transcorre fora dela. "Assim como há uma ruptura no espaço marcado pelos muros da prisão, há também uma ruptura no tempo. [...] Esta intersecção entre tempo e espaço marca o começo de uma duração distinta, qualitativamente diversa"[62]. Ainda de acordo com Messuti, o tempo objetivo, do calendário e do relógio, não se confunde com o tempo subjetivo

---

[59] Manuela Ivone P. da Cunha, "El tiempo que no cesa: la erosión de la frontera carcelaria", *Renglones*, v. 58-59, 2005, p. 40.

[60] Reinhart Koselleck, *Futuro passado: contribuição à semântica dos tempos históricos* (Rio de Janeiro, Contraponto/PUC-Rio, 2006).

[61] Alfred Gell, *The Anthropology of Time: Cultural Constructions of Temporal Maps and Images* (Oxford, Berg, 1992).

[62] Ana Messuti, *O tempo como pena* (São Paulo, Revista dos Tribunais, 2003), p. 33.

experimentado na prisão. A magnitude de uma pena imposta, sua duração em anos e meses, não estabelece linear e univocamente a intensidade da pena vivida, pois "as unidades temporais nas quais se fixa a pena sucederão com maior ou menor lentidão segundo o sujeito"[63]. Por estar imobilizado na prisão, a única atividade real que cabe ao preso é a espera, de modo que o presente se esvazia de qualquer sentido. "Na pena, a visão do presente se obscurece ante a expectativa do futuro. O presente só tem valor como passagem do futuro ao passado, pois [...] todo o ser está concentrado na espera"[64]. Um presente perene, estático e, por isso mesmo, nulo, "vazio"[65].

Sem significar que tais experiências e problematizações se restrinjam ao passado, uma série de desenvolvimentos recentes veio a alterar ou, no mínimo, desestabilizar essas correlações tão sedimentadas. Desde diversas perspectivas, efeitos de sincronização dos tempos de dentro e de fora dos muros vêm se impondo à reflexão. Para Arantes, por exemplo, o atual "tempo morto da onda punitiva[66]" é também "o novo tempo do mundo[67]"; mais precisamente, está em compasso com toda uma transformação histórica da própria experiência da História. A constituição de um espaço de experiência

---

[63] Ibidem, p. 50.
[64] Ibidem, p. 45.
[65] Sobre o tempo "vazio", ver Gilles Chantraine, "Par-delà les murs", cit., p. 165-7. É de se considerar também toda a discussão sobre a conformação cruzada do tempo como medida de valor e recurso de punição. Segundo Michel Foucault, *Vigiar e punir*, cit., p. 196, a prisão se impõe como medida punitiva por excelência porque "permite quantificar exatamente a pena segundo a variável do tempo. Há uma forma-salário da prisão que constitui, nas sociedades industriais, sua 'obviedade econômica'". À naturalidade da pena de prisão – da reclusão do infrator por um determinado período de tempo –, corresponde a naturalização do uso do tempo como meio de estabelecer equivalências nas relações de troca. Autores marxistas, como Evgeny Pachukanis, "The General Theory of Law and Marxism", em Piers Beirne e Robert Sharlet, *Selected Writings on Marxism and Law* (Londres, Academic Press, 1980); e Dario Melossi e Massimo Pavarini, *Cárcere e fábrica*, cit., insistem nesse mesmo tema: para a nascente sociedade industrial capitalista, o delito não é mais do que uma variação das relações de troca ou, em outras palavras, uma troca imperfeita, na qual a equivalência não foi respeitada. Assim, a pena, ao extrair tempo da parte que, numa transação, se recusou a despendê-lo em igual medida, reestabelece a simetria violada – por isso é que funciona como uma retribuição.
[66] Paulo Arantes, "Zonas de espera", cit.
[67] Idem, *O novo tempo do mundo e outros estudos sobre a era da emergência* (São Paulo, Boitempo, 2014).

sem horizonte de expectativas – ou de expectativas "declinantes"[68] – articula uma contínua e crescente injunção ao aceleramento das mobilidades[69] com uma igualmente intensa e recorrente imposição de "zonas de espera". Arantes discorre acerca de um mundo em que a História se conjuga no presente, e o futuro não ultrapassa os limites do imediato: o mundo do "presentismo"[70], do atualismo, que é também o mundo da urgência perpétua e da espera indefinida. Segundo o autor, urgência e espera se combinam e se confundem nos mais diferentes domínios da vida social: nos aeroportos internacionais, nas agências de assistência social, nos campos de refugiados, das filas do McDonald's às celas de Guantánamo. Se a prisão do encarceramento em massa se destaca pelo crescente volume de vidas que interpela, se apresenta ritmos e protocolos de processamento que lhe são próprios, quanto a seu regime de temporalidade ela não difere substancialmente desses outros territórios da vida social.

Mobilização contínua, urgência e espera indefinida, segundo Arantes, são marcas transversais do Tempo Presente, desse "novo regime de historicidade"[71]. O regime de processamento que faz funcionar as penitenciárias paulistas, tal como pôde ser apreendido no decorrer das visitas pastorais, manifesta, a seu modo, esse esquema geral. A digressão filosófica de Arantes possibilita percorrer diversas das conexões que ligam, sincronizam, o tempo da prisão contemporânea ao tempo que decorre em tantos outros territórios, e que, juntos num mesmo compasso, marcam o ritmo do tempo do mundo – prisão e mundo, um só tempo, portanto. Essa "ontologia muito especial do presente"[72], porém, só apresenta uma indubitável potência heurística porque necessariamente negligencia aspectos particulares que constituem processos situados no tempo e no espaço – e o que precisa ser abstraído no raciocínio filosófico é do maior interesse para um sociólogo. Se, tanto numa fila ordinária do McDonald's quanto na cela excepcional de Guantánamo, um novo tempo do mundo pode se manifestar, de um ponto de vista sociológico e obviamente do ponto de vista dos próprios sujeitos

---

[68] Idem, "Zonas de espera", cit., p. 252.
[69] Zygmunt Bauman, Globalização, cit.; e Paul Virilio, *Speed and Politics* (Los Angeles, Semiotext(e), 2006).
[70] Paulo Arantes, "Zonas de espera", cit., p. 251.
[71] Idem.
[72] Ibidem, p. 250.

que ocupam esses espaços, tais situações jamais poderão ser reduzidas a uma mesma identidade, isto é, mesmo que lógicas e expedientes similares articulem e percorram diferentes espaços sociais, em cada ponto, a cada momento, eles se compõem e se territorializam de um modo específico[73].

Nesses termos, interessam à investigação tanto os vetores de sincronização entre os tempos de dentro e de fora da prisão que dizem respeito especificamente ao processo transversal e singular de massificação do encarceramento quanto aqueles que a promovem num contexto particular como o paulista. Nessa direção, as reflexões de Cunha sobre transformações recentes na temporalidade carcerária são bastante sugestivas[74]. Tendo desenvolvido, em dois momentos diferentes, pesquisas etnográficas numa mesma prisão feminina portuguesa, a autora aponta para uma importante transformação na experiência do tempo no cárcere, produzida num breve intervalo entre as décadas de 1980 e 1990. Segundo a autora, num primeiro momento, antes, o tempo prisional era experimentado como um hiato na existência, um parêntese. Figurava suspenso do curso da vida; era um tempo à parte; tinha um ritmo, parâmetros e um desenrolar próprios que o faziam parecer como que parado – enquanto um outro tempo passava rapidamente para as pessoas do lado de fora. Esse regime de temporalidade já não prevalece na virada do século, por diversos fatores analisados pela autora: principalmente por mudanças nas políticas criminais de combate às drogas e nas formas de territorialização e realização desse comércio ilícito. A concentração das ações repressivas ao tráfico em localidades por demais determinadas não só fez os índices de encarceramento subirem como acarretou a transposição para o ambiente prisional de redes ampliadas de parentesco e vizinhança. Nesse novo contexto, a temporalidade interna à prisão entra em continuidade com a externa. O tempo não para de passar, tanto dentro quanto fora

---

[73] Para uma abordagem acurada dos processos de territorialização de agenciamentos globais, ver Stephen J. Collier e Aihwa Ong, "Global Assemblages, Anthropological Problems, em *Global Assemblages: Technology, Politics and Ethics as Anthropological Problems* (Londres, Blackwell, 2005).

[74] Manuela Ivone P. da Cunha, "O bairro e a prisão: a erosão de uma fronteira", em Jorge F. Branco e Ana Isabel Afonso (orgs.), *Retóricas sem fronteiras* (Lisboa, Celta, 2003); idem, "El tiempo que no cesa", cit.; e idem, "O tempo insuspenso: uma aproximação a duas percepções carcerais da temporalidade", em Emília Araújo, Ana Maria Duarte e Rita Ribeiro (orgs.), *O tempo, as culturas e as instituições: para uma abordagem sociológica do tempo* (Lisboa, Colibri, 2007).

das muralhas. Não existe ruptura absoluta de vínculos: dentro se atualizam relações urdidas fora, enquanto fora se desdobram relações de dentro. Uma ampla circulação se estabelece entre determinados bairros e a prisão, tendo como um de seus efeitos a sincronização de temporalidades – o compartilhamento de ritmos, parâmetros e marcos temporais. Assim, a autora sugere (e este é o elemento que gostaria de reter) que o encarceramento em massa contemporâneo não implica uma massificação dos hiatos prisionais, a suspensão de um tempo da vida de um número cada vez maior de pessoas, mas, sim, a progressiva dissolução dessa defasagem temporal estruturante: o tempo de dentro entrando em continuidade com o de fora, e o de fora se tornando cada vez mais pautado pelas dinâmicas prisionais – pelo menos para amplas camadas da população arrebatadas, direta e indiretamente, pelo turbilhão do punitivismo.

A abordagem do regime de processamento penitenciário no estado de São Paulo – principalmente pela consideração do papel determinante desempenhado por familiares, amigos, voluntários, advogados e funcionários e, portanto, da importância das ações e relações que o preso pode mobilizar para promover o desenrolar da sua pena, interferir nas suas condições de cumprimento e duração efetiva – permite iluminar aspectos da sincronização dos tempos de dentro e de fora do cárcere que não só complexificam o entendimento do "tempo morto da onda punitiva" formulado por Arantes como também lançam questões sobre a dinâmica de sincronização tal como é trabalhada por Cunha.

Como tentei mostrar, no decorrer das visitas pastorais, no diálogo sucessivo com os presos, o tempo se afigura como algo que não para, que corre, que urge e que se furta continuamente. Seu desenrolar não implica uma espera passiva por determinações que, afinal, se darão alhures e num futuro mais ou menos conhecido; implica, sobretudo, uma espera ativa, ativada, quando é preciso saber urgentemente sobre algo que já se deu, sobre um benefício que está tramitando, sobre uma decisão que está prestes a ser tomada a qualquer momento. Essa busca exasperada de parâmetros para determinar um tempo fugidio decorre da necessidade de agir no momento certo ou, pelo menos, em tempo hábil para interferir e, no limite, conduzir o desenrolar processual – e, paradoxo maior, não para o preso se evadir da lei, mas para fazê-la cumprir em seu proveito. Essa mobilização extravasa, necessariamente, os limites das muralhas. Os fluxos processuais têm seus circuitos e, para alcançá-los da prisão, é preciso mobilizar a família, é preciso acionar o advogado, é preciso escrever para as autoridades, é preciso apelar para a Pastoral – em suma, é preciso cuidar, na condição mais adversa possível, para que as coisas aconteçam. Desse modo, ser punido em São Paulo é não somente estar reduzido à condição de objeto de "um regime institucional de mero processamento de pessoas"[75], mas também ser responsabilizado por seu andamento, estar engajado e engajar os outros no próprio decorrer das penas, ser feito coartífice dessa administração.

A novidade que o caso paulista sugere ante o quadro esboçado por Cunha é que essa sincronização de temporalidades não pode ser entendida somente como o efeito passivo de transformações estruturais nas políticas criminais e nos mercados ilícitos que levaram à massificação do encarceramento, à transposição de redes familiares e vicinais para o ambiente prisional e, portanto, à erosão das fronteiras entre bairros e presídios. A sincronização é também o resultado de uma mobilização, de uma ativação contínua, de presos e de seus círculos sociais em função do desenrolar dos processos, do próprio regime de processamento penitenciário. O tempo de dentro não parece tão somente ter se ajustado ao de fora; ambos estão, sobretudo, mutuamente condicionados, o passar de um depende do passar do outro. Em São Paulo, a prisão só funciona quando sincronizada com o mundo ou, pelo menos, com certa porção dele.

---

[75] Paulo Arantes, "Zonas de espera", cit., p. 232.

4
AS DISPOSIÇÕES NO ESPAÇO

Nos desertos do Oeste, perduram despedaçadas Ruínas do Mapa, habitadas por Animais e por Mendigos; em todo o País, não há outra relíquia das Disciplinas Geográficas.

Suárez Miranda, *Viajes de varones prudentes*, livro quarto, cap. XIV, Lérida, 1658[1].

Interiorização penitenciária em São Paulo

Unidades, cidades e coordenadorias administrativas

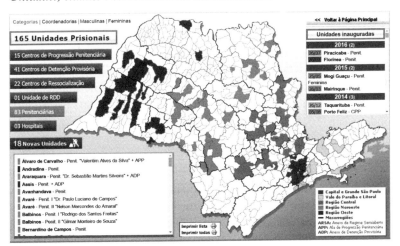

Figura 2 - Distribuição das unidades prisionais da Secretaria de Administração Penitenciária de São Paulo pelo território estadual, segundo Coordenadorias Administrativas, em 2016. Fonte: Secretaria da Administração Penitenciária; <http://www.sap.sp.gov.br>; acesso em 5 set. 2016.

---

[1] Jorge Luís Borges, "Sobre o rigor na ciência", em *História universal da infâmia* (Porto Alegre, Globo, 1986).

O mapa retirado da página eletrônica da Secretaria de Administração Penitenciária (SAP) destaca os 84 municípios onde existe pelo menos uma das 165 unidades prisionais em funcionamento no estado de São Paulo, em setembro de 2016. As cores agrupam os municípios segundo as Coordenadorias Administrativas às quais seus respectivos presídios estão submetidos: da direita para a esquerda, Coordenadoria do Vale do Paraíba e Litoral (CVL); Coordenadoria da Região Metropolitana de São Paulo (Coremetro); Coordenadoria da Região Central (CRC); Coordenadoria da Região Noroeste (CRN); e Coordenadoria da Região Oeste (CRO)[2].

Na imagem, o sistema penitenciário paulista aparece administrativamente segmentado por faixas territoriais, com as três maiores coordenadorias regionais (CRO, CRN e CRC) ocupando a maior parte do interior do estado. De modo aproximativo e para fins analíticos, as coordenadorias podem ser distribuídas num gradiente que vai do centro metropolitano ao interior mais distante: da Coremetro à CRO, passando pela CVL, CRC e CRN, nessa ordem[3].

Na maior região metropolitana do cone sul, a Coremetro administra 28 unidades prisionais concentradas em apenas 9 municípios, sendo 8 penitenciárias, 17 centros de detenção provisória (CDPs) e 3 centros de progressão penitenciária (CPPs). Na capital (11.244.369 habitantes[4]), são 2 penitenciárias femininas e 1 masculina, 7 CDPs e 2 CPPs femininos. Também significativa é a concentração de casas penais no município de Franco da Rocha (a 45 quilômetros da capital, com 131.603 habitantes), onde se encontram 3 penitenciárias masculinas, 1 CDP feminino, 1 CPP e 2 hospitais penitenciários[5].

---

[2] Existem ainda outras duas coordenadorias, uma de saúde (CS) e uma de reintegração social e cidadania (CRSC), que não se estruturam sobre uma base territorial.

[3] A distribuição das unidades prisionais pelos principais eixos rodoviários do estado é outra possibilidade para visualizar a espacialização do sistema penitenciário paulista, como demonstra James Humberto Zomighani Jr., *Território ativo e esquizofrênico: prisão e pena privativa de liberdade no estado de São Paulo* (Dissertação de Mestrado em Geografia, FFLCH-USP, 2009), p. 259.

[4] Esse e os demais dados populacionais são oriundos do Censo 2010, Instituto Brasileiro de Geografia e Estatística. *População*, disponível em <http://www.ibge.gov.br/home/mapa_site/mapa_site.php#populacao>, acesso em 20 nov. 2014.

[5] Manicômios judiciais, unidades para cumprimento de medidas de segurança (MS) geridos pela Coordenadoria de Saúde.

Sob a gestão da CVL – sediada em Taubaté (a 130 quilômetros da capital, 278.724 habitantes) –, estão 18 unidades prisionais distribuídas em 10 municípios: 8 penitenciárias, 7 centros de detenção provisória (CDPs), 2 centros de progressão penitenciária (CPPs) e 1 centro de ressocialização (CR). O maior polo penitenciário da região é o município de Tremembé (a 133 quilômetros da capital, 40.985 habitantes), que abriga 2 penitenciárias masculinas, 2 femininas e 1 CPP.

A CRC administra 37 unidades em 22 municípios: 17 penitenciárias, 7 CDPs, 3 CPPs e 10 CRs. A maior concentração penitenciária da região está em Hortolândia (a 114 quilômetros da capital, 195.775 habitantes), que abriga 2 penitenciárias[6], 1 CDP e 1 CPP. Seus principais centros urbanos são Sorocaba (a 95 quilômetros da capital, 586.311 habitantes), que possui 2 penitenciárias e 1 CDP, e Campinas (a 99 quilômetros da capital, 1.080.999 habitantes), sede da coordenadoria, que abriga 1 penitenciária feminina, 1 CDP e 1 CPP.

A CRN – sediada em Pirajuí (a 400 quilômetros da capital, 22.724 habitantes) – é responsável por 41 unidades distribuídas por 23 municípios: 23 penitenciárias, 7 CDPs, 4 CPPs e 7 CRs. Bauru (a 326 quilômetros da capital, 344.039 habitantes) é o município que concentra mais unidades, com 3 CPPs e 1 CDP. Outras 5 cidades abrigam 3 unidades: Pirajuí, com 2 penitenciárias masculinas e 1 feminina; Araraquara (a 270 quilômetros da capital, 208.725 habitantes), com 1 penitenciária, 1 CR masculino e 1 feminino; Avaré (a 263 quilômetros da capital, 82.935 habitantes) com 2 penitenciárias e 1 CR; Ribeirão Preto (a 313 quilômetros da capital, 605.114 habitantes) com 1 penitenciária feminina, 1 masculina e 1 CDP; e Serra Azul (a 303 quilômetros da capital, 11.259 habitantes) com 2 penitenciárias e 1 CDP.

A CRO – sediada em Presidente Venceslau (a 610 quilômetros da capital, 37.915 habitantes) – administra 38 unidades, espalhadas por 26 municípios, sendo 27 penitenciárias, apenas 3 CDPs, 3 CPPs, 4 CRs e 1 centro de readaptação penitenciária (CRP)[7]. Apenas 2 municípios abrigam 3 unidades: São José do Rio Preto (a 443 quilômetros da capital, 408.435 habitantes),

---

[6] Quando não designo o sexo da população de uma unidade, deve-se entender que são unidades masculinas.
[7] Em Presidente Bernardes, onde vigora o regime disciplinar diferenciado (RDD).

com 1 CR feminino, 1 CPP e 1 CDP; e Lavínia (a 593 quilômetros da capital, 8.782 habitantes), com 3 penitenciárias.

Tabela 1: Distribuição de unidades prisionais e cidades-sede, segundo a Coordenadoria Administrativa, em setembro de 2016

	Coremetro	CVL	CRC	CRN	CRO
Unidades	28	18	37	41	38
Cidades	9	10	22	23	26
Penitenciárias	8	8	17	23	27
CDPs	17	7	7	7	3
CRs	0	1	10	7	4
CPPs	3	2	3	4	3
CRP	0	0	0	0	1

Fonte dos dados: SAP, 166 unidades prisionais (São Paulo, Portal SAP), disponível em: <http://www.sap.sp.gov.br/>, acesso em: 29 set. 2016. Elaboração minha.

Algumas tendências da espacialização penitenciária se desdobram dessa breve mostra da distribuição das unidades prisionais por coordenadorias, tipos e municípios. No interior mais distante (CRN e CRO), por exemplo, o número de unidades administradas por coordenadoria e a quantidade de cidades em que estão distribuídas são maiores que os das demais regiões do estado. Já na Coremetro, a capital concentra 12 unidades, enquanto no extremo oposto, na CRO, as duas cidades antes citadas com 3 unidades e mais 8 municípios com 2 instituições prisionais cada um[8]. Dois circuitos carcerários são bem demarcados: de um lado, no território metropolitano, um circuito de CDPs; de outro, um circuito interiorizado de penitenciárias (tal conformação já foi identificada e debatida[9]). No centro metropolitano,

---

[8] Tupi Paulista, uma penitenciária masculina e uma feminina; Presidente Prudente, uma penitenciária e uma CR; Presidente Bernardes, uma penitenciária e um CRP; Presidente Venceslau, duas penitenciárias; Mirandópolis, duas penitenciárias; Pacaembu, uma penitenciária e um CPP; Valparaíso, uma penitenciária e um CPP, Riolândia, uma penitenciária e um CDP.

[9] James Humberto Zomighani Jr., *Território ativo e esquizofrênico*, cit.; e idem, *Desigualdades espaciais e prisões na era da globalização neoliberal: fundamentos da insegurança no atual período* (Tese de Doutorado em Geografia, São Paulo, FFLCH-USP, 2013).

não obstante a concentração de CDPs, o parque penitenciário tende a ser mais diversificado que o do interior mais distante. A região metropolitana concentra um número significativo de hospitais penitenciários e de unidades voltadas ao encarceramento feminino, ao tempo em que na CRN e CRO prevalecem as penitenciárias masculinas. Mesmo no interior, há uma afinidade entre as dimensões municipais e a diversidade do parque penitenciário. Os municípios interioranos que abrigam um parque mais diversificado costumam ter maiores dimensões que aqueles que abrigam tão somente penitenciárias. Os já mencionados municípios de Bauru, Araraquara e São José do Rio Preto, importantes polos urbanos regionais, abrigam juntos CRs, CDPs e CPPs; por sua vez, municípios menores como Itirapina (a 214 quilômetros da capital, 15.528 habitantes), Lucélia (a 574 quilômetros da capital, 19.885 habitantes), Junqueirópolis (a 645 quilômetros da capital, 18.726 habitantes) e Pracinha (a 500 quilômetros da capital, 2.863 habitantes) possuem exclusivamente penitenciárias.

População carcerária, unidades e coordenadorias administrativas

O mapa do sistema penitenciário paulista disponibilizado pela SAP em seu site, reproduzido acima, funciona como um portal interativo. Ao passar o mouse pelas unidades discriminadas no quadro do canto inferior esquerdo, sua localização é exibida no gráfico. Clicando em qualquer unidade, uma caixa de diálogo se abre no canto inferior direito, disponibilizando uma série de informações: endereço, telefones e e-mail de contato, área construída, data de inauguração, regime de funcionamento, capacidade e população (da unidade e seus anexos) numa determinada data. Os dados referentes à capacidade e à população por unidade são atualizados regularmente. Como a SAP não disponibiliza essas informações de modo agregado, cabe ao pesquisador copiar pacientemente a informação de cada uma das 165 unidades para produzir suas próprias tabelas.

Elaborei as tabelas que seguem a partir dos dados atualizados em 1º de setembro de 2016. O objetivo dessa exposição é oferecer um retrato instantâneo do arranjo da população carcerária pelas unidades e coordenadorias administrativas. Embora fosse desejável um estudo mais detalhado da inconstância de vagas[10] e da população, durante um considerável intervalo

---

[10] A capacidade de cada unidade também varia com o tempo, conforme reformas e adaptações vão sendo feitas. Em 2014, celas de inclusão, enfermaria e castigo

de tempo, parece-me que esse esboço já é suficiente para sugerir as linhas gerais que organizam o destino final dos presidiários no território do estado.

Os hospitais penitenciários de Franco da Rocha e de Taubaté, geridos pela Coordenadoria de Saúde (CS), foram desconsiderados para a análise por abrigarem reclusos em cumprimento de medida de segurança (MS)[11]. Na apresentação, optei por preservar o isolamento de dados entre unidades e anexos, como forma de pôr em evidência a localização e o peso destes ante o conjunto do sistema.

Em 1º de setembro de 2016, um total de 227.753 presos estavam distribuídos pelas 165 unidades (com seus anexos) então existentes. Num primeiro momento, apreciarei os dados de cada coordenadoria administrativa, da região metropolitana ao interior mais distante; em seguida, farei breves considerações gerais sobre o sistema penitenciário paulista a partir de alguns dados agregados.

Tabela 2 - Unidades, capacidade e população na Coremetro em 1º de setembro de 2016

28 unidades prisionais na Coremetro	Capacidade	Cap. anexo	População	Pop. anexo
8 penitenciárias				
• Franco da Rocha - Penit. I "Mário Moura Albuquerque" + APP	914	108	1.921	332
• Franco da Rocha - Penit. II "Nilton Silva"	921		1.994	
• Franco da Rocha - Penit. III	1.018		1.708	
• Guarulhos - Penit. I "José Parada Neto" + ARSA	838	254	2.128	685
• Guarulhos - Penit. II "Desembargador Adriano Marrey"	1.268		2.190	
• São Paulo - Penit. Feminina da Capital	604		592	
• São Paulo - Penit. "ASP Joaquim Fonseca Lopes" de Parelheiros	938		1.508	
• São Paulo - Penit. Feminina de Santana	2.696		2.049	
Total penitenciárias	9.197	362	14.090	1.017

(continua)

---

passaram a ser contabilizadas nos cálculos de capacidade, conforme João Alberto Pedrini, "Gestão Alckmin conta até enfermaria e infla vagas em presídios", *Folha de São Paulo*, Cotidiano, 4 abr. 2014, disponível em <http://www1.folha.uol.com.br/cotidiano/2014/04/1435620-gestao-alckmin-conta-ate-enfermaria-e-infla-vagas-em-presidios.shtml>, acesso em 21 nov. 2014.

[11] Em 1º de setembro de 2016, eram 946 reclusos (homens e mulheres) cumprindo medida de segurança para 1.048 vagas nos três manicômios judiciários, conforme SAP, *166 unidades prisionais*, cit.

(continuação)

28 unidades prisionais na Coremetro	Capacidade	Cap. anexo	População	Pop. anexo
17 centros de detenção provisória				
• Diadema - CDP	613		1.620	
• Franco da Rocha - CDP Feminino	1.008		1.456	
• Guarulhos - CDP I "ASP Giovani Martins Rodrigues"	844		2.464	
• Guarulhos - CDP II	841		2.407	
• Itapecerica da Serra - CDP "ASP Nilton Celestino" + APP	845	6	2.386	6
• Mauá - CDP	624		1.565	
• Osasco - CDP I "Ederson Vieira de Jesus"	833		977	
• Osasco - CDP II "ASP Vanda Rita Brito do Rego"	833		975	
• Santo André - CDP	534		1.641	
• São Bernardo do Campo - CDP "Dr. Calixto Antonio"	844		2.037	
• São Paulo - CDP I "ASP Vicente Luzan da Silva" de Pinheiros	521		1.412	
• São Paulo - CDP II "ASP Willians Nogueira Benjamin" de Pinheiros	517		1.527	
• São Paulo - CDP III de Pinheiros	572		1.577	
• São Paulo - CDP IV de Pinheiros	566		555	
• São Paulo - CDP - Vila Independência	828		2.477	
• São Paulo - CDP I - Chácara Belém + APP	853	110	2.424	300
• São Paulo - CDP II - Chácara Belém "ASP Paulo Gilberto de Araújo" + APP	844	110	2.414	293
Total CDPs	**12.520**	**226**	**29.914**	**599**
3 centros de progressão penitenciária				
• Franco da Rocha - CPP	1.738		3.230	
• São Paulo - CPP Feminino "Dra. Marina Marigo Cardoso de Oliveira" do Butantã	1.028		1.103	
• São Paulo - CPP Feminino de São Miguel Paulista	152		141	
Total CPPs	**2.918**		**4.474**	
Total Coremetro	**24.635**	**588**	**48.478**	**1.616**

Fonte dos dados: SAP, 166 unidades prisionais, cit. Elaboração minha.

Sob a gestão da Coremetro, está a maior unidade do sistema penitenciário paulista, a antiga Penitenciária do Estado, atual Penitenciária Feminina de Santana (PFS) – com 2.696 vagas –, que, juntamente com a Penitenciária Feminina da Capital (PFC), o CDP feminino de Franco da Rocha e os CPPs femininos de São Miguel e do Butantã, faz da região metropolitana o principal território de encarceramento de mulheres do estado. A capacidade das poucas penitenciárias masculinas tende a ser maior que a dos numerosos CDPs. No que se refere à população, a zona metropolitana apresenta a segunda unidade mais populosa do estado: o CPP de Franco da Rocha, com 3.230 presos. Apresenta também as 11 unidades mais superlotadas – todas são CDPs: Santo André, Vila Independência, Pinheiros 2, Guarulhos 1, Guarulhos 2, Chácara Belém 1, Chácara Belém 2, Itapecerica da Serra, Pinheiros 3, Pinheiros 1 e Diadema, em ordem decrescente de superlotação.

Tabela 3 - Unidades, capacidade e população na CVL em 1º de setembro de 2016

18 unidades prisionais na CVL	Capacidade	Cap. anexo	Cap. anexo 2	População	Pop. anexo	Pop. anexo 2
8 penitenciárias							
• Potim - Penit. I	844			1.645		
• Potim - Penit. II + APP	844	204		1.751	243	
• São Vicente - Penit. I "Dr. Geraldo de Andrade Vieira" + ADP + APP	345	582	204	501	771	252
• São Vicente - Penit. II + APP	862	204		862	246	
• Tremembé - Penit. Feminina I "Santa Maria Eufrásia Pelletier" + APP	227	78		204	47	
• Tremembé - Penit. Feminina II + APP	796	112		924	138	
• Tremembé - Penit. I "Dr. Tarcizo Leonce Pinheiro Cintra" + APP	1.258	204		1.722	257	
• Tremembé - Penit. II "Dr. José Augusto César Salgado" + APP	408	200		303	144	
Total penitenciárias	**5.584**	**1.788**		**7.912**	**2.098**	
7 centros de detenção provisória							
• Caraguatatuba - CDP	847			1.518		
• Mogi das Cruzes - CDP	844			2.075		
• Praia Grande - CDP	564			1.186		
• São José dos Campos - CDP	525			1.104		
• São Vicente - CDP "Luis Cesar Lacerda"	842			2.200		
• Suzano - CDP	844			1.948		
• Taubaté - CDP "Dr. Félix Nobre de Campos"	844			1.825		
Total CDPs	**5.310**			**11.856**		
2 centros de progressão penitenciária							
• Mongaguá - CPP "Dr. Rubens Aleixo Sendin"	1.640			2.070		

(continua)

(continuação)

18 unidades prisionais na CVL	Capacidade	Cap. anexo	Cap. anexo 2	População	Pop. anexo	Pop. anexo 2
• Tremembé - CPP "Dr. Edgard Magalhães Noronha"	2.672			3.410		
Total CPPs	4.312			5.480		
1 centro de ressocialização							
• São José dos Campos - CR Feminino + Arsa	108	75		99	59	
Total CRs	108	75		99	59	
Total CVL	15.314	1.863		25.347	2.157	

Fonte dos dados: SAP, 166 unidades prisionais, cit. Elaboração minha.

As maiores unidades sob gestão da CVL são os CPPs de Mongaguá e de Tremembé, com 1.640 e 2.672 vagas, respectivamente. O CPP de Tremembé é ainda a unidade mais populosa do estado, com 3.410 presos. A menor penitenciária do sistema estadual também está em Tremembé: a P1 feminina, com 227 vagas[12]. O CDP de São Vicente é a unidade mais superlotada fora da região metropolitana. O anexo de detenção provisória (ADP) da P1 de São Vicente é maior e mais populoso que a própria unidade. Em toda a coordenadoria, embora existam 8 penitenciárias para 7 CDPs, o número de presos nos CDPs é quase 50% maior que o número de presos em penitenciárias. O CR feminino de São José dos Campos opera abaixo de sua capacidade.

Tabela 4 - Unidades, capacidade e população na CRC em 1º de setembro de 2016

37 unidades prisionais na CRC	Capacidade	Cap. anexo	Cap. anexo 2	População	Pop. anexo	Pop. anexo 2
17 penitenciárias							
• Campinas - Penit. Feminina	556			705		
• Capela do Alto - Penit.	847			1.887		
• Casa Branca - Penit. "Joaquim de Sylos Cintra"	926			1.464		
• Guareí - Penit. I "Nelson Vieira"	844			1.730		
• Guareí - Penit. II	844			2.040		
• Hortolândia - Penit. II "Odete Leite de Campos Critter"	855			1.472		
• Hortolândia - Penit. III	700			1.429		
• Iperó - Penit. "Odon Ramos Maranhão" + APP + ADP	1.286	221	344	2.170	308	57

(continua)

---

[12] Quando há mais de uma penitenciária na cidade, é de uso corrente entre presos, familiares e funcionários a referência a cada uma delas como P1, P2, P3.

(continuação)

37 unidades prisionais na CRC	Capacidade	Cap. anexo	Cap. anexo 2	População	Pop. anexo	Pop. anexo 2
• Itapetininga - Penit. I "Jairo de Almeida Bueno" + APP	839	204		1.842	207	
• Itapetininga - Penit. II + APP	834	204		1.736	249	
• Itirapina - Penit. I "Dr. Antônio de Queiróz Filho" + Arsa	316	222		685	232	
• Itirapina - Penit. II "João Batista de Arruda Sampaio" + APP	1.280	108		1.642	227	
• Mairinque - Penit.	847			1.075		
• Mogi Guaçu - Penit. Feminina + APP	741	108		1.048	115	
• Piracicaba - Penit.	847			460		
• Sorocaba - Penit. I "Dr. Danilo Pinheiro" + Arsa	281	291		662	409	
• Sorocaba - Penit. II "Dr. Antônio de Souza Neto" + Arsa	757	178		1.947	312	
Total penitenciárias	**13.600**	**1.880**		**23.994**	**2.116**	
7 centros de detenção provisória							
• Americana - CDP	640			1.371		
• Campinas - CDP	822			1.992		
• Capela do Alto - CDP	847			1.709		
• Hortolândia - CDP	844			2.032		
• Jundiaí - CDP	847			1.855		
• Piracicaba - CDP "Nelson Furlan" + APP	514	60		1.234	57	
• Sorocaba - CDP	662			1.642		
Total CDPs	**5.176**	**60**		**11.835**	**57**	
3 centros de progressão penitenciária							
• Campinas - CPP "Prof. Ataliba Nogueira"	1.446			2.087		
• Hortolândia - CPP (Penit. I)	1.036			1.272		
• Porto Feliz - CPP	1.080			1.670		
Total CPPs	**3.562**			**5.029**		
10 centros de ressocialização							
• Atibaia - CR	204			195		
• Bragança Paulista - CR + Arsa	210	40		176	93	
• Itapetininga - CR Feminino	214			197		
• Limeira - CR + Arsa	144	70		144	67	
• Mococa - CR	214			192		
• Mogi Mirim - CR "Prefeito João Missaglia" + Arsa		214			207	
• Piracicaba - CR Feminino "Carlos Sidnes de Souza Cantarelli"	129			111		
• Rio Claro - CR Feminino + Arsa	80	40		71	50	
• Rio Claro - CR "Dr Luis Gonzaga da Arruda Campos" + Arsa	146	70		150	81	

(continua)

(continuação)

37 unidades prisionais na CRC	Capacidade	Cap. anexo	Cap. anexo 2	População	Pop. anexo	Pop. anexo 2
• Sumaré - CR + Arsa		223			223	
Total CRs	1.341	657		1.236	721	
Total CRC	23.679	2.597		42.094	2.894	

Fonte dos dados: SAP, 166 unidades prisionais, cit. Elaboração minha.

Das unidades geridas pela CRC, as três maiores são o CPP de Campinas, a penitenciária de Iperó e a P2 de Itirapina, com 1.446, 1.286 e 1.280 vagas cada uma. A P1 de Sorocaba e a P1 de Itirapina apresentam dimensões reduzidas, com 281 e 316 vagas, respectivamente. A penitenciária de Iperó é também a unidade mais populosa da região, com 2.170 presidiários. Essa unidade ainda dispõe de alas para regime semiaberto e para presos provisórios. O ADP de Iperó é o único espaço, em todo o estado, destinado à detenção provisória que funciona abaixo da capacidade. As unidades mais superlotadas da região são os CDPs de Sorocaba, com 1.642 presos para 662 vagas, e Campinas, com 1.992 presos para 822 vagas. Na data da coleta dos dados, os CRs de Mogi Mirim e de Sumaré só informavam a capacidade e a população de seus anexos. Não obstante, é possível afirmar que os vários CRs da região funcionam abaixo ou muito próximos da capacidade. Os 10 CRs (e seus anexos) existentes dispõem juntos de 1.998 vagas e abrigam 1.957 detentos. Na CRC, mais do que em qualquer outra coordenadoria, a superlotação se apresenta como uma realidade seletiva.

Tabela 5 - Unidades, capacidade e população na CRN em 1º de setembro de 2016

41 unidades prisionais na CRN	Capacidade	Cap. anexo	População	Pop. anexo
23 penitenciárias				
• Álvaro de Carvalho - Penit. "Valentim Alves da Silva" + APP	873	204	1.816	188
• Araraquara - Penit. "Dr. Sebastião Martins Silveira" + ADP	1.061	496	1.373	685
• Avanhandava - Penit.	844		1.349	
• Avaré - Penit. I "Dr. Paulo Luciano de Campos"	882		565	
• Avaré - Penit. II "Nelson Marcondes do Amaral"	918		1.107	
• Balbinos - Penit. I "Rodrigo dos Santos Freitas"	844		1.831	
• Balbinos - Penit. II "Gilmar Monteiro de Souza"	844		1.727	
• Bernardino de Campos - Penit.	847		1.518	
• Cerqueira César - Penit.	847		1.692	

(continua)

142 • Fluxos em cadeia

(continuação)

41 unidades prisionais na CRN	Capacidade	Cap. anexo	População	Pop. anexo
• Getulina - Penit. "Osiris Souza e Silva"	857		1.947	
• Iaras - Penit. "Orlando Brando Filinto" + APP	1.269	342	2.167	528
• Itaí - Penit. "Cabo PM Marcelo Pires da Silva" + APP	1.294	324	906	296
• Marília - Penit. + ARSA	577	570	790	594
• Pirajuí - Penit. I "Dr. Walter Faria Pereira de Queiróz"	550		1.341	
• Pirajuí - Penit. II "Dr. Luiz Gonzaga Vieira"	1.310		1.779	
• Pirajuí - Penit. Feminina "Sandra Aparecida Lario Vianna" + APP	718	108	1.256	114
• Reginópolis - Penit. I "Tenente PM José Alfredo Cintra Borin"	844		734	
• Reginópolis - Penit. II "Sgto. PM Antonio Luiz de Souza"	844		902	
• Ribeirão Preto - Penit. + APP	865	108	1.864	177
• Ribeirão Preto - Penit. Feminina + APP	303	102	381	104
• Serra Azul - Penit.I	853		1.858	
• Serra Azul - Penit. II	856		1.645	
• Taquarituba - Penit.	847		1.527	
Total penitenciárias	19.947	2.254	32.075	2.686
7 centros de detenção provisória				
• Bauru - CDP	844		1.536	
• Cerqueira César - CDP	847		1.376	
• Franca - CDP	847		1.320	
• Pontal - CDP	847		965	
• Ribeirão Preto - CDP	586		956	
• Serra Azul - CDP	856		912	
• Taiúva - CDP	847		1.179	
Total CDPs	5.674		8.244	
4 centros de progressão penitenciária				
• Bauru - CPP I "Dr. Alberto Brocchieri"	1.710		2.422	
• Bauru - CPP II "Dr. Eduardo de Oliveira Vianna"	1.706		2.334	
• Bauru - CPP III "Professor Noé Azevedo"	1.124		1.384	
• Jardinópolis - CPP	1.080		1.777	
Total CPPs	5.620		7.917	
7 centros de ressocialização				
• Araraquara - CR + Arsa	146	70	119	92
• Araraquara - CR Feminino + Arsa	64	32	58	28
• Avaré - CR "Dr. Mauro de Macedo" + Arsa	179	35	168	52
• Jaú - CR "Dr. João Eduardo Franco Perlati" + Arsa	179	35	155	64
• Lins - CR "Dr. Manoel Carlos Muniz" + Arsa	179	35	143	56
• Marília - CR	214		225	

(continua)

(continuação)

41 unidades prisionais na CRN	Capacidade	Cap. anexo	População	Pop. anexo
• Ourinhos - CR + Arsa	83	40	73	50
Total CRs	1.044	247	941	342
Total CRN	32.285	2.501	49.177	3.028

Fonte dos dados: SAP, 166 unidades prisionais, cit. Elaboração minha.

As maiores e mais populosas unidades administradas pela CRN são os CPPs 1 e 2 de Bauru, com 1.710 e 1.706 vagas cada uma, para uma população de 2.442 e 2.332 presos, respectivamente. A maior penitenciária da região é a P2 de Pirajuí, com 1.310 vagas; a mais populosa é a penitenciária de Iaras, com 2.167 detentos. Como na CRC, os CRs da CRN são diminutos e tendem a funcionar abaixo da capacidade. Levando em consideração os anexos, nos 7 CRs da região, existem 1.291 vagas para 1.283 pessoas presas. As unidades mais superlotadas são a P1 de Pirajuí, com 1.341 presidiários para 550 vagas, e a penitenciária de Getulina, com 1.947 presos para 857 vagas. Em linhas gerais, as casas penais da CRN estão mais superlotadas do que seus CDPs, ao contrário do que se verifica nas coordenadorias anteriormente apresentadas – o que reforça o entendimento do interior mais distante como lugar privilegiado do cumprimento de pena. Além dos CRs, outras três unidades abrigam uma população menor que a capacidade: a P1 de Avaré, a P1 de Reginópolis e a penitenciária de Itaí. A unidade de Itaí é reconhecida por ser o destino preferencial dos presos estrangeiros. A P1 de Avaré é uma unidade voltada a indivíduos considerados perigosos, que exigiriam um tratamento diferenciado; sua especificidade no interior do sistema será discutida mais adiante. Sobre a P1 de Reginópolis, não disponho de mais informações.

Tabela 6 - Unidades, capacidade e população na CRO em 1º de setembro de 2016

38 unidades prisionais na CRO	Capacidade	Cap. anexo	População	Pop. anexo
27 penitenciárias					
• Andradina - Penit.	829		1.872	
• Assis - Penit. + ADP	829	288	1.172	498
• Dracena - Penit. "ASP Adriano Aparecido de Pieri"	844		1.054	
• Flórida Paulista - Penit.	844		1.870	
• Florínea - Penit.	847		190	

(continua)

144 • Fluxos em cadeia

(continuação)

38 unidades prisionais na CRO	Capacidade	Cap. anexo	População	Pop. anexo
• Irapuru - Penit.	844		1.888	
• Junqueirópolis - Penit.	873		1.885	
• Lavínia - Penit. I "Vereador Frederico Geometti"	844		1.614	
• Lavínia - Penit. II "Luis Aparecido Fernandes"	844		1.947	
• Lavínia - Penit. III "ASP Paulo Guimarães"	844		1.861	
• Lucélia - Penit. + APP	1.440	110	1.560	140
• Marabá Paulista - Penit. "João Augustinho Panucci"	844		1.598	
• Martinópolis - Penit. I "Tacyan Menezes de Lucena"	872		1.960	
• Mirandópolis - Penit. I "Nestor Canoa" + Arsa	1.244	516	2.164	565
• Mirandópolis - Penit. II "ASP Lindolfo Terçariol Filho"	1.247		2.116	
• Osvaldo Cruz - Penit.	844		1.492	
• Pacaembu - Penit. "Ozias Lúcio dos Santos"	873		1.821	
• Paraguaçu Paulista - Penit.	844		1.584	
• Pracinha - Penit.	844		1.811	
• Presidente Bernardes - Penit. "Silvio Yoshihiko Hinohara" + APP	1.247	204	1.298	186
• Presidente Prudente - Penit. "Wellington Rodrigo Segura" + Arsa	696	247	1.334	359
• Presidente Venceslau - Penit. I "Zwinglio Ferreira"	781		669	
• Presidente Venceslau - Penit. II "Maurício Henrique Guimarães Pereira"	1.280		814	
• Riolândia - Penit. "João Batista de Santana"	865		1.362	
• Tupi Paulista - Penit.	844		1.728	
• Tupi Paulista - Penit. Feminina + APP	708	72	1.151	112
• Valparaíso - Penit.	873		1.819	
Total penitenciárias	**24.788**	**1.437**	**41.634**	**1.860**
3 centros de detenção provisória				
• Caiuá - CDP "Tácio Aparecido Santana"	844		1.273	
• Riolândia - CDP	847		1.203	
• São José do Rio Preto - CDP	844		1.310	
Total CDPs	**2.535**		**3.786**	
3 centros de progressão penitenciária				
• Pacaembu - CPP	686		1.412	
• São José do Rio Preto - CPP "Dr. Javert de Andrade"	1.079		1.888	
• Valparaíso - CPP	691		1.401	
Total CPPs	**2.456**		**4.701**	
4 centros de ressocialização				
• Araçatuba - CR + Arsa	142	72	139	86
• Birigui - CR + Arsa	142	72	149	89

(continua)

(continuação)

38 unidades prisionais na CRO	Capacidade	Cap. anexo	População	Pop. anexo
• Presidente Prudente - CR + Arsa	142	72	143	65
• São José do Rio Preto - CR Feminino + Arsa	142	54	139	78
Total CRs	568	270	570	318
1 unidade de regime disciplinar diferenciado				
• Presidente Bernardes - Centro de Readaptação Penitenciária "Dr. José Ismael Pedrosa"	160		93	
Total CRO	30.507	1.707	50.784	2.178

Fonte dos dados: SAP, 166 unidades prisionais, cit. Elaboração minha.

Sob a gestão da CRO, as maiores unidades são a penitenciária de Lucélia, com 1.440 vagas; a P2 de Presidente Venceslau, com 1.280; a penitenciária de Presidente Bernardes, com 1.247; e as duas penitenciárias de Mirandópolis – a P2, com 1.247, e a P1, com 1.244 vagas. Com exceção do CPP de São José do Rio Preto, todas as demais unidades da região têm menos de 900 vagas. As unidades mais populosas são também as duas de Mirandópolis: a P1 abriga 2.164 presos, e a P2, 2.116. As unidades mais superlotadas são a P2 de Lavínia, com 1.947 presos para 844 vagas, e a penitenciária de Andradina, com 1.872 presos para 829 vagas. Os CRs, mais uma vez, funcionam ou muito próximos ou abaixo da capacidade. Em Presidente Bernardes, fica ainda o Centro de Readaptação Penitenciária (CRP), unidade de segurança máxima onde vigora o RDD, com 160 vagas para apenas 93 pessoas presas – 79 homens e 14 mulheres. Essa utilização moderada da "principal arma" do governo estadual contra o "crime organizado" será, adiante, objeto de discussão mais detida. As duas unidades de Presidente Venceslau também apresentam lotação aquém de sua capacidade, por motivos análogos aos da P1 de Avaré, os quais serão discutidos conjuntamente. O número reduzido de presos na penitenciária de Florínea se explica pelo fato de ela só ter sido inaugurada em fevereiro de 2016. De todo modo, na CRO, o número de presos alocados em penitenciárias é superior ao de qualquer outra coordenadoria do estado.

A apreciação de alguns dados agregados permite visualizar os traços gerais do modo de alocação dos detentos nas unidades do sistema penitenciário paulista, bem como a desigual distribuição das condições de encarceramento entre diversos tipos de unidades e segundo os diferentes territórios.

Tabela 7 - Distribuição absoluta e percentual de capacidade e população, por tipo de unidade, segundo a Coordenadoria Administrativa, em 1º de setembro de 2016

	CRO	CRN	CRC	CVL	Coremetro	Total
Cap. penit.	24.788	19.947	13.600	5.584	9.197	73.116
% Cap. penit.	33,9%	27,28%	18,6%	7,64%	12,58%	100%
Pop. penit.	41.634	32.075	23.994	7.912	14.090	119.705
% Pop. penit.	34,78%	26,8%	20,04%	6,61%	11,77%	100%
Cap. CDP	2.535	5.674	5.176	5.310	12.520	31.215
% Cap. CDP	8,12%	18,18%	16,58%	17,01%	40,11%	100%
Pop. CDP	3.786	8.244	11.835	11.856	29.914	65.635
% Pop. CDP	5,77%	12,56%	18,03%	18,06%	45,58%	100%
Cap. CPP	2.456	5.620	3.562	4.312	2.918	18.868
% Cap. CPP	13,02%	29,79%	18,88%	22,85%	15,47%	100%
Pop. CPP	4.701	7.917	5.029	5.480	4.474	27.601
% Pop. CPP	17,03%	28,68%	18,22%	19,85%	16,21%	100%
Cap. CR	568	1.044	1.341	108	0	3.061
% Cap. CR	18,56%	34,11%	43,81%	3,53%	0%	100%
Pop. CR	570	941	1.236	99	0	2.846
% Pop. CR	20,03%	33,06%	43,43%	3,48%	0%	100%
Cap. anexos	1.707	2.501	2.597	1.863	588	9.256
% Cap. anexos	18,44%	27,02%	28,06%	20,13%	6,35%	100%
Pop. anexos	2.178	3.028	2.894	2.157	1.616	11.873
% Pop. anexos	18,34%	25,50%	24,37%	18,17%	13,61%	100%
Cap. CRP	160	0	0	0	0	160
% Cap. CRP	100%	0%	0%	0%	0%	100%
Pop. CRP	93	0	0	0	0	93
% Pop. CRP	100%	0%	0%	0%	0%	100%
Cap. total	32.214	34.786	26.276	17.177	25.223	135.676
% Cap. total	23,74%	25,64%	19,37%	12,66%	18,59%	100%
Pop. total	52.962	52.205	44.988	27.504	50.094	227.753
% Pop. total	23,25%	22,92%	19,75%	12,08%	21,99%	100%

Fonte dos dados: SAP, 166 unidades prisionais, cit. Elaboração minha.

No que se refere às penitenciárias, a CRO concentra 33,9% das vagas e 34,78% dos presos de todo o estado; a CRN, por sua vez, tem a segunda maior concentração, com 27,28% das vagas e 26,8% dos presos. Portanto, 61,18% da capacidade e 61,58% dos presos nas penitenciárias paulistas estão alocados no interior mais distante, entre a CRO e a CRN. Não obstante, essas coordenadorias se diferenciam significativamente quanto à concentração de

As disposições no espaço • 147

vagas e à população em CDPs: a CRO dispõe de apenas 8,12% das vagas e 5,77% dos presos em sua categoria, enquanto a CRN dispõe de 18,18% das vagas e 12,56% dos presos em CDPs. A CRN é a segunda coordenadoria que mais concentra vagas em CDPs e apenas a quarta em população nesse tipo de unidade.

Os CDPs e os CRs são os tipos de unidade mais territorialmente concentrados de todo o sistema estadual. Enquanto a Coremetro acumula 40,11% das vagas e 45,58% dos presos em CDPs, a CRC retém 43,81% da capacidade e 43,43% da população dos CRs. No entanto, uma enorme discrepância de escala separa essas duas realidades: considerando-se todo o território paulista, são 31.215 vagas e 65.635 presos em CDPs, ao passo que apenas 3.061 vagas e 2.846 presos em CRs. Os CPPs, por sua vez, são o tipo de unidade que apresenta as mais equilibradas distribuições: a concentração de vagas varia de 13,02% na CRO a 29,79% na CRN; e a de população varia de 16,21% na Coremetro a 28,68% na CRN. Desfaz-se a aparência de equilíbrio, todavia, quando se consideram os níveis de concentração territorial da população nas penitenciárias e nos CDPs: os presos dos CPPs não são preferencialmente alocados nas áreas onde cumpriram suas penas nem onde foram recrutados pelo sistema. A distribuição territorial de anexos de regime semiaberto (Arsas e APPs) é insuficiente para alterar esse quadro.

As linhas gerais, bem como a complexidade do fenômeno da interiorização do sistema penitenciário paulista, podem ser mais bem vislumbradas quando se consideram os subtotais de distribuição de capacidade e população por coordenadoria, independentemente dos tipos de unidade. A CRO concentra 23,74% da capacidade e 23,25% dos presos do estado; a CRN dispõe de 25,64% da capacidade e de 22,92% dos presos. Portanto, o que aqui venho designando como interior mais distante – a CRO e a CRN juntas – é responsável por 49,38% da capacidade e por 46,17% dos presos do sistema penitenciário estadual. Contudo, mais do que confirmar estatisticamente esse processo de interiorização, talvez o maior aporte dessas breves apreciações seja iluminar alguns aspectos de sua complexidade. Tal fenômeno não implica uma diminuição na importância dos territórios metropolitanos na estrutura e no funcionamento do sistema prisional paulista: a Coremetro ainda concentra 18,59% da capacidade e 21,99% dos presos do estado, além de dispor da maior unidade penitenciária, da segunda unidade mais populosa e das 11 unidades mais superlotadas de todo o sistema.

Finalizo essas considerações sobre a alocação da população carcerária nas unidades e coordenadorias com algumas notas sobre o ordenamento territorial da superlotação. O problema da superlotação é elemento recorrente nas análises de sistemas penitenciários contemporâneos, ainda que sua espacialização diferencial no território não costume ser objeto de maior escrutínio. Como já apontado anteriormente, a superlotação não é apenas um traço geral do sistema penitenciário paulista, é uma realidade seletiva, de incidência e de intensidade bastante variáveis. Outro cuidado analítico que as apreciações subsequentes expressam é o de não traduzir sumariamente o problema da superlotação nos termos econométricos de um déficit de vagas, mas, sim, de tomá-lo politicamente, como uma expressão dos excessos do encarceramento e do punitivismo contemporâneos. A problematização de um déficit de vagas sub-repticiamente aponta para a necessidade de superá--lo, de construir presídios, de atender a uma demanda. Problematizar os níveis de um excedente populacional carcerário, mesmo que pelos mesmos números, aponta para a necessidade imperiosa de desencarcerar pessoas, de esvaziar e, no limite, desconstruir prisões.

Tabela 8 - Excedente populacional absoluto e percentual, por tipo de unidade, segundo a Coordenadoria Administrativa, em 1º de setembro de 2016

	CRO	CRN	CRC	CVL	Coremetro	Total
Cap. penit.	24.788	19.947	13.600	5.584	9.197	73.116
Pop. penit.	41.634	32.075	23.994	7.912	14.090	119.705
Exc. penit.	16.846	12.128	10.394	2.328	4.893	46.589
% Exc. penit.	67,96%	60,8%	76,43%	41,69%	53,2%	63,72%
Cap. CDP	2.535	5.674	5.176	5.310	12.520	31.215
Pop. CDP	3.786	8.244	11.835	11.856	29.914	65.635
Exc. CDP	1.251	2.570	6.659	6.546	17.394	34.420
% Exc. CDP	49,35%	45,29%	128,65%	123,28%	138,93%	110,27%
Cap. CPP	2.456	5.620	3.562	4.312	2.918	18.868
Pop. CPP	4.701	7.917	5.029	5.480	4.474	27.601
Exc. CPP	2.245	2.297	1.467	1.168	1.556	8.733
% Exc. CPP	91,41%	40,87%	41,18%	27,09%	53,32%	46,28%
Cap. CR	568	1.044	1.341	108	0	3.061
Pop. CR	570	941	1.236	99	0	2.846
Exc. CR	2	-103	-105	-9	0	-215
% Exc. CR	0,35%	-9,87%	-7,83%	-8,33%	0%	-7,02%
Cap. anexos	1.707	2.501	2.597	1.863	588	9.256

(continua)

(continuação)

	CRO	CRN	CRC	CVL	Coremetro	Total
Pop. anexos	2.178	3.028	2.894	2.157	1.616	11.873
Exc. anexos	471	527	297	294	1.028	2.617
% Exc. anexos	27,59%	21,07%	11,44%	15,78%	174,83%	28,27%
Cap. CRP	160	0	0	0	0	160
Pop. CRP	93	0	0	0	0	93
Exc. CRP	-67	0	0	0	0	-67
% Exc. CRP	-41,88%	0%	0%	0%	0%	-41,88%
Cap. total	32.214	34.786	26.276	17.177	25.223	135.676
Pop. total	52.962	52.205	44.988	27.504	50.094	227.753
Exc. total	20.748	17.419	18.712	10.327	24.871	92.077
% Exc. total	64,41%	50,07%	71,21%	60,12%	98,6%	67,87%

Fonte dos dados: SAP, 166 unidades prisionais, cit. Elaboração minha.

Nas penitenciárias paulistas, o mais grave quadro de superlotação se verifica na CRC, cuja população é 76,43% maior que a capacidade. Seguem-na, em ordem decrescente, a CRO, a CRN, a Coremetro e a CVL. Para além da CRC, a CRO é a única coordenadoria administrativa que apresenta um índice de excedente populacional acima da média do estado, que é de 63,72%.

O mais grave quadro de superlotação de todo o sistema se dá nos CDPs da Coremetro, cuja população encarcerada supera em 138,93% a capacidade. A CRC e a CVL também alocam, em seus CDPs, uma população mais que 100% maior que a capacidade. Nos CPPs, o quadro mais grave está na CRO, onde se verifica um número de presos 91,41% maior que o de vagas.

Como já apontado, os CRs se destacam do restante do sistema porque neles a superlotação não é regra – o que corrobora o entendimento de que são os espaços "menos piores" de aprisionamento do estado. Na CRO, o número de presos é apenas 0,35% maior que o de vagas; na CRN, na CRC e na CVL, o número de vagas é maior que o de presos. Em termos gerais, 7,02% das vagas em CRs não estavam preenchidas em 1º de setembro de 2016. A subutilização do CRP de Presidente Bernardes também já foi destacada, restando destacar que 41,88% de suas vagas se encontravam ociosas naquela data. Ao contrário do que ocorre nos CRs, a subutilização de tão peculiar espaço penitenciário não se desdobra em condições mais amenas no cumprimento da pena, o que se deve ao regime disciplinar rigoroso que vigora nessa unidade.

Considerando-se os percentuais de excedente populacional por coordenadoria, fica claro que os níveis de superlotação nas prisões paulistas se distribuem de modo desigual pelo território. As coordenadorias administrativas que apresentam os mais graves quadros de superlotação são, em ordem decrescente, a Coremetro, a CRC, a CRO, a CVL e a CRN. Em termos gerais, em 1º de setembro de 2016, as prisões do estado de São Paulo abrigavam uma população 67,87% maior do que a capacidade que lhe era formalmente atribuída, não obstante os continuados esforços da SAP em expandir vagas, seja construindo novas unidades, seja intensificando o uso dos mesmos espaços.

Um mapa recente

O particular modo de territorialização do sistema penitenciário estadual tomou forma muito recentemente. Entre 1994 e 2005, dois amplos movimentos conduziram a essa configuração. De um lado, a expansão das vagas no sistema penitenciário, a construção de novas unidades, especialmente no interior do estado. De outro, a transferência para unidades da SAP de presos que estavam sob responsabilidade da Secretaria de Segurança Pública (SSP). Desde a década anterior, havia forte pressão da SSP para que o sistema penitenciário abrigasse os condenados que se encontravam em suas cadeias públicas e em carceragens de delegacias[13]. A criação dos CDPs fez com que a SAP assumisse um maior protagonismo, mesmo na custódia de presos provisórios. Principalmente na região metropolitana de São Paulo, o governo estadual desativou diversas carceragens de delegacias e transferiu seus habitantes para as novas e velhas unidades da administração penitenciária. Em determinados casos, a transferência se deu sem a desativação definitiva da unidade. Na capital, o antigo "Cadeião de Pinheiros" da SSP se transformou nos quatro atuais CDPs, enquanto cadeias públicas do interior, como as de Bragança Paulista e Atibaia, foram convertidas em CRs.

A recente reconfiguração do parque penitenciário metropolitano passa também por desativações e metamorfoses nas próprias unidades da SAP. Em meados dos anos 1990, o histórico presídio da rua do Hipódromo foi desativado[14]. Em 1997, um edifício do manicômio judiciário de Franco da Rocha – construído em 1933 –, depois de um período funcionando como

---

[13] Fernando Salla, "De Montoro a Lembo", cit., p. 77.

[14] Rafael Godoi, "Gerindo o 'convívio' dentro e fora da prisão: a trajetória de vida de um agente penitenciário em tempos de transição", em Robert Cabanes et al. (orgs.), *Saídas de emergência*, cit.

penitenciária, foi convertido em CPP. A casa de detenção do Carandiru foi fechada em 2002. Em 2004, uma unidade penitencial masculina deu lugar ao CDP feminino de Franco da Rocha. Em 2005, a Penitenciária do Estado – inaugurada em 1920 – tornou-se a Penitenciária Feminina de Santana (PFS) e, em 2009, o CDP de Parelheiros foi convertido na única masculina da capital[15]. Esses são apenas alguns exemplos de que pude tomar conhecimento no decorrer da pesquisa. Outros tantos casos certamente ocorreram. Precisar as datas em que as unidades vieram a ser construídas, reformadas, convertidas, reinauguradas ou desativadas implicaria uma pesquisa histórica mais minuciosa. Não obstante, como já indiquei, a SAP disponibiliza em sua página eletrônica as datas de inauguração (ou reinauguração sob o regime atual) daquelas em funcionamento. Tais dados são suficientes para vislumbrar quão recente é o mapa das prisões paulistas que venho tentando analisar, em especial no que se refere à expansão interiorizada do sistema penitenciário.

Das 165 unidades existentes em setembro de 2016, apenas 13 foram inauguradas antes da década de 1980[16], enquanto 9 foram inauguradas somente no ano de 1990[17]. No decorrer da década de 1990, um total de 37 unidades foram implantadas, das quais 28 entre 1998 e 2000. No que

---

[15] A casa de detenção de Parelheiros foi inaugurada em 1988, funcionou como penitenciária entre 1998 e 2000; como unidade de internação de menores, entre 2000 e 2002, quando então se tornou um CDP, conforme O Penitenciarista, "História dos estabelecimentos penais", *O Penitenciarista - Informativo do Museu Penitenciário Paulista*, a. 1, n. 4, 2011, p. 3.

[16] Franco da Rocha – Hospital de Custódia e Tratamento Psiquiátrico "Professor André Teixeira Lima" I (M e F); Taubaté – Hospital de Custódia e Tratamento Psiquiátrico "Dr. Arnaldo Amado Ferreira"; Bauru – CPP III "Prof. Noé Azevedo"; Tremembé – Penit. II "Dr. José Augusto Salgado"; Presidente Venceslau – Penitenciária 1 "Zwinglio Ferreira"; Avaré – Penitenciária 1 "Dr. Paulo Luciano Campos"; São Paulo – Penitenciária Feminina da Capital; Sorocaba – Penitenciária 1 "Dr. Danilo Pinheiro"; Araraquara – Penitenciária "Dr. Sebastião Martins Silveira"; São Vicente – Penitenciária 1 "Dr. Geraldo de Andrade Vieira"; Itirapina – Penitenciária 1 "Dr. Antônio de Queiróz Filho"; Pirajuí – Penitenciária 1 "Dr. Walter Faria Pereira de Queiroz"; e Tremembé – Penitenciária Feminina 1 "Santa Maria Eufrásia Pelletier", conforme SAP, *166 unidades prisionais*, cit.

[17] São Vicente – Penitenciária 2; Hortolândia – CPP; Tremembé – Penitenciária 1 "Tarcizo Leonce Pinheiro Cintra"; São Paulo – CPP Feminino "Dra. Marina Marigo Cardoso de Oliveira"; Presidente Bernardes – Penitenciária "Silvio Yoshihiko Hinohara"; Bauru – CPP 1 "Dr. Eduardo de Oliveira Vianna" e CPP 2 "Dr. Alberto

se refere à localização, 17 dessas novas estavam no interior mais distante e 11 na região metropolitana. Na primeira década do século XXI, o número total de unidades inauguradas saltou para 81. Entre 2001 e 2005, foram 67 inaugurações: o interior mais distante foi contemplado com 41 unidades e a região metropolitana com 15. Entre 2011 e 2016, 18 novas unidades foram inauguradas, 6 delas somente em 2013. Dessas 18, o interior mais distante recebeu 11 e a região metropolitana não recebeu nenhuma[18].

O processo de expansão interiorizada

Antecedentes

A construção de prisões em lugares afastados dos mais importantes centros urbanos não é propriamente uma novidade. No desenvolvimento histórico das instituições punitivas, antigas e modernas, sempre esteve presente uma forte inquietação quanto ao lugar mais apropriado para as práticas da punição[19]. No exílio, no degredo, no banimento e suas variações, desde os tempos coloniais, a imposição da distância já era considerada elemento estratégico da penalidade. Distanciar os criminosos, temporária ou definitivamente, foi desde muito cedo: 1) um modo de reforçar a segurança de sociedades que se consideravam assoladas pelo crescimento da criminalidade; 2) uma maneira de modular a intensidade das penas impostas, combinando o máximo rigor com a benevolência de não matar; e 3) um meio de atender a determinados interesses econômicos e políticos das classes dominantes[20]. Questões análogas se colocam na proliferação e na longevidade das prisões insulares, das quais talvez os exemplos mais

---

Brocchieri"; Guarulhos – Penitenciária 1 "José Parada Neto", Presidente Prudente – Penitenciária "Wellington Rodrigo Segura", idem.

[18] Idem.

[19] Em Michel Foucault, *Vigiar e punir*, cit., é possível perceber que, na passagem do suplício público à punição discreta da prisão, algo dessa inquietação também estava presente.

[20] Roger A. Ekirch, "Bound for America: a Profile of British Convicts Transported to the Colonies, 1718-1775", *The William and Mary Quarterly*, v. 42, n. 2, 1985; e Georg Rusche e Otto Kirchheimer, *Punição e estrutura social*, cit.

notórios sejam Alcatraz, nos Estados Unidos[21], a Ilha do Diabo, na Guiana Francesa[22] e o "arquipélago *gulag*" siberiano[23].

Nas origens históricas das penitenciárias modernas, mesmo nas instituições alocadas em pleno território continental, o distanciamento entre prisão e cidade também era um fator importante. Nos Estados Unidos do século XIX, defensores dos modelos penitenciários de Auburn e da Filadélfia – não obstante suas encarniçadas disputas – concordavam que o lugar mais apropriado para a instalação de uma unidade era o campo, suficientemente distante da cidade e de seus vícios[24]. Na França, a prisão modelar de Fresnes foi construída às vésperas da Exposição Universal de 1900, numa região pantanosa e afastada do centro parisiense, com o objetivo de substituir pequenas cadeias urbanas[25].

Na história das prisões no Brasil, a mesma lógica também operou desde muito cedo. Importantes presídios foram construídos, por exemplo, na ilha de Fernando de Noronha, em Pernambuco[26]; na Ilha Grande, no Rio de

---

[21] Ilha rochosa na baía de São Francisco, utilizada como presídio militar entre 1861 e 1933 e como prisão federal de segurança máxima até 1963, conforme Erwin N. Thompson, *The Rock: a History of Alcatraz Island, 1847-1972* (Denver, Historic Preservation Division, National Park Service, s/d).

[22] A mais conhecida unidade prisional da Colônia Penal da Guiana Francesa, que desde o século XVIII recebeu diversas levas de presos políticos e, entre 1852 e 1953, abrigou prisioneiros comuns, como assinalam Michel Pierre, "Le siècle des bagnes coloniaux (1852-1953)", *Criminocorpus* (Dossier Les Bagnes Coloniaux, 2006), disponível em <http://criminocorpus.revues.org/174>, acesso em 18 nov. 2014; e Louis-José Barbançon, "Chronologie relative à la déportation, transportation et relégation française", *Criminocorpus* (Dossier Les Bagnes Coloniaux, 2006), disponível em <http://criminocorpus.revues.org/142>, acesso em 18 nov. 2014.

[23] Conjunto de unidades prisionais e colônias penais, continentais e insulares (como Solovetskiye e Sakhalinsk), cuja história remonta ao período tsarista, mas que foi amplamente utilizado e expandido pelo regime soviético, conforme Anne Applebaum, *Gulag: uma história dos campos de prisioneiros soviéticos* (São Paulo, Ediouro, 2004); e Alexsandr Solschenizyn, *Archipiélago Gulag: 1918-1956* (Barcelona, Círculo de Lectores, 1974).

[24] David J. Rothman, *The Discovery of Asylum*, cit.

[25] Philippe Combessie, *Prisons des villes et des campagnes*, cit., p. 28.

[26] O Presídio de Fernando de Noronha funcionou, entre 1833 e 1942, como instituição militar e da administração estadual, como aponta Marcos Paulo P. Costa, *O caos ressurgirá da ordem: Fernando de Noronha e a reforma prisional no Império* (Dissertação de Mestrado em História, João Pessoa, CCHLA-UFPB, 2007).

Janeiro[27]; e na Ilha Anchieta, em São Paulo[28]. Algumas das principais unidades penitenciárias do continente foram igualmente alocadas de modo a preservar certa distância entre a unidade e o centro urbano. Na capital paulista, a Casa de Câmara e Cadeia, que desde 1787 funcionava em plena urbe – no antigo largo de São Gonçalo, atual praça Dr. João Mendes –, foi substituída, em 1852, pela Casa de Correção de São Paulo, construída na avenida Tiradentes[29]. Naquela época, a capital não passava do vale do Anhangabaú, de modo que a prisão se localizava fora do perímetro urbano[30]. Após a explosão demográfica que a cidade experimentou na virada do século, quando foram escolher a área para a construção da Penitenciária do Estado, as autoridades locais raciocinaram da mesma forma, optando por um terreno mais afastado, do outro lado do rio Tietê, no Carandiru[31]. Quando inaugurada, em 1920, a Penitenciária do Estado também se encontrava concreta e simbolicamente distante do perímetro urbano. Processo análogo se deu no Rio de Janeiro, com o desenvolvimento, a partir da década de 1940, do complexo prisional de Bangu[32].

A construção de prisões no interior do estado de São Paulo tampouco é novidade. Na década de 1900, diversas cadeias públicas foram construídas em cidades interioranas[33]. Em 1915, foi inaugurado o Instituto Correcional de Taubaté, que atualmente funciona como Casa de Custódia e Tratamento Psiquiátrico[34]. Nos anos 1950, além da casa de detenção no Carandiru,

---

[27] A Colônia Correcional de Dois Rios começou a funcionar em 1894; após contínuas ampliações e transformações, deu lugar à Penitenciária Cândido Mendes, a qual foi desativada em 1994, conforme Myrian S. dos Santos, "Os porões da República: a colônia correcional de Dois Rios entre 1908 e 1930", *Topoi*, v. 7, n. 13, 2006.

[28] A Colônia Correcional da Ilha dos Porcos foi inaugurada em 1907, como assinala Fernando Salla, *As prisões em São Paulo*, cit., p. 176; rebatizada de Instituto Correcional de Ilha Anchieta, deixou de funcionar em 1955, conforme Alessandra Teixeira, *Prisões da exceção*, cit., p. 132.

[29] Fernando Salla, *As prisões em São Paulo*, cit., p. 65.

[30] Sobre o desenvolvimento urbano do município de São Paulo no século XIX, ver Heloísa Barbuy, *A cidade-exposição: comércio e cosmopolitismo em São Paulo, 1860-1914* (São Paulo, EDUSP, 2006).

[31] Fernando Salla, *As prisões em São Paulo*, cit., p. 186.

[32] Antônio Rafael Barbosa, *Prender e dar fuga*, cit., p. 122.

[33] Fernando Salla, *As prisões em São Paulo*, cit., p. 176.

[34] O Penitenciarista, "Hospital de Custódia e Tratamento Psiquiátrico 'Dr. Arnaldo Amado Ferreira'", *O Penitenciarista - Informativo do Museu Penitenciário Paulista*, a. 3, n. 14, 2013, p. 4.

As disposições no espaço • 155

foram inaugurados institutos penais agrícolas em Bauru, Itapetininga e São José do Rio Preto[35], bem como uma das penitenciárias de Tremembé[36]. Em 1961, começou a funcionar a primeira penitenciária do oeste paulista, em Presidente Venceslau. Avaré recebeu sua primeira em 1970. Na segunda metade dos anos 1970, durante a gestão do governador Paulo Egydio Martins e do secretário de Justiça Manoel Pedro Pimentel, mais de quarenta "casas de albergado" – ou "prisões abertas"[37] – foram construídas no interior do estado. Algumas delas, posteriormente, vieram a se tornar penitenciárias de regime fechado, como ocorreu em Itirapina[38].

Esses são apenas alguns dos principais marcos da crescente presença de instituições prisionais no interior do estado de São Paulo. Uma pesquisa histórica mais minuciosa certamente permitiria ampliar a relação de obras e inaugurações no decorrer do tempo. No entanto, completar essa progressão de acontecimentos não seria suficiente para determinar a origem histórica da situação presente. O processo de expansão interiorizada do parque penitenciário não se explica pela linha sucessória de inaugurações de unidades prisionais no interior do estado, nem pela constante "lógica de relegação"[39] que orienta certas práticas punitivas desde o período colonial. Se são importantes para a compreensão do papel que a distância vem desempenhando no desenvolvimento das práticas punitivas, tais antecedentes não determinam nem explicam o mapa recente das prisões paulistas.

A construção de modernas unidades distantes dos vícios da capital, a instalação de "prisões abertas" em pequenas cidades interioranas e a proliferação de penitenciárias pelo interior mais distante (simultaneamente à multiplicação de CDPs no tecido metropolitano) são fenômenos distintos, que se desenvolvem em espaços de experiência heterogêneos, cada qual ligado a um particular horizonte de expectativas[40]. Em Itirapina, por exemplo, há uma enorme discrepância entre os processos de implantação e acolhimento

---

[35] Fernando Salla, "Casa de Detenção de São Paulo - passado e presente", *Revista Brasileira de Ciências Criminais*, v. 32, 2000.

[36] SAP, *166 unidades prisionais*, cit.

[37] Unidades projetadas para o cumprimento de pena em regime aberto; para mais informações, ver Alessandra Teixeira, *Prisões da exceção*, cit.

[38] Giane Silvestre, *Dias de visita*, cit., p. 77.

[39] Philippe Combessie, *Prisons des villes et des campagnes*, cit.

[40] Reinhart Koselleck, *Futuro passado*, cit.

de suas duas penitenciárias[41]. A primeira, de 1978, começou a funcionar sem maiores turbulências; sua localização aspirava a facilitar a reabilitação dos presos via trabalho agrícola e progressiva integração à vida pacata da cidade pequena. O espaço de experiência e o horizonte de expectativas que informavam seu processo de instalação, embora distintos[42], eram mais próximos daqueles que conformaram o funcionamento das primeiras penitenciárias da capital do que dos de sua vizinha, vinte anos depois. Inaugurada em 1998, a P2 de Itirapina foi amplamente contestada por autoridades locais e por cidadãos comuns, temerosos do aumento da criminalidade, das fugas e rebeliões que marcavam o cotidiano prisional dos anos 1990. Sua localização foi pensada em outros termos, como meio não de facilitar a reintegração social do preso, mas de reforçar seu isolamento[43].

A virada dos tempos

O processo de expansão interiorizada do parque penitenciário paulista é um fenômeno particular e recente; remete mais à eclosão de uma crise abrupta que à história contínua de desenvolvimento das instituições prisionais. Distingue-se quantitativamente pela escala da população carcerária concernida e qualitativamente pelo perfil das unidades construídas e pelo modo como o interior é considerado nas estratégias governamentais. Nos anos 1950 ou 1970, o interior, por suas qualidades rurais, pela proximidade da natureza, era visto como o lugar apropriado para a alocação de institutos penais agrícolas ou "prisões abertas", que prometiam preparar os internos para o retorno ao convívio social. O campo figurava em oposição ao urbano; desempenhava o duplo papel terapêutico de privar os condenados dos vícios da cidade grande e de introduzi-los em dinâmicas sociais mais pacatas, conformes à ordem. Entre o fim da década de 1990 e o começo dos anos 2000, proliferaram as unidades de regime fechado no interior,

---

[41] Giane Silvestre, *Dias de visita*, cit.

[42] Uma diferença importante: em Fernando Salla, *As prisões em São Paulo*, cit., p. 199, é demonstrado que antes dos anos 1930 a população carcerária do interior era encaminhada para a Penitenciária do Estado, na capital, a fim de cumprir pena numa instituição adequada; posteriormente, com uma população carcerária em sua maioria urbana superlotando as unidades da capital, começou a emergir a necessidade de encaminhar os presos em fase final de cumprimento de pena para o interior do estado.

[43] Giane Silvestre, *Dias de visita*, cit., p. 87.

em especial as que seguem o modelo arquitetônico de penitenciária compacta. O ambiente rural circundante passou a ser visto como um fator que duplica a segregação das muralhas. O campo deixa de ser qualificado por suas propriedades terapêuticas para ser apreciado em suas potencialidades securitárias; não está em relação de oposição ao urbano, mas de complementaridade. Rural e urbano já não conformam unidades discretas; são paisagens socioespaciais coextensivas[44]. A construção de uma penitenciária na área rural de um pequeno município interiorano, em vez de representar sua extração do ambiente urbano, implica uma conexão desse território com a urbanidade metropolitana.

Essa ampla transformação se relaciona com os processos transnacionais que também promovem o encarceramento em massa e caracterizam a atual governamentalidade neoliberal: o declínio do ideal ressocializador, o populismo penal, as guerras contra o crime e contra as drogas, as políticas de tolerância zero, as demandas por penas exemplares e retributivas, as novas racionalidades criminológicas etc. No plano governamental, dois discursos convergiram na justificação da expansão interiorizada: de um lado, a instalação das prisões anunciava a geração de empregos e de renda no interior; de outro, os presídios afastados prometiam descentralizar a população carcerária, promovendo melhores condições de segurança nas grandes cidades[45]. Ambas as promessas reverberavam em ambientes sociais revirados pelos ajustes neoliberais e pelo crescente medo da violência urbana.

Em São Paulo, no decorrer da década de 1990, a abertura dos mercados, a reestruturação produtiva, o aumento do desemprego, a precarização do trabalho, as privatizações, as terceirizações foram fatores que, se acarretavam efeitos graves na metrópole, faziam-se sentir de modo especialmente

---

[44] Para uma reflexão mais ampla sobre essa transformação, ver Neil Brenner, "Theses on Urbanization", *Public Culture*, v. 25, n. 1, 2013.

[45] Para mais informações sobre as justificativas da interiorização penitenciária em diferentes contextos, ver Calvin Beale, "Prisons, Population, and Jobs in Nonmetro America", *Rural Development Perspectives*, v. 8, n. 3, 1993; Izabel C. Gil, "A descentralização espacial dos presídios no estado de São Paulo e a face perversa do neoliberalismo materializada no oeste paulista", cit.; Ruth W. Gilmore, *Golden Gulag: Prisons, Surplus, Crisis, and Opposition in Globalizing California* (Los Angeles, University of California Press, 2007); Eda Góes e Rosa Lúcia Makino, "As unidades prisionais do oeste paulista", cit.; Ryan S. King, Marc Mauer e Tracy Huling, *Big Prisons, Small Towns: Prison Economics in Rural America* (Washington DC, The Sentencing Project, 2003); Giane Silvestre, *Dias de visita*, cit.

agudo nas áreas economicamente menos dinâmicas do estado[46]. Ao mesmo tempo, os índices de criminalidade cresciam vertiginosamente, em especial na RMSP: o tráfico, o furto, o roubo, o sequestro e, principalmente, os homicídios[47] – não obstante o aumento continuado das taxas de encarceramento. Se esses elementos criavam um ambiente social propício à expansão e à interiorização do sistema penitenciário no estado, dois acontecimentos correlacionados precipitaram o processo: o massacre do Carandiru e a emergência do Primeiro Comando da Capital (PCC).

No ano de 1992, o massacre do Carandiru fez explodir o problema carcerário no centro da arena política e inscreveu na agenda governamental o desafio de desativar a maior unidade prisional do estado – a Casa de Detenção de São Paulo, com capacidade para 3.250 presos, mas que abrigava mais de 6.000[48]. Já em 1993, o governador Antônio Fleury Filho, por meio da Lei 8.524/93, procurava induzir a criação de vagas prisionais num raio de cem quilômetros de distância do centro metropolitano. Em 1996, o governo estadual assumiu publicamente – perante a Comissão Interamericana de Direitos Humanos da Organização dos Estados Americanos (CIDH-OEA) – o compromisso de enfim desativá-la; o governo federal endossou o plano, reafirmando-o em seu Programa Nacional de Direitos Humanos (PNDH)

---

[46] Izabel C. Gil, *Nova Alta Paulista, 1930-2006*, cit.

[47] Sobre o aumento dos homicídios nos anos 1990, ver Rita B. Barata, Manoel Carlos S. de A. Ribeiro e José Cássio de Moraes, "Tendência temporal da mortalidade por homicídios na cidade de São Paulo, Brasil, 1979-1994", *Cadernos de Saúde Pública*, v. 15, n. 4, 1999; Nancy Cardia, Sérgio Adorno e Frederico Z. Poleto, "Homicide Rates and Human Rights Violations in São Paulo, Brazil: 1990 to 2002", *Health and Human Rights*, v. 6, n. 2, 2003; Ricardo Cordeiro e Maria Rita C. Donalísio, "Homicídios masculinos na região metropolitana de São Paulo entre 1979 e 1998: uma abordagem pictórica", *Cadernos de Saúde Pública*, v. 17, n. 3, 2001; Vilma P. Gawryszewski e Maria Helena P. de Mello Jorge, "Mortalidade violenta no município de São Paulo nos últimos 40 anos", *Revista Brasileira de Epidemiologia*, v. 3, n. 1-3, 2000; Renato Sérgio de Lima, *Conflitos sociais e criminalidade urbana: uma análise dos homicídios cometidos no município de São Paulo* (Dissertação de Mestrado em Sociologia, São Paulo, FFLCH-USP, 2000); Maria Fernanda T. Peres et al., "Homicídios, desenvolvimento socioeconômico e violência policial no município de São Paulo", *Revista Panamericana de Salud Publica*, v. 23, n. 4, 2008; e Paulo Sérgio Pinheiro et al. (orgs.), *Continuidade autoritária e construção da democracia* (São Paulo, NEV, Relatório Final, 1999), disponível em <http://www.nevusp.org/downloads/down000.pdf>, acesso em 21 nov. 2014.

[48] Fernando Salla, "De Montoro a Lembo", cit., p. 77.

As disposições no espaço • 159

e providenciando verbas para a construção de 22 novas unidades[49]. Não obstante os vigorosos esforços na criação de vagas, as autoridades adiavam sistematicamente o inescapável desfecho do Carandiru, justificando tal postura em nome do contínuo aumento das taxas de encarceramento e da população carcerária. As novas unidades, planejadas para sanar uma crise, pareciam estar servindo para atenuar outras.

Em 1993, o PCC foi fundado no anexo da Casa de Custódia de Taubaté, proclamando, entre outros objetivos, a intenção de evitar "que ocorra novamente um massacre semelhante ou pior do que o ocorrido na Casa de Detenção"[50]. A facção rapidamente cresceu e se propagou pelas unidades prisionais do estado, multiplicando as ocorrências de rebeliões, fugas e ações de resgate. Esses eventos aumentavam a pressão tanto pela retirada de condenados das instalações da SSP quanto pelo fechamento de portas das mais inabitáveis e desprotegidas carceragens de delegacias, incrustadas no tecido metropolitano. Em 2001, a primeira megarrebelião do PCC – que contou com 29 unidades simultaneamente rebeladas e mais de 28 mil presos envolvidos[51] – foi determinante para a retomada dos planos governamentais de desativação do Carandiru – um dos pontos centrais do episódio – e para a intensificação da expansão prisional interiorizada, nos termos de uma estratégia securitária. Depois desse episódio, na tentativa de isolar as lideranças da facção, diversos presos foram transferidos para unidades de estados vizinhos; foi instaurado o regime disciplinar diferenciado (RDD) em dois dos mais antigos centros do interior paulista – em Presidente Venceslau e Avaré – e, em seguida, foi construído e inaugurado o CRP de Presidente Bernardes. A partir de então, distância, isolamento e segurança foram cada vez mais se tornando indiscerníveis na racionalidade do Estado.

Em dezembro de 2001, quando 7.470 presos viviam na casa de detenção, teve início o processo de sua desocupação, prolongado por quase um ano até a completa desativação em setembro de 2002. Segundo a resposta do Estado brasileiro, encaminhada em 2006 à Comissão Interamericana de Direitos Humanos, a respeito do Caso 11.291 – "111 mortos da Casa de Detenção/Carandiru" –, com o fim de desativar a unidade, foram construídas 11 novas prisões em 9 cidades interioranas, num total de 8.256

---

[49] Ibidem, p. 81.
[50] Fatima Souza, *PCC*, cit., p. 12-3.
[51] Fernando Salla, "As rebeliões nas prisões", cit., p. 276.

vagas. No documento, estão discriminadas as 9 penitenciárias compactas e os 2 CPPs construídos: em 2001, a penitenciária de Dracena e os CPPs de Pacaembu e Valparaíso; em 2002, as penitenciárias de Paraguaçu Paulista, Osvaldo Cruz e Pracinha, a P1 de Lavínia, a P1 e a P2 de Potim, e a P1 e a P2 de Serra Azul[52].

Embora vários dos centros inaugurados entre 1998 e 2000 tenham sido construídos com verbas do governo federal destinadas a promover a desativação do Carandiru, nenhum deles consta na resposta oficial do Estado brasileiro. Em contrapartida, todas as unidades correlatas foram inauguradas depois da primeira megarrebelião do PCC. O conteúdo dessa tardia resposta do Estado brasileiro sobre o massacre do Carandiru indica como os dois principais eventos da história recente do sistema carcerário paulista se conjugam na gênese das diretrizes administrativas (e seus discursos de justificação) que acabaram por promover a expansão interiorizada do parque penitenciário do estado de São Paulo. A inoperabilidade da ignominiosa casa de detenção e das desumanas e vulneráveis carceragens de delegacia servia de pretexto reiterativo para os crescentes investimentos em ampliação de vagas. O poder de ação e a capilaridade do PCC – a ampla articulação com o ambiente externo, bem como entre unidades prisionais – faziam com que as autoridades privilegiassem lugares cada vez mais distantes e isolados para a instalação das novas unidades. O aumento continuado das taxas de encarceramento, da população carcerária e da superlotação das unidades sub-repticiamente conformava o clima de urgência para tais medidas.

Os impactos da expansão penitenciária no interior do Estado

Parâmetros de um debate

Nos Estados Unidos, já há algum tempo, a questão do impacto da expansão penitenciária em áreas rurais mobiliza todo um debate público, bem como

---

[52] Ver CIDH, Comissão Interamericana de Direitos Humanos, "Comissão Permanente do Brasil junto à Organização dos Estados Americanos", *Resposta do Estado brasileiro referente ao Caso 11.291 (111 mortos da Casa de Detenção Carandiru)* (Washington, 2006). Constam ainda, na documentação encaminhada ao CIDH, informações sobre o Parque da Juventude e sobre 59 ações indenizatórias para familiares de vítimas do massacre.

algumas controvérsias entre especialistas[53]. Comumente, a discussão emerge quando alguma autoridade governamental expressa seu intento de instalar uma prisão numa pequena cidade interiorana – território invariavelmente figurado como tranquilo e, ao mesmo tempo, em crise. Os argumentos favoráveis e contrários mobilizados nessas ocasiões, de tão repetitivos, já foram amplamente mapeados[54]. As justificativas mais recorrentes para a construção de uma carcerária num pequeno município rural são estes: 1) a prisão dinamiza a economia local, criando uma demanda estável e significativa de bens e serviços; 2) sua obra e funcionamento geram empregos, fixando residentes de classe média no município e aumentando as bases de recolhimento de impostos; 3) sua instalação acarreta benefícios indiretos para toda a cidade, devido às melhorias que exige nos serviços públicos e na infraestrutura (sistemas de comunicação, transporte, segurança etc.); 4) abre a possibilidade

---

[53] Para uma apreciação dos termos gerais desse debate, da diversidade de abordagens e das principais posições analíticas, ver Brandon K. Applegate e Alicia H. Sitren, "The Jail and the Community: Comparing Jails in Rural and Urban Contexts", *The Prison Journal*, v. 88, n. 2, 2008; Calvin Beale, "Prisons, Population, and Jobs in Nonmetro America", cit.; idem, "Rural Prisons: an Update", *Rural Development Perspectives*, v. 11, n. 2, 1996; Michael A. Burayidi e Mamadou Coulibaly, "Image Busters: How Prison Location Distorts the Profiles of Rural Host Communities and What Can Be Done About It", *Economic Development Quarterly*, v. 23, n. 2, 2009; Johnna Christian, "Riding the Bus: Barriers to Prison Visitation and Family Management Strategies", *Journal of Contemporary Criminal Justice*, v. 21, n. 1, 2005.; Kevin E. Courtright et al., "Prisons and Rural Pennsylvania Communities: Exploring the Health of the Relationship and the Possibility of Improvement", *Prison Journal*, v. 90, n. 1, 2010; Ruth W. Gilmore, *Golden* Gulag, cit.; Amy K. Glasmeier e Tracey Farrigan, "The Economic Impacts of the Prison Development Boom on Persistently Poor Rural Places", *International Regional Science Review*, v. 30, n. 4, 2007; Tracy Huling, "Building a Prison Economy in Rural America", em Marc Mauer e Meda Chesney-Lind (orgs.), *Invisible Punishment: the Collateral Consequences of Mass Imprisonment* (Nova York, New Press, 2002); Ryan S. King, Marc Mauer e Tracy Huling, *Big prisons, Small Towns*, cit.; Randy Martin e David L. Myers, "Community Member Ractions to Prison Siting: Perceptions of Prison Impact on Economic Factors", *Criminal Justice Review*, n. 29, 2004; idem, "Public Response to Prison Siting: Perceptions of Impact on Crime and Safety", *Criminal Justice and Behavior*, v. 32, n. 2, 2005; Lauren L. Martin e Matthew L. Mitchelson, "Geographies of Detention and Imprisonment: Interrogating Spatial Practices of Confinement, Discipline, Law and State Power", *Geography Compass*, v. 3, n. 1, 2009, entre outros.

[54] Por exemplo, em Kevin E. Courtright et al., "Prisons and Rural Pennsylvania Communities", cit.; e Amy K. Glasmeier e Tracey Farrigan, "The economic Impacts of the Prison Development Boom on Persistently Poor Rural Places", cit.

de pleitear novos investimentos públicos junto a outras esferas de governo; e 5) o aumento da população residente no município, pela incorporação dos presos, leva a um aumento dos repasses orçamentários provenientes dessas outras esferas. Por sua vez, as objeções mais recorrentes são estas: 1) a prisão promove o aumento da criminalidade num município tranquilo, seja porque despeja em suas ruas indivíduos perigosos, seja porque atrai familiares e amigos dos presos para a cidade; 2) a iniciativa não gera desenvolvimento econômico local, pois recorre a distantes mercados para seu abastecimento (de bens, de serviços, de mão de obra etc.) e só emprega trabalhadores locais em serviços mais efêmeros e desqualificados; 3) o uso de mão de obra de presos pode ainda reduzir a oferta local de empregos de baixa qualificação, tanto no setor público quanto no privado; 4) o valor da terra e dos imóveis da vizinhança da prisão é depreciado; 5) os presos, seus amigos e familiares alavancam as demandas sociais do município; e 6) a instalação da carcerária aumenta a necessidade de investimentos na infraestrutura municipal, além de elevar significativamente seus custos de manutenção. Em contextos tão distintos dos Estados Unidos, como o da França[55] ou o de São Paulo[56], em linhas gerais, o debate não escapa desses mesmos termos.

Embora a instalação de unidades prisionais em áreas distantes dos maiores centros urbanos não dependa tanto da força dos argumentos quanto de correlações bastante concretas de interesses e poderes para ser efetivada[57], um número considerável de pesquisadores vem se dedicando, há algum tempo, a mensurar os alegados impactos – positivos e negativos – da interiorização penitenciária. Não obstante a diversidade metodológica e de escopo de análise, a maioria dos estudiosos converge no entendimento de que a instalação de unidades prisionais em áreas não metropolitanas tem pouco ou nenhum impacto econômico na região[58]. A controvérsia entre

---

[55] Philippe Combessie, *Prisons des villes et des campagnes*, cit.; e Anne-Marie Marchetti, *La prison dans la Cité*, cit.

[56] Giane Silvestre, *Dias de visita*, cit.; James Humberto Zomighani Jr., "Grito dos lugares: rebeliões nas prisões e resistência à expansão do Estado Penal no território paulista", em Vera Malaguti Batista (org.), *Loïc Wacquant e a questão penal no capitalismo neoliberal* (Rio de Janeiro, Revan, 2012); e idem, *Desigualdades espaciais e prisões na era da globalização neoliberal*, cit.

[57] Ruth W. Gilmore, *Golden Gulag*, cit.

[58] Amy K. Glasmeier e Tracey Farrigan, "The Economic Impacts of the Prison Development Boom on Persistently Poor Rural Places", cit., p. 279.

As disposições no espaço • 163

especialistas acaba se desenvolvendo sobre o caráter – positivo ou negativo – do pouco impacto que possa ser identificado.

O estudo de King, Mauer e Huling sobre a interiorização penitenciária no estado de Nova York é exemplar da linha de argumentação que identifica efeitos econômicos negativos e denuncia a falácia do desenvolvimento prometido em decorrência da construção de unidades prisionais[59]. Entre 1982 e 2000, 38 novas carcerárias foram construídas no interior desse estado, a maioria em municípios rurais. Os autores indagam sobre a efetividade dos impactos econômicos analisando índices de desemprego e renda *per capita*. Não encontram pontos positivos: a evolução desses índices nos municípios que receberam prisões, via de regra, acompanha a média estadual e, em alguns casos, fica abaixo dela. Os efeitos negativos são mais evidentes quando se consideram, de um lado, o comprometimento do desenvolvimento econômico potencial do lugar e, de outro, a dinâmica de criação e preenchimento de vagas de trabalho na construção, no funcionamento da carcerária e, também, no mercado local. Segundo os autores, a prisão tende a impedir a diversificação de atividades e a instalação de novos investimentos no território[60]. Quanto à geração de empregos, afirmam que os trabalhadores locais perdem duplamente: primeiro, porque os postos de trabalho na nova prisão tendem a ser ocupados por pessoas de outras regiões mais desenvolvidas do estado; também porque a própria população prisional ali distribuída entra em concorrência com os trabalhadores locais menos qualificados, constituindo uma força de trabalho mais rentável para as pequenas manufaturas regionais.

Se a tendência à nulidade dos impactos econômicos é o denominador comum das análises especializadas, a linha de argumentação que busca identificar aspectos positivos, ainda que limitados, abre a possibilidade de conduzir a reflexão para além do registro negativo – da contestação sistemática de justificativas exauridas – que prevalece no primeiro grupo de estudiosos. A pesquisa de Glasmeier e Farrigan permite vislumbrar as potencialidades

---

[59] Ryan S. King, Marc Mauer e Tracy Huling, *Big Prisons, Small Towns*, cit.
[60] Michael A. Burayidi e Mamadou Coulibaly, "Image Busters", cit., preocupados com os impactos negativos da prisão na imagem dos municípios rurais no que diz respeito à atratividade de novos investimentos, desenvolveram uma ferramenta com a qual é possível manipular o perfil socioeconômico de uma cidade, excluindo-se dos cálculos a população carcerária. Assim, tais autores imaginam que os gestores municipais poderão apresentar um retrato mais "verdadeiro" da localidade para possíveis investidores.

críticas de tal abordagem[61]. Ainda no contexto estadunidense, tais autoras realizaram ampla pesquisa quantitativa, comparando diversos índices socioeconômicos (emprego, valor fundiário, renda, consumo, pobreza etc.) de cidades não metropolitanas similares que receberam ou não prisões entre 1985 e 1995, em dezoito estados. Segundo as autoras, a constatação da tendência geral ao efeito econômico nulo já seria suficiente para contestar as justificativas mobilizadas para a instalação de prisões em áreas rurais; no entanto, a prospecção de alguns efeitos positivos limitados e a exploração de seus condicionantes podem ser significativos para uma melhor compreensão do processo. Suas pesquisas apontaram que pequenas variações positivas podem ser identificadas em algumas localidades, coincidindo com a instalação da prisão. Esses efeitos se apresentam em municípios persistentemente pobres – mas não nos mais pobres – e são, em grande medida, dependentes de certas precondições de estrutura e desenvolvimento urbano que decorrem quase exclusivamente de investimentos (e outras iniciativas) promovidos por agências estatais – não pelo setor privado. A análise de modestos impactos positivos conduz à apreciação de suas condições de possibilidade, jogando luz sobre outros processos políticos, econômicos e sociais que prescindem da prisão, sem deixar de se relacionar com ela.

Questões de ordem econômica estão no centro do debate sobre os impactos territorializados da interiorização penitenciária, embora não o totalizem. Alguns estudos abordam os efeitos da prisão nos níveis locais de insegurança e criminalidade, e convergem no sentido de situar o problema mais no campo das representações que no das estatísticas – o que tende a aumentar é o medo, não o crime[62]. Outros tipos de impacto são menos presentes no debate público, mas fundamentais para alguns pesquisadores. Nos Estados Unidos, destacam-se questões referentes ao ordenamento das relações raciais e à distribuição do poder político pelo território. Huling, por exemplo, sustenta que a transposição de um enorme contingente de negros

---

[61] Amy K. Glasmeier e Tracey Farrigan, "The Economic Impacts of the Prison Development Boom on Persistently Poor Rural Places", cit.

[62] Kevin E. Courtright et al., "Prisons and Rural Pennsylvania Communities", cit.; Natália Carolina N. Redígolo, *Para além dos muros e das grades: atitudes e valores em relação às instituições carcerárias do município de Valparaíso/SP* (Dissertação de Mestrado em Ciências Sociais, Marília, FFC-Unesp, 2013); e Eda Góes, "A presença e a ausência da população penitenciária em pequenas e médias cidades do interior paulista: dilemas de uma história recente", *Projeto História*, n. 38, 2009.

As disposições no espaço • 165

de bairros pobres metropolitanos para áreas rurais majoritariamente brancas contribui para perpetuar e intensificar o racismo[63]. Segundo a autora, essa mesma transposição tem um impacto significativo no empoderamento das populações rurais (brancas e livres), uma vez que a população carcerária é contabilizada no dimensionamento de distritos eleitorais – e, portanto, de representação parlamentar –, embora, na maioria absoluta dos estados, os presos não possam votar.

A Nova Alta Paulista

No extremo oeste do estado de São Paulo, no centro dos domínios da CRO, a região da Nova Alta Paulista (NAP)[64] dispõe de 11 unidades prisionais distribuídas por 9 municípios, sempre nas imediações da rodovia Comandante João Ribeiro de Barros (SP 294). Junqueirópolis (a 645 quilômetros da capital, 18.726 habitantes[65]), Pacaembu (a 617 quilômetros da capital, 12.934 habitantes) e Lucélia (a 574 quilômetros da capital, 19.885 habitantes) foram os primeiros municípios da região a receberem novas unidades penitenciárias da SAP, em 1998. Dracena (a 632 quilômetros da capital, 43.258 habitantes) inaugurou a sua em 2001. No mesmo ano, Pacaembu abria as portas de seu CPP. Osvaldo Cruz (a 570 quilômetros da capital, 30.917 habitantes) e Pracinha (a 604 quilômetros da capital, 2.863 habitantes) implantaram suas penitenciárias em 2002. Em 2005, penitenciárias chegaram a Irapuru (a 648 quilômetros da capital, 7.787 habitantes), Flórida Paulista (a 603 quilômetros da capital, 12.849 habitantes) e Tupi Paulista (a 663 quilômetros da capital, 14.262 habitantes), cidade esta que,

---

[63] Tracy Huling, "Building a Prison Economy in Rural America", cit.

[64] A NAP abarca trinta municípios de duas regiões administrativas: "vinte e dois municípios pertencem à 10ª Região Administrativa, com sede em Presidente Prudente: Adamantina, Dracena, Flora Rica, Flórida Paulista, Inúbia Paulista, Irapuru, Junqueirópolis, Lucélia, Mariápolis, Monte Castelo, Nova Guataporanga, Osvaldo Cruz, Ouro Verde, Pacaembu, Panorama, Pracinha, Paulicéia, Sagre, Salmourão, Santa Mercedes, São João do Pau D'Alho e Tupi Paulista. Oito municípios, no entanto, integram a 11ª Região Administrativa, com sede em Marília: Arco-Íris, Bastos, Herculândia, Iacri, Parapuã, Queiroz, Rinópolis e Tupã", como aponta Seade, citado em Flávia R. P. Cescon e Rosana Baeninger, "Cidades carcerárias", cit., p. 3. Sobre o processo de regionalização da NAP, ver Izabel C. Gil, *Nova Alta Paulista, 1930-2006*, cit.

[65] Os dados populacionais incluem o número de presos e estão em IBGE, *População* (2014), cit.

em 2011, passou a abrigar também uma penitenciária feminina[66]. Em 1º de setembro de 2016, 17.672 pessoas cumpriam suas penas nessas unidades[67].

Em 1948, o território da NAP ainda não havia sido completamente colonizado. Das atuais cidades carcerárias, apenas Osvaldo Cruz e Lucélia já existiam, e o território desta se estendia até os limites do estado, numa derradeira frente de expansão colonial paulista sobre o que então se conhecia como "zona da mata"[68]. O desenvolvimento dos núcleos de povoação nessa ampla área, como nas demais do território paulista, seguiu o ritmo dos investimentos dos barões de café na busca de terras férteis, na demarcação de lotes, no recrutamento de mão de obra imigrante e, sobretudo, no traçado do ramal ferroviário que permitiria o escoamento da produção – a Ferrovia Nova Alta Paulista, que hoje empresta o nome à região. O café só promoveu a colonização da NAP quando já deixava de ser o principal e mais lucrativo produto nacional. Comparativamente às demais regiões, seu ciclo de prosperidade foi bastante breve, colapsando em 1975, após uma devastadora geada, até hoje presente na memória dos mais antigos moradores. A "grande geada de 1975" inaugurou um longo ciclo de crise econômica, grave o suficiente para notabilizar a região como o "corredor da fome" paulista. Pastagens substituíram grandes cafezais, e os sitiantes que não engrossaram as fileiras do êxodo rural buscaram alternativas de subsistência e produção – notadamente, o cultivo de milho, feijão, algodão e frutas.

Em linhas gerais, esse quadro perdurou até os anos 2000, quando o governo estadual já se fazia presente construindo penitenciárias, e o capital privado, numa nova conjuntura econômica nacional e internacional, redescobriu a região – principalmente sob a forma de investimentos no setor sucroalcooleiro. O plantio de cana-de-açúcar e a construção de usinas e destilarias, na NAP, remonta à instauração do Proálcool (Programa Nacional do Álcool) pelo governo federal, no fim da década de 1970. Até meados dos anos 1980, cinco usinas foram instaladas em diferentes

---

[66] SAP, *SAP realiza treinamento do New Gepen para funcionários*, cit.
[67] SAP, *166 unidades prisionais*, cit.
[68] Vicente U. Almeida e Octávio T. Mendes Sobrinho, *Migração rural-urbana: aspectos da convergência de população do interior e outras localidades para a capital do estado de São Paulo* (São Paulo, Secretaria da Agricultura do Estado de São Paulo, 1951), p. 39.

municípios da região⁶⁹. No entanto, tais investimentos não bastaram para reverter a grave crise econômica que constituía o "corredor da fome". No decorrer da década de 1990, com o fim dos incentivos governamentais, a crise generalizada no setor levou ao substantivo arrefecimento da produção e ao desmonte de algumas instalações. No começo dos anos 2000, novos e volumosos investimentos na área foram feitos, permitindo a retomada ou o aumento da produção nas usinas existentes, bem como a instalação de outras. Segundo dados da Secretaria de Energia (SE) do governo estadual, em 2008, eram doze usinas e destilarias funcionando em dez municípios da NAP, seis delas em quatro cidades que também abrigam penitenciárias⁷⁰. Em diversas cidades da região, grandes fazendas abandonadas e pastos improdutivos converteram-se em canaviais, e muitos sítios, que mal garantiam a subsistência de uma família, foram arrendados para o cultivo da cana. A NAP, por suas características geográficas – seus amplos planos e declives amenos –, provou-se adequada para o funcionamento de uma moderna e mecanizada agricultura de exportação, onde, com os devidos investimentos em correção de solo, seleção de sementes e controle de pragas, grandes tratores e colheitadeiras podem trabalhar num nível ótimo de produtividade⁷¹.

As prisões consolidaram sua presença na região ao mesmo tempo que o agronegócio prosperava. Essa contextualização é importante a fim de relativizar e bem dimensionar os impactos sociais e econômicos decorrentes da expansão penitenciária nessa parcela do interior paulista, sem superestimá-los. De todo modo, quando a maior parte das unidades prisionais foi negociada e construí-

---

[69] "Nas microrregiões de Dracena, Osvaldo Cruz e Adamantina, houve os primeiros plantios de cana-de-açúcar para fins energéticos com a implantação das destilarias Vale Verde S. A. (em Junqueirópolis, 1978), Central de Álcool Lucélia (em Lucélia, 1978), Destilaria Califórnia S. A. (em Parapuã, década de 1980) e Branco Peres Álcool (em Adamantina, na década de 1980), conforme assinala Izabel C. Gil, *Nova Alta Paulista, 1930-2006*, cit., p. 157.

[70] Em Adamantina, usina Branco Peres; em Dracena, usinas Vitória e Dracena; em Flórida Paulista, usina Floralco; em Junqueirópolis, usinas Alta Paulista e Rio Vermelho; em Lucélia, usina Bioenergia; em Paulicéia, usina Caeté; em Parapuã, usina Califórnia; em Queiroz, usina Clealco; em Rinópolis, usina Clealco 3; e em Tupã, usina Clealco 4; conforme Secretaria de Energia, Usinas de cana-de-açúcar e destilarias: estado de São Paulo, 2008, em Portal SE, São Paulo, 2014, disponível em: <http://www.energia.sp.gov.br/a2sitebox/arquivos/documentos/107.pdf>, acesso em 11 nov. 2014.

[71] Não obstante seja também significativo o uso de mão de obra sazonal na época de colheita.

da – entre o fim da década de 1990 e a primeira metade dos anos 2000 –, os efeitos do agronegócio e de uma renovada conjuntura macroeconômica ainda não eram certos nem estavam estabilizados. O desemprego, a pobreza, a escassez de recursos ainda figuravam no horizonte dos gestores locais e estaduais, de modo que a construção de penitenciárias aparecia efetivamente como uma alternativa viável para induzir o desenvolvimento econômico regional. Diversos elementos compunham o cálculo de gestores estaduais e municipais. Para os primeiros: a geração de empregos diretos e indiretos no período de obras, o incremento no funcionalismo e o subsequente aquecimento do setor de serviços – também em decorrência da afluência de visitantes nos fins de semana. Para os segundos: além dos elementos supracitados, a instalação de presídios poderia impactar de modo significativo o próprio orçamento municipal, através do aumento no repasse de verba federal que o abrupto incremento populacional acarreta. O Fundo de Participação dos Municípios (FPM) é repartido pela União segundo faixas populacionais e, muitas vezes, sobretudo em pequenas cidades, a (super)população de uma unidade prisional é suficiente para fazê-la mudar de faixa e ampliar sua fração[72]. Num ambiente de baixos investimentos privados e recursos públicos escassos, esses aumentos orçamentários não eram de todo desprezíveis. Por isso, quando o governo estadual sinalizou para os prefeitos da região seu interesse em investir na construção de penitenciárias, não faltaram gestores locais dispostos a colaborar.

Segundo os ex-prefeitos de Dracena, Junqueirópolis e Tupi Paulista, que negociaram a instalação das unidades com o governo estadual, a principal contrapartida exigida das prefeituras era a doação do terreno. Como a concorrência se mostrou acirrada, os prefeitos interessados que não dispunham de terras prontamente trataram de comprá-las; o governo estadual fez suas escolhas segundo avaliações técnicas e articulações políticas. Entre o sinalizar, o comprar e o construir, idas e vindas, negociações e conflitos se deram. A instalação da penitenciária era vista por amplos setores da comunidade local como uma ameaça de violência, criminalidade e perturbação da típica tranquilidade interiorana, tanto que, em diversas ocasiões, abaixo-assinados e manifestações populares foram articulados contra a construção das unidades – embora, na NAP, sem sucesso algum[73]. A escolha estratégica do

---

[72] Flávia R. P. Cescon e Rosana Baeninger, "Cidades carcerárias", cit., p. 11.

[73] Para uma reconstituição dos conflitos em torno da construção da P2 de Itirapina, ver Giane Silvestre, *Dias de visita*, cit.; para um levantamento mais abrangente desses

terreno foi um dos meios utilizados por diferentes prefeitos para contornar as resistências comunitárias: designaram áreas que distassem o máximo possível do centro urbano e da vila rural mais próxima. Em Dracena e Tupi Paulista, por exemplo, essa lógica de localização acabou por situar as prisões nos limites municipais, mais próximas do centro dos municípios vizinhos de Ouro Verde (a 651 quilômetros da capital, 7.794 habitantes) e Nova Guataporanga (a 656 quilômetros da capital, 2.178 habitantes), respectivamente. Dessa forma, a lógica de relegação que se insinua no processo de expansão interiorizada como um todo aparece duplicada na escala local[74].

Em Dracena, Tupi Paulista e Junqueirópolis – onde o trabalho de campo na NAP se concentrou –, os impactos econômicos específicos atribuíveis às penitenciárias se mostraram bastante limitados. No período de edificação das unidades, destacam-se a criação de postos de trabalho temporário no setor da construção civil e o aumento na arrecadação do Imposto Sobre Serviços (ISS). Embora em alguns municípios – Junqueirópolis, por exemplo – o valor arrecadado em ISS por conta da obra tenha sido suficiente para compensar os custos de compra do terreno, a brevidade do período de construção limitou o alcance de qualquer desenvolvimento que tais recursos porventura pudessem ter gerado. Quando as penitenciárias começaram a funcionar, cada uma gerou cerca de 250 postos de trabalho[75], cuja remuneração relativamente alta (para os padrões da região) decerto impactou positivamente a economia local. No entanto, tal impacto também se atenuou bastante rápido, por duas razões de naturezas diversas. Em primeiro lugar, porque o quadro de funcionários de uma unidade é praticamente fixo e os salários, como de costume no funcionalismo estadual, não aumentam – nem sequer são regularmente atualizados, de tal modo que vão progressivamente perdendo importância ante a massa salarial que circula na área. A segunda razão de atenuação do impacto econômico dos postos de trabalho nas penitenciárias da região se relaciona com mudanças no processo de recrutamento desses trabalhadores. Os funcionários das primeiras

---

movimentos de resistência em todo o estado de São Paulo, ver James Humberto Zomighani Jr., "Grito dos lugares", cit.; e idem, *Desigualdades espaciais e prisões na era da globalização neoliberal*, cit.

[74] Processo análogo é identificado na França por Philippe Combessie, *Prisons des villes et des campagnes*, cit.

[75] Raphael Tadeu Sabaini, "Uma cidade entre presídios: percepções acerca de um contínuo entre a prisão e o urbano", *Sociedade e Território*, v. 23, n. 2, 2011, p. 3.

unidades instaladas na NAP foram contratados mediante concursos públicos regionalizados; viviam, em sua maioria, nas redondezas, onde investiam todo o ganho. Em meados dos anos 2000, a SAP estadualizou o recrutamento, de modo que candidatos de diversas regiões passaram a competir pelas mesmas vagas. Como resultado dessa mudança, um volume significativo de servidores das penitenciárias de Irapuru, Flórida Paulista e Tupi Paulista são naturais de áreas muito distantes da NAP, para onde voltam nos períodos de folga e onde investem a maior parte de seus recursos.

Na composição dos orçamentos municipais, o impacto das penitenciárias também se mostra atenuado, em especial quando se consideram os recursos gerados pela expansiva atividade sucroalcooleira. A ampliação dos repasses orçamentários do governo federal – via FPM –, que uma nova unidade acarreta num pequeno município, é muito inferior ao incremento nos repasses provenientes do governo estadual, referentes ao Imposto sobre Circulação de Mercadorias e Serviços (ICMS), que a indústria da cana promove. A produção intensiva e o processamento da cana são totalmente formalizados, promovendo um sistemático recolhimento de impostos sobre a circulação de seus produtos. Desse modo, a participação dos municípios na distribuição de tais fundos é significativamente ampliada – o que não acontecia quando prevaleciam amplas extensões de terras improdutivas e pequenos sítios voltados à subsistência ou à produção informal. Também por isso, o enriquecimento das cidades da NAP, no período de consolidação da presença penitenciária, deve ser considerado à luz do desenvolvimento do agronegócio na região.

A constatação de que os impactos econômicos da instalação de prisões em pequenos municípios rurais podem ser bastante limitados não implica em desconsiderar transformações específicas na economia real e na paisagem social desses territórios. Nas três cidades da NAP onde a pesquisa de campo se concentrou, comerciantes relataram um considerável aumento nas vendas, sobretudo nos fins de semana, quando chegam os visitantes dos presos[76]. Uma economia própria da visitação penitenciária é ainda mais evidente quando se considera o mercado hoteleiro e de transporte privado. Os taxistas que atuam nessas cidades normalmente são aposentados que complementam sua renda trabalhando esporadicamente com seus carros. Nos fins de semana,

---

[76] Embora esse aumento não seja suficiente para modificar práticas consolidadas no que se refere, por exemplo, aos horários de funcionamento do comércio, que na maioria das vezes não se coadunam com os períodos de visitação.

muitos trabalham sem parar, levando e buscando visitantes nas unidades da região, já que a maioria delas se encontra em lugares afastados e desprovidos de transporte público. Dracena é um dos mais importantes centros logísticos da visitação penitenciária na NAP. Dispõe de cinco hotéis: dois mais luxuosos e três populares. Um deles se especializou no público de familiares de presos, recebendo excursões provenientes da RMSP e de outras grandes cidades. Entre seus serviços, figuram o aluguel da cozinha, para que os hóspedes possam preparar os alimentos que levarão no jumbo, além do transporte de hóspedes e bagagens. Na cidade, há ainda casas alugadas e pousadas informais que também recebem grupos de visitantes nos fins de semana[77]. Tupi Paulista apresenta uma estrutura mais precária para visitantes, com apenas um hotel – que não admite excursões – e uma pousada. Por alguns anos, a Igreja Católica local manteve um centro de acolhimento de amigos e familiares de presos, mas a experiência não perdurou[78]. Junqueirópolis, por sua vez, apresenta um mecanismo de visitação que chega a contrastar com as reduzidas dimensões da cidade, talvez pelo maior tempo de convivência com a penitenciária ou pela maior proximidade entre a unidade e o centro urbano. De seus quatro hotéis populares, três se especializaram no público de familiares de presos, oferecendo diversos serviços: aluguel de cozinha, preparação de jumbos por encomenda, transporte 24 horas de pessoas e bagagens, encaminhamento para excursões etc. Além de uma pousada informal, na cidade ainda há casas alugadas para visitantes assíduos e familiares de presos que optaram por viver mais próximos de seus entes queridos.

Para além dos impactos econômicos, nas três cidades estudadas, quando indagados sobre a presença da prisão, munícipes e autoridades locais costumam destacar os efeitos negativos causados sobre os serviços públicos de saúde. Como as unidades não dispõem de médicos nem de uma estrutura mínima para exames e tratamentos, os casos mais graves de presos enfermos – a depender da disponibilidade de escolta policial –, via de regra, são encaminhados para os serviços municipais. No intuito de reduzir medos e

---

[77] Como a penitenciária de Dracena está situada mais perto do centro da pequena cidade vizinha de Ouro Verde, deve-se considerar também seu hotel e sua pequena rede de serviços.

[78] Como suas duas penitenciárias se localizam nos limites territoriais do município, mais próximas da diminuta Nova Guataporanga, deve-se considerar ainda sua também frágil e mais informal estrutura.

riscos, os hospitais de Dracena e Tupi Paulista construíram celas em suas dependências e organizam o atendimento de modo que os presos sejam examinados antes que os cidadãos comuns – o que gera certo incômodo, tanto pelo desrespeito à fila quanto pela presença de policiais ostensivamente armados na escolta.

Outro elemento negativo comumente destacado entre a população local é o aumento da criminalidade que a prisão provocaria. Uma análise mais aprofundada desse problema exigiria toda uma outra pesquisa: a mensuração de diversos índices criminais, antes e depois da instalação de cada unidade, e o paralelo entre estes e os desempenhos médios estadual e nacional, além dos índices de outros municípios análogos que não receberam nenhuma unidade. Redígolo ensaia um exame como esse numa região adjacente à NAP, cujos resultados podem iluminar algo do que se passa ali. A autora compara índices de homicídio doloso, furto, roubo e furto/roubo de veículos em três cidades vizinhas nos anos 2000: Valparaíso (a 563 quilômetros da capital, 22.617 habitantes), que dispõe de uma penitenciária e um CPP; Martinópolis (a 539 quilômetros da capital, 24.260 habitantes), que abriga uma penitenciária; e Guararapes (a 545 quilômetros da capital, 30.597 habitantes), que não tem nenhuma unidade da SAP. Sem encontrar correlações significativas entre a presença da prisão e a alternância desses crimes, conclui que a proximidade da instituição pode incidir mais nas representações sociais do medo e da violência que nos dados estatísticos[79]. De todo modo, é possível conceber um aumento relativo no registro de ocorrências como lesão corporal, desacato a autoridade ou tráfico de drogas, que se relacionam com a presença da instituição, pois são efetivamente identificados em suas dependências – sem, no entanto, representar que a instalação da unidade induza a tais práticas em seu entorno. Todavia, se o aumento do medo do crime parece prescindir da materialidade dos fatos, seus efeitos são bastante concretos e se manifestam sobretudo nos fins de semana, quando as cidades recebem um grande número de amigos e familiares dos presos. O reforço da presença ostensiva de policiamento nas ruas e da truculência de suas abordagens a quaisquer pessoas tidas como suspeitas – relacionadas ou não com a prisão –, bem como o aumento da vigilância privada em lojas e mercados, está entre as manifestações mais evidentes.

---

[79] Natália Carolina N. Redígolo, *Para além dos muros e das grades*, cit., p. 114.

Interiorização penitenciária e gestão das penas

Territorializações do sistema de justiça

O recente processo de expansão interiorizada do parque penitenciário paulista põe em evidência a alocação espacial das unidades e da população carcerária como um expediente estratégico no atual regime de gestão prisional. O acúmulo de CDPs e de presos provisórios em áreas mais urbanizadas indica que a prisão, cada vez mais, é acionada como um instrumento de promoção da ordem pública nas cidades – pois funciona retirando de imediato do espaço urbano um estoque crescente de acusados, suspeitos e outros indesejáveis[80]. A pulverização, ao longo do interior mais distante, de penitenciárias de regime fechado e de presos condenados, por sua vez, revela que a prisão, em suas funções propriamente punitivas, vem operando como um mecanismo que visa a intensificar a segregação e o isolamento de amplas camadas populacionais. Tanto de um lado como de outro, a gestão prisional paulista se estrutura e funciona segundo uma racionalidade exclusivamente securitária.

A expansão interiorizada não se restringe ao aumento quantitativo de unidades e de territórios interpelados pela prisão; tem uma dupla dimensão qualitativa: primeiro, porque amplia o escopo de agentes externos à instituição que se veem envolvidos e mobilizados nas controvérsias próprias da administração penitenciária. Munícipes e autoridades de diversos locais são chamados a se posicionar e a atuar a respeito das questões postas pela prisão, desde antes de sua inauguração e mesmo no decorrer de seu funcionamento cotidiano. Também por isso, mas não apenas, a interiorização remete à expansão do escopo de problemas que uma casa penal suscita. Em segundo lugar, porque, pela via da interiorização, a prisão, de mera instituição punitiva, passa a ser pensada (e questionada) como política de desenvolvimento econômico e social, como ferramenta de governo não só da população carcerária mas também das populações livres interioranas – é o que se evidencia no debate sobre os impactos do alastramento penitenciário nos mercados, nas estruturas ocupacionais, nos regimes orçamentários, nos arranjos políticos de regiões e municípios do interior do estado.

---

[80] Claude Faugeron e Jean-Michel Le Boulaire, "Prisons, peines de prison et ordre public", *Revue Française de Sociologie*, v. 33, n. 1, 1992.

A consideração dos modos de territorialização das instituições prisionais possibilita ainda desdobrar o entendimento das formas de gestão a distância, que vêm caracterizando o atual regime de processamento penitenciário no estado de São Paulo. Como procurei demonstrar, os espaços consagrados ao cumprimento de penas tendem efetivamente a alijar-se das concentrações urbanas e de seus centros de poder. No entanto, resta perscrutar por quais meios e com quais efeitos a gestão do processamento penitenciário se realiza nas unidades do interior. Como funcionam as prisões interiorizadas? Como o Estado se instancia no cotidiano dos raios que se espalham pelo interior mais distante? Como "as leis do tempo" se articulam com "as disposições no espaço" para conformar uma experiência situada e particular de pena?

Para responder a essa ordem de questões, é preciso ter em mente o papel fundamental desempenhado pelo sistema de justiça no cômputo da duração e da qualidade das penas. A distribuição espacial de suas diversas agências – seus modos de territorialização – condiciona o regime de processamento que vigora nas diferentes localidades e, portanto, a experiência de punição que se produz em cada uma delas. Porém, não se trata de uma relação unívoca nem evidente. A ilegibilidade do processamento e a opacidade do sistema de justiça também se manifestam na dimensão espacial, intensificando ainda mais a indefinição, a angústia e a incerteza que caracterizam, em linhas gerais, a experiência da pena nas penitenciárias paulistas.

Em visitas pastorais a unidades do interior e metropolitanas, no diálogo continuado com presos que passaram longos ou breves períodos em diversas penitenciárias distantes da capital, com os que vieram de longe, acompanhando os processos daqueles antes próximos e agora transferidos para longe, dialogando também com familiares que viajam (e não viajam) para visitarem seus entes queridos nas unidades do interior – por nenhum desses meios pude estabelecer o significado geral da transferência para o interior no desenrolar das movimentações processuais que constituem a execução penal. Na RMSP, presos pediam ajuda a fim de que fossem transferidos para unidades do interior na esperança de que, lá, seus processos se encaminhassem com maior celeridade. Pelo mesmo motivo, por sua vez, presos alocados em centros interioranos solicitavam auxílio para que fossem transferidos para unidades mais próximas da capital. Tanto num lugar quanto no outro, presos temiam que uma transferência viesse a atrapalhar o devido encaminhamento de seus benefícios. Em alguns casos, a transferência consumada arruinava as esperanças; em outros, despertava-as. Concretamente, pude acompanhar tanto situações de presos que, na RMSP, não tinham a menor perspectiva de progressão de pena e que, transferidos para o interior, em questão de meses, conquistavam a liberdade condicional como situações de presos cujos benefícios se encaminhavam céleres na RMSP e, quando transferidos para o interior, deixavam de apresentar qualquer movimentação. Como compreender tais circunstâncias, senão pela ilegibilidade?

Não obstante se verifique uma tendência geral ao agravamento das penas no decorrer dos ritos de execução, é preciso ponderar que há entre os juízes diversas interpretações, critérios e procedimentos para a análise dos benefícios. Ademais – a despeito da contínua desorganização das varas –, as diversas agências do sistema de justiça, nas diferentes localidades, estruturam-se em bases materiais bastante distintas. Variações na infraestrutura de trabalho (espaço físico, equipamentos etc.), no volume e na diversidade de processos, bem como na quantidade e na qualificação de funcionários auxiliares, são apenas alguns dos fatores que afetam o desempenho profissional de juízes, promotores e defensores. No que se refere especialmente aos últimos – principais responsáveis pela provocação de movimentações processuais –, é preciso considerar ainda que nem defensores públicos nem advogados da Funap se distribuem de maneira equilibrada pelo território. Na NAP, por exemplo, dois advogados da Funap eram responsáveis pela defesa de presos de diferentes unidades.

Embora fosse desejável elaborar um mapa detalhado das diversas agências relacionadas à execução penal[81], um breve exame das linhas gerais do modo de territorialização das varas pelo estado – no final de 2013 – deve ser suficiente para vislumbrar a variedade de situações que também produz o efeito de ilegibilidade no funcionamento do sistema de justiça[82]. Em 2013,

---

[81] Tarefa que implicaria uma pesquisa à parte pela escassez de fontes oficiais e pelas mudanças frequentes nas atribuições das varas. As informações que seguem foram fornecidas pelo Núcleo Especializado de Situação Carcerária da Defensoria Pública de São Paulo em Depesp, Defensoria Pública do Estado de São Paulo, *Estabelecimentos prisionais e VEC correspondente* (São Paulo, Depesp, 2014), disponível em <http://www.defensoria. sp.gov.br/dpesp/Default.aspx?idPagina=3078>, acesso em 19 nov. 2014.

[82] Desde 2013, ocorreram diversas alterações nas atribuições das varas de execução em todo o estado de São Paulo. Em particular, é importante mencionar a criação das chamadas "super-VECs", varas de execução regionalizadas que concentram os novos processos de um volume importante de presos e operam com processos digitalizados.

a capital paulista já não aglutinava a população penitenciária estadual, mas concentrava um número importante de varas especializadas em execução de penas – as VECs. Eram cinco VECs funcionando no Fórum Criminal da Barra Funda, responsáveis pelos processos dos presos: condenados que ainda estavam nos CDPs, CPPs e penitenciárias da capital; do CPP de Franco da Rocha; dos manicômios judiciários de Franco da Rocha e Taubaté; e de algumas unidades mais ou menos estratégicas do interior paulista. Na capital, corriam os processos dos habitantes da penitenciária e do CRP de Presidente Bernardes, da P1 e da P2 de Presidente Venceslau[83], da P1 de Avaré, da penitenciária e do CDP de Cerqueira César, da P1 e da P2 de Reginópolis, da P1 e da P2 de Guareí e do CRP feminino que funcionava anexo ao manicômio judiciário de Taubaté[84].

No interior mais distante, Presidente Prudente e Araçatuba eram os mais importantes polos do sistema de justiça. Presidente Prudente dispunha de duas varas especializadas em execução penal, responsáveis conjuntamente por onze unidades da região (e seus anexos), sendo nove penitenciárias em oito municípios[85], um CR em Presidente Prudente e mais os condenados que ainda habitam o CDP de Caiuá[86]. Em Araçatuba, também havia duas varas especializadas, responsáveis conjuntamente por nove unidades (e seus anexos): sete penitenciárias em quatro municípios[87], um CPP em Valparaíso e um CR em Araçatuba. Campinas, Bauru, Taubaté e Ribeirão Preto também contavam com duas varas especializadas, responsáveis conjuntamente por sete ou oito unidades de suas respectivas regiões. No interior mais distante, destacava-se ainda a vara especializada em execução penal do Fórum de Tupã (a 514 quilômetros da capital, 68.492 habitantes), cidade que não abriga

---

Como sua implantação é recente e gradual, não será possível desenvolver aqui uma reflexão mais detida sobre seus efeitos no regime de processamento.

[83] Os processos dessas unidades do oeste paulista foram transferidos para a capital em reação ao assassinato, em 2003, do juiz corregedor dos presídios da região.

[84] A existência dessa ala nunca constou nos dados oficiais da SAP, mas constava no sistema de justiça e também foi observada por Camila C. N. Dias, *Da pulverização ao monopólio da violência*, cit., p. 102.

[85] Penitenciárias de Flórida Paulista, Irapuru, Marabá Paulista, Martinópolis, Osvaldo Cruz, Pracinha, Presidente Prudente e Tupi Paulista (esta, masculina e feminina).

[86] Os processos dos presos provisórios estavam a cargo da vara de Presidente Venceslau.

[87] Três penitenciárias em Lavínia, duas em Mirandópolis, uma em Valparaíso e uma em Avanhandava.

As disposições no espaço • 177

unidade da SAP, mas cuja VEC respondia pelas unidades de Junqueirópolis, Lucélia (com anexo) e Pacaembu (penitenciária e CPP).

Afora as VECs, havia ainda varas semiespecializadas incumbidas de um volume importante de processos de execução penal. Os exemplos mais destacados eram estes: a Vara do Júri e Execução Criminal de Sorocaba, responsável por três penitenciárias[88] e pelos presos condenados de dois CDPs[89]; e a Vara do Júri, Execução Criminal e Infância e Juventude de Rio Claro, responsável pelas duas penitenciárias de Itirapina e os dois CRs de Rio Claro. Como essas, havia pelo menos outras onze varas incumbidas dos processos de condenados que habitavam mais de quinze unidades[90].

Completando o quadro, havia as varas não especializadas nas quais os processos de execução penal se somavam a outros de natureza bastante diversa. Na 1ª Vara do Fórum de Dracena, por exemplo, circulavam, além dos processos de execução dos presos que habitavam a penitenciária local, processos de juizado especial de natureza cível, execução fiscal, direito previdenciário e outros. Numa das varas do Fórum de Andradina, algo semelhante acontecia. Além do acúmulo de atribuições, essas varas interioranas padeciam de graves problemas de infraestrutura. Ademais, por serem em geral de primeira entrância[91], são encabeçadas por juízes mais inexperientes que costumam pedir transferência para outras localidades tão logo a oportunidade se apresente – o que gera alta rotatividade na posição.

À diversidade das varas, no entanto, não correspondia, de modo linear e unívoco, um gradiente de celeridade no processamento. As especializadas não eram necessariamente as mais céleres; tampouco as mais precárias se mostravam as mais lentas. De um lado, o acumular de dezenas de milhares de processos para um só juiz tolhia e retardava o processamento; de outro, arranjos particulares e contingentes entre burocracia da vara, juiz, promotor, defensor e administração da unidade podiam produzir situações em que o horizonte de liberdade se apresentava menos incerto nos poucos raios que gerenciavam. O que acontecia entre a vara e a penitenciária de Dracena, na NAP, é exemplar desse tipo de situação absolutamente contraintuitiva.

---

[88] Duas em Sorocaba e uma em Iperó.
[89] Em Sorocaba e Capela do Alto.
[90] Em cidades como Araraquara, São José dos Campos, Jundiaí e Franco da Rocha, entre outras.
[91] Correspondente ao estágio inicial na carreira de magistratura.

Em 2013, a penitenciária de Dracena poderia ser considerada uma singularidade no sistema carcerário paulista. Os processos de seus habitantes corriam no fórum da mesma cidade. O diretor-geral ocupava o cargo desde a fundação, em 2001 – o que no estado de São Paulo é uma exceção extrema –, e a unidade não apresentava histórico de rebeliões (mesmo em 2006, foi uma das poucas "cadeias do PCC" que não se rebelaram). O modo como determinados benefícios eram encaminhados em sua vara parece fundamental para a conformação desse quadro. Desde a inauguração da penitenciária, o juiz que na ocasião a encabeçava – de acordo com o promotor de justiça e a direção da unidade – optou por estabelecer uma política de concessão de benefícios de regime aberto que destoava daquela praticada no restante do estado. O sistema era simples: o preso que progredisse para o regime semiaberto permanecia na unidade de regime fechado por 120 dias, aguardando que a SAP disponibilizasse vaga em instituição adequada (CPP, Arsa ou APP). Se nesse período a SAP não providenciasse a transferência – o que era comum –, o juiz concederia então, automaticamente, o regime aberto, para que o preso aguardasse a vaga de um centro adequado num regime mais ameno, e não mais gravoso, como costumava acontecer. Esse tipo de entendimento foi amplamente defendido por diversas instituições que atuam na área penal, tal como a Associação Nacional dos Defensores Públicos Federais (Anadef) e a própria Pastoral Carcerária, as quais chegaram a propor ao STF uma Súmula Vinculante que obrigasse as varas de execução de todo o país a adotá-lo[92]. Em Dracena, como essa política já funcionava bem, tanto para a administração da unidade quanto para os demais agentes do sistema de justiça e para os presos, os juízes que se sucederam na vara – a despeito de suas inclinações mais ou menos garantistas – preferiram não alterá-la.

A trajetória da VEC de Tupã, por sua vez, mostra como esses arranjos e políticas de processamento são contingentes. No decorrer da pesquisa de campo na cidade de Junqueirópolis, muitas vezes e de diferentes sujeitos –

---

[92] Em 2016, tal súmula foi aprovada. Sobre sua proposição, ver Pastoral Carcerária, "Direito ao semiaberto e proposta de Súmula Vinculante 57", *Pastoral Carcerária, Notícias*, 12 ago. 2014, disponível em <http://carceraria.org.br/direito-ao-semiaberto-e-proposta-de-sumula-vinculante-57.html>, acesso em 21 nov. 2014; sobre sua aprovação, ver idem, "Após 5 anos, proposta de Súmula Vinculante nº 57 é aprovada pelo STF", *Pastoral Carcerária, Notícias*, 29 jun. 2016, disponível em <http://carceraria.org.br/apos-5-anos-sumula-vinculante-57-e-aprovada-pelo-stf.html>, acesso em 5 jul. 2016.

desde familiares de presos até funcionários da prisão –, ouvi falar de uma brusca e negativa mudança no regime operado pela VEC de Tupã em razão da mudança de juiz: antes, um juiz "bom para os presos"; depois, um juiz "linha-dura". O juiz anterior apresentava inclinações marcadamente garantistas, concedia um volume significativo de benefícios de progressão de pena, autorizava massivas saídas temporárias[93], indeferia sindicâncias e chegou a determinar que as unidades sob sua responsabilidade não recebessem mais presos que a capacidade nem aqueles cuja origem distasse mais de duzentos quilômetros da prisão. Transferido de comarca, deu lugar a um juiz que negava sistematicamente pedidos de progressão de pena, não autorizava saidinhas, não questionava sindicâncias nem se ocupava das condições de habitabilidade e visitação das unidades sob sua jurisdição.

A multiplicidade de agenciamentos no sistema de justiça, amplamente variáveis no tempo e no espaço, tanto alimenta esperanças de que uma transferência para o interior acarrete uma aceleração das movimentações processuais e uma antecipada libertação quanto seu exato contrário. Essa coexistência de percepções – de atraso e de aceleração do fluxo dos processos –, vinculada à gestão das penas no interior, contribui para agravar ainda mais a experiência de incerteza e indeterminação, tão característica da pena de prisão no estado de São Paulo.

A distância na administração das penas

A particular distribuição espacial do parque penitenciário paulista já é suficiente para constatar o papel central que a distância desempenha no cumprimento e na modulação das penas de prisão em São Paulo. Um circuito de CDPs concentrado em áreas urbanas é a principal via de entrada para o sistema prisional; uma rede dispersa de penitenciárias pelo interior, em áreas rurais de pequenos municípios, conforma a extensa teia onde as penas são cumpridas. Quando um preso já está condenado, é quase certo que ele virá a cumprir boa parte de sua condenação num território muito distante e distinto de seu lugar de origem. Em larga medida, a experiência de ser punido no estado de São Paulo estrutura-se, de um lado, por uma angustiada relação com o desenrolar do tempo e, de outro, por uma exasperada inquietação quanto ao lugar onde essa punição se desenvolverá.

---

[93] Um funcionário lembra que chegou a testemunhar a partida de três ônibus lotados de presos numa saidinha de Natal.

Nas visitas pastorais, em conversas desinteressadas com os presos mais próximos, quando contam sua trajetória no sistema prisional, é muito comum ouvir a história da pena como uma sucessão de lugares: "Diadema, Parelheiros, Mirandópolis, Serra Azul e agora aqui"; "Pinheiros, Parelheiros, Potim, Presidente Venceslau, Pracinha, Pacaembu, rua e agora aqui". Sequências como essas informam que a experiência de ser punido em São Paulo é a de uma intensa circulação por todo o estado. À sucessão dos regimes de pena, seus angustiosos avanços e retrocessos, sobrepõe-se uma série de lugares, sendo que cada ponto e cada passagem marcam transformações e acúmulos significativos na experiência que se tem da prisão. Embora muito parecidas por toda parte, cada prisão é uma prisão: com diferentes perfis de detentos, diferentes funções administrativas, diferentes funcionários, diferentes varas de execução, diferentes possibilidades de acesso por parte de familiares e amigos etc. A especificidade de cada instituição resulta do agenciamento particular desses (e outros) vários elementos. Na constituição de cada um deles, a distância funciona como um modulador – ou intensificador – das penas.

Presos jovens e de penas relativamente curtas; presos mais velhos e experientes; presos jovens com longas penas, sem perspectiva de liberdade; presos reincidentes que dão ou não problemas; presos primários que querem ou não trabalhar; facção X, facção Y, seguro, castigo: a despeito da mistura – da inoperância dos critérios legais de classificação[94] – característica das unidades prisionais paulistas, no nível cotidiano da experiência de punir e de ser punido, diferentes perfis da população carcerária são construídos por meio mesmo da distribuição dos sentenciados pelos espaços das prisões. Essa é uma lógica amplamente documentada[95], que historicamente rege a administração das penas na escala de uma instituição: os raios do fundão são diferentes do raio do trabalho, que é diferente da ala de progressão; cada um está a uma certa distância (concreta e simbólica) da saída, em cada um circulam diferentes fluxos que vêm de fora, cada um deve ser ocupado por diferentes perfis de presos. Essas segmentações práticas e simbólicas se desdobram e se duplicam na escala do sistema como um todo: existem as penitenciárias do fundão no extremo oeste do estado; existem as "de entrada" na região metropolitana; as "de saída", onde as oportunidades de

---

[94] CNJ, *Relatório geral*, cit., p. 22-3.

[95] José Ricardo Ramalho, *O mundo do crime*, cit.; e Drauzio Varella, *Estação Carandiru* (São Paulo, Cia. das Letras, 1999).

As disposições no espaço • 181

trabalho são maiores ou onde a VEC funciona melhor; entre umas e outras, todo um gradiente de possibilidades. Como na escala de uma unidade, na escala do sistema os presos recém-condenados, os que não trabalham, os condenados a penas mais longas ou os que apresentam comportamento considerado mais problemático – em suma, os presos sobre os quais recai uma pena mais intensa – são designados para o fundão. É como funciona, em linhas gerais, a distância na economia das penas.

Apoiando e complementando essa gestão geral e cotidiana da distribuição das penas pelo espaço, a administração penitenciária produz uma miríade de unidades distintas que cumprem funções especializadas no incessante esforço de alocar e modular as penas. Um dos CDPs de Pinheiros e a única penitenciária masculina da capital, em Parelheiros, por exemplo, são unidades de trânsito, "rodoviárias" do sistema prisional paulista, onde se concentram presos oriundos de vários CDPs para serem encaminhados ao interior, e também onde ficam alguns presos que vêm de lá para comparecer a audiências nos fóruns da região metropolitana. Embora formalmente sejam unidades de regime fechado como quaisquer outras, o volume e a velocidade do fluxo de presos que por elas transitam são especialmente significativos[96]. Em unidades de cumprimento de pena, o pertencimento a uma ou outra facção prisional[97] é critério básico de alocação dos presos, sem prejuízo de outros parâmetros subsidiários que designam espaços ainda mais específicos, como unidades (ou raios) para presos famosos[98], estrangeiros[99], ex-integrantes de uma ou outra facção[100] etc.

Aspectos importantes dessa complexa gerência das penas por meio das disposições no espaço ficam ainda mais evidentes caso consideremos a dinâmica dos castigos no interior do sistema penitenciário – seja nas sindicâncias, seja em outras medidas meramente administrativas (punitivas, mas não jurisdicionalizadas). O castigo, além de um lapso de tempo, é também um lugar de "isolamento", no qual os vasos comunicantes que conectam o

---

[96] A unidade de Dracena duplica essa função na região oeste.
[97] É importante ressaltar que esse pertencimento é relativo. Mais do que uma adesão orgânica à facção, importam aqui as unidades pelas quais o preso passou e nas quais foi socializado.
[98] Como uma das penitenciárias de Tremembé.
[99] Como a penitenciária de Itaí.
[100] Como em alguns raios da penitenciária masculina de Tupi Paulista.

dentro e o fora da prisão são mais rarefeitos. Se uma punição severa – de dez, vinte anos de reclusão – tem grandes chances de se desenrolar quase inteiramente no fundão do estado, um castigo mais severo também ali se cumpre. Em linhas gerais, presos considerados problemáticos – que reiteradamente são flagrados com drogas e celulares, que reclamam e denunciam, que são acusados de desacato etc. – são objeto de frequentes trânsitos, cada vez para mais longe, onde o "isolamento" é maior mesmo quando o detento se encontra no convívio do raio, pois jumbos, visitas, cartas, pecúlio ou telefonemas são mais escassos.

No fundão do estado, há também unidades mais especializadas de castigo para onde são levados presos considerados especialmente problemáticos – aqueles identificados como lideranças de facção ou acusados de tentativa de fuga, de coordenação de rebelião, de agressão a funcionário, de assassinato de outro preso. O CRP de Presidente Bernardes é a unidade mais conhecida a servir para esse fim. Ali, o preso fica em cela individual, não pode trabalhar nem estudar, tem banho de sol, visitas e jumbos significativamente restringidos. Desde a reforma na LEP de 2003 – que legalizou o RDD –, o funcionamento do CRP é também jurisdicionalizado, sendo necessária a aprovação de um juiz para que um preso seja para lá encaminhado; os prazos de cumprimento e as possibilidades de sua extensão também estão definidos na letra da lei.

A P1 de Presidente Venceslau, a despeito de sua formalização como unidade de regime fechado comum, também é uma unidade de castigo, mas administrativamente especializada. Seu regime de funcionamento tende a replicar, duplicar e intensificar a lógica do pote. Um de seus raios é uma grande ala de castigo, com dezenas de potes, para onde são encaminhados, a fim de cumprir vários dias de sanção disciplinar[101], presos acusados de faltas consideradas especialmente graves, cometidas em qualquer outra unidade do estado. A P1 de Venceslau é o pote estadual. Depois de um período sem banho de sol, sem visitas nem jumbos, às vezes submetidos à violência física[102], no mais das vezes, os presos são transferidos para diferentes unidades do fundão. Outro elemento que intensifica o castigo experimentado nessa unidade é o fato de que o restante de seus pavilhões esteja ocupado

---

[101] Muitas vezes, a sanção supera os trinta dias de isolamento estabelecidos na LEP.

[102] Como menciona o juiz que fiscalizou essa unidade, em ata anexa ao Relatório do Mutirão Judiciário do Conselho Nacional de Justiça, conforme CNJ, *Relatório geral*, cit.

por detentos de uma facção não hegemônica, inimiga do PCC – ao qual os castigados estão geralmente vinculados. Além da tensão gerada pela proximidade de um inimigo, o fato de presos dos outros raios produzirem as refeições que são distribuídas no castigo é causa de muito sofrimento e insatisfação. Presidiários ali castigados relatam ter recebido alimentos com diversas "impurezas", tais como pó de vidro, fezes de animais, insetos e até veneno de rato[103]. Na P1 de Venceslau, é possível perceber a conformação de um espaço de castigo por técnicas de composição populacional: as agências estatais, ao permitirem que os alimentos de uns sejam preparados por seus inimigos diretos, cuidam para que a experiência vivida ali seja a pior possível.

A P2 de Presidente Venceslau e a P1 de Avaré são também unidades diferenciadas, não obstante sejam formalmente classificadas pela SAP como penitenciárias comuns de regime fechado. Podem ser consideradas "unidades prisionais de regime de segurança híbrido"[104]. Para tais unidades também são transferidos presos considerados importantes líderes de facção prisional, que nelas são submetidos a um regime de punição mais severo que o comum, embora mais ameno que o RDD. Mais severo que o comum, haja vista as maiores restrições ao banho de sol, às visitas e ao recebimento de jumbos, além da ausência de escola, cursos e oficinas de trabalho; mais ameno porque as celas são coletivas e há a possibilidade de receber visita íntima, bem como de ouvir rádio e ver televisão[105]. A transferência para essas unidades não passa por um processo jurisdicionalizado. A decisão é administrativa, prescindindo da autorização do juiz[106], da formalização de sindicâncias e do estabelecimento de prazos e condições na letra da lei. Essas unidades também apresentam a particularidade de terem seus processos

---

[103] Fatos também registrados na ata anexa ao Relatório do Mutirão Judiciário do CNJ. Vale também a citação literal de trecho de um *salve* em que os presos denunciavam as condições dessa unidade: "e quando chegam na referida unidade são espancados, humilhados, ficam mais de trinta dias *e tem envenenamento*", conforme Fernando Salla, Camila C. N. Dias e Giane Silvestre, "Políticas penitenciárias e as facções criminosas: uma análise do Regime Disciplinar Diferenciado (RDD) e outras medidas administrativas de controle da população carcerária", *Estudos de Sociologia*, v. 17, n. 33, 2012, p. 246, grifo meu.

[104] Ibidem, p. 243.

[105] Ibidem, p. 245.

[106] Embora idealmente toda transferência de presos de uma unidade para outra devesse ser autorizada pelo juiz, na prática isso não acontece.

de execução correndo em varas muito distantes da capital, o que retarda significativamente o encaminhamento de benefícios – outra maneira de a distância intensificar a pena.

Seja na interiorização penitenciária em seus aspectos gerais, seja na lógica que preside a alocação dos presidiários no fundão como um todo e em unidades especializadas (formais e informais), seja na distribuição desigual dos recursos do sistema de justiça, a experiência do castigo no estado de São Paulo aparece como profundamente vinculada a uma gestão das distâncias. Ademais, num sistema que se sustenta e se viabiliza por uma infinidade de vasos comunicantes que articulam o intra e o extramuros, por onde transitam volumosos fluxos de pessoas, coisas e informações e que, portanto, pressupõe certo regime de conectividade entre o dentro e o fora da prisão, a distância se faz um elemento cada vez mais determinante na modulação das penas e na experiência da punição.

5
AS EXIGÊNCIAS DA CIRCULAÇÃO

> *Eu agradeço pela visita;*
> *graças a Deus ainda tenho família;*
> *tenho uns conhecido, tenho uma pá de mano;*
> *na rua, no presídio, uma pá de mano.*
> *quinze anos pra puxá de detenção;*
> *latrocínio na ficha de um ladrão.*
> *Sinto uma grande vontade de chorar*
> *ao ver a minha mãe aqui vindo me visitar.*
>
> Realidade Cruel, "Dia de visita", *Só sangue bom*, 1999

Sistema de abastecimento

Investimentos estatais

Em tempos de governamentalidade neoliberal, a racionalidade econômica coloniza e redefine domínios da existência em sociedade que anteriormente eram alheios ao campo de objetos da economia. No âmbito da justiça criminal, esse processo conduz à multiplicação de discursos sobre os custos da delinquência e a eficiência econômica do sistema penal[1]. Sob essa renovada gramática, no debate público brasileiro, o problema do "custo do preso" emerge com acentuada frequência. No Relatório Final da Comissão Parlamentar de Inquérito (CPI) do sistema carcerário, da Câmara dos Deputados – elaborado e apresentado pelo deputado Domingos Dutra, em

---
[1] A conversão da questão penitenciária em política de desenvolvimento econômico e social para territórios em crise é também uma expressão desse fenômeno. Sobre a expansão da racionalidade econômica, ver Michel Foucault, *Nascimento da biopolítica*, cit., p. 241; 339-40.

2008 –, o custo mensal do preso nas carcerárias paulistas era estimado em R$ 775². Em 2014, em evento público organizado na Fundação Getulio Vargas (FGV), o Coordenador de Reintegração Social e Cidadania da SAP afirmava que tais custos já eram da ordem de R$ 1.300 por mês³. Tais cifras muitas vezes são interpretadas como indicadores de que a população carcerária, na verdade, é uma classe de privilegiados, objeto de investimentos estatais maiores do que aqueles destinados aos cidadãos livres. No entanto – independentemente de sua acuidade técnica –, tais cifras expressam mais propriamente os custos de manutenção do encarceramento de uma pessoa, e não os de suas condições de vida no interior do ambiente prisional. As observações que seguem sobre os investimentos estatais na manutenção do preso vão nesse segundo sentido: como e quanto o Estado investe não para manter uma pessoa presa, mas para manter um preso enquanto pessoa?

No final de 2012, fui convidado por um defensor público que atua na RMSP a apreciar alguns dados que ele havia conseguido extrair da SAP, mediante recurso à Lei de Acesso à Informação (Lei 12.527/2011). Tratava-se de um conjunto de tabelas elaboradas pelas diferentes Coordenadorias Administrativas regionais, as quais continham informações sobre os gastos em materiais de higiene pessoal, vestuário e limpeza, por unidade prisional, no ano de 2011 e no primeiro semestre de 2012⁴. Em primeiro lugar, pude observar uma significativa variabilidade nos padrões de registro das diferentes coordenadorias, seja no modo de organizar as informações, seja na seleção dos dados que seriam registrados⁵. Não havia, portanto, um sistema centralizado de registro e controle desse tipo de custo. Em segundo lugar, pude notar uma alta variabilidade no conjunto de itens distribuídos em diferentes unidades. Por exemplo, itens como escova de dente e sabão em pó tinham sido distribuídos em algumas unidades e em outras não – de modo que tampouco se verificava a existência de uma diretriz geral sobre o

---

[2] Câmara dos Deputados, *Relatório Final*, cit., p. 313.

[3] Lançamento da pesquisa "Trajetórias de vida e justiça criminal na América Latina", nos dias 24 e 25 de março de 2014, no anfiteatro da FGV, na cidade de São Paulo.

[4] Essas informações foram divulgadas e debatidas na audiência pública "O fornecimento de produtos básicos de assistência material nos estabelecimentos prisionais do estado de São Paulo", realizada em 22 de novembro de 2012, na sede da Defensoria Pública.

[5] Por exemplo: a Coremetro, a CRC e a CRN explicitavam, além dos itens comprados, quantos foram efetivamente distribuídos no período; a CRO, só os efetivamente entregues; a CVL, só os comprados.

que cabe à administração das unidades fornecer aos presos. Por fim, e mais importante, as informações divulgadas deixavam evidente que a quantidade de itens distribuídos pela administração penitenciária era absolutamente insuficiente para atender o conjunto da população carcerária. Dois exemplos bastarão para demonstrá-lo.

Tabela 9 - Relatório de gastos em itens de higiene, vestuário e limpeza, no CDP de Diadema, em 2011

Itens	Total de itens comprados	Valor gasto	Total de itens entregues
Barbeador	1.240	R$ 372,60	782
Creme dental	576	R$ 755,80	273
Escova dental	250	R$ 120,00	24
Sabonente	600	R$ 232,00	309
Camiseta branca	200	R$ 900,00	180
Chinelo	200	R$ 898,00	200
Cobertor	30	R$ 600,00	30
Lençol	30	R$ 195,00	30
Toalha de banho	60	R$ 270,00	60
Sabão em pó	450	R$ 708,00	165
Desinfetante	90	R$ 248,00	50
Colchão	240	R$ 9.000,00	90
Total	3.966	R$ 14.299,40	2.193

Fonte dos dados: Depesp, *Planilhas de gastos em higiene, vestuário e limpeza: no ano de 2011 e primeiro semestre de 2012, referentes às coordenadorias regionais da Secretaria de Administração Penitenciária do estado de São Paulo* (São Paulo, Depesp, 2012). Elaboração minha.

Tabela 10 - Relatório de gastos em itens de higiene, vestuário e limpeza, na P2 de Itirapina, em 2011

Itens	Total de itens comprados	Valor gasto	Total de itens entregues
Barbeador	840	R$ 184,80	840
Creme dental	840	R$ 546,00	840
Escova dental	840	R$ 302,40	840
Papel higiênico	14.976	R$ 3.440,90	14.976
Sabonente	840	R$ 518,00	840
Camiseta branca	2.000	R$ 7.200,00	2.000
Calça-padrão	2.100	R$ 10.200,00	2.100
Cobertor	400	R$ 3.776,00	400

(continua)

(continuação)

Itens	Total de itens comprados	Valor gasto	Total de itens entregues
Sabão em pedra	4.000	R$ 1.720,40	0
Sabão em pó	2.900	R$ 4.074,00	0
Desinfetante	3.330	R$ 2.414,10	0
Detergente	6.200	R$ 5.496,80	6.200
Total	39.266	R$ 39.873,40	29.036

Fonte dos dados: Depesp, Planilhas de gastos em higiene, vestuário e limpeza, cit.

Enquanto o CDP de Diadema não reportava compra nem distribuição de itens básicos como papel higiênico, calça, detergente e sabão em pedra, a P2 de Itirapina não apontava compra ou distribuição de chinelo, toalha de banho e colchão nem registrava a distribuição do sabão em pedra, sabão em pó e desinfetante efetivamente comprados. Segundo dados do Núcleo Especializado em Situação Carcerária da Defensoria Pública, no final de 2011, viviam 1.215 presos no CDP de Diadema[6], de modo que os investimentos estatais em itens básicos de higiene pessoal, vestuário e limpeza giraram em torno dos R$ 11,77 por preso ao ano. Considerando a população residente na P2 de Itirapina, em janeiro de 2012 – 1.802 detentos[7] –, os gastos com itens básicos nessa unidade foram da ordem de R$ 22,13 por preso ao ano.

No conjunto das informações prestadas pelas diferentes Coordenadorias Administrativas, os mais frequentes – embora não universais – itens básicos comprados e distribuídos pelo Estado eram de higiene pessoal (barbeador, sabonete, papel higiênico, creme e escova dental), de vestuário (calça-padrão e camiseta branca) e de limpeza (sabão em pó, em pedra, detergente e desinfetante). Entretanto, a maior frequência desses itens nas tabelas não significa que tenham sido suficientemente repartidos nas prisões. Os dados não indicam que os itens de uso contínuo tenham sido administrados por todo o ano. Mesmo que, por exemplo, o número de tubos de creme dental distribuídos

---

[6] Depesp – Defensoria Pública do Estado de São Paulo, *Parecer do Procedimento Interno do Núcleo de Situação Carcerária: fornecimento de produtos básicos de assistência material nos presídios* (São Paulo, Depesp, 2012) p. 7, disponível em <http://www.defensoria.sp.gov.br/dpesp/repositorio/0/documentos/n%C3%BAcleos%20especializados/Parecer%20NESC%20204-36-2012.pdf>, acesso em 19 nov. 2014.

[7] Raphael Tadeu Sabaini, *Uma cidade entre presídios: ser agente penitenciário em Itirapina-SP* (Dissertação de Mestrado em Antropologia Social, São Paulo, FFLCH-USP, 2012), p. 19.

coincidisse com o de presos de uma unidade ou mesmo o superasse, não se poderia concluir que o Estado tenha provido tal necessidade básica de cada indivíduo durante todo o período. Ademais, nessas mesmas tabelas disponibilizadas pela SAP, aparecia ainda um conjunto de itens tão básicos quanto os acima elencados e que não tinham sido comprados nem distribuídos na maioria absoluta das unidades, como desodorante, cueca, calcinha, meias, bermuda, blusa, calçados, toalha de banho, lençol, colchão, vassoura e rodo[8].

Uma análise dos investimentos estatais na manutenção do preso não pode estar completa sem o exame dos gastos feitos com alimentação. Como as informações fornecidas pela SAP à Defensoria Pública não contemplam elemento tão fundamental, limito-me aqui a registrar minha própria experiência como quem eventualmente consome das refeições servidas no ambiente penitenciário. Em muitas visitas pastorais, Fátima, outros agentes e eu almoçamos nos raios, celas ou oficinas que visitávamos no momento em que chegava a boia. A quantidade não costuma ser problema, mas a qualidade não é das melhores: a salada quase sempre é de repolho, a carne invariavelmente tem mais gordura do que fibras e as frutas são raras. Quando a comida é preparada na própria unidade, costuma ser mais farta e saborosa do que as *quentinhas* compradas de empresas terceirizadas. Por mais subjetivas que sejam, tais impressões são suficientes para indicar que os investimentos estatais na alimentação dos presos não podem ser excessivos.

Finalmente, gostaria de ressaltar que, em muitos raios e em várias penitenciárias, vigora um regime de completa escassez de água. Os registros são abertos por curtos períodos em momentos precisos do dia, de modo que os presos precisam armazenar a quantidade que será utilizada para sua higiene pessoal e a limpeza da cela e do raio em tonéis improvisados e garrafas PET[9].

---

[8] Embora o conjunto de itens básicos distribuídos não seja muito distinto, as unidades femininas tendiam a receber um volume maior de investimentos estatais que as masculinas, muito provavelmente porque as mulheres encarceradas enfrentam maiores dificuldades em mobilizar apoio material externo. Sobre as especificidades do encarceramento feminino, ver Caroline Howard (org.), *Direitos humanos e mulheres encarceradas* (São Paulo, ITTC e Pastoral Carcerária, 2006); Natalia C. Padovani, *'Perpétuas espirais': falas do poder e do prazer sexual em trinta anos (1977-2009) na história da Penitenciária Feminina da Capital* (Dissertação de Mestrado em Sociologia, Campinas, IFCH-Unicamp, 2010); e Natália B. do Lago, *Mulheres na prisão: entre famílias, batalhas e a vida normal* (Dissertação de Mestrado em Antropologia, São Paulo, FFLCH-USP, 2014).

[9] CNJ, *Relatório geral*, cit., p. 27.

Considerações como essas – sobre a economia material no cárcere – geralmente tendem a apontar a óbvia inadequação entre mundo prático e normativas legais, como a LEP ou as regras mínimas para o tratamento de prisioneiros da Organização das Nações Unidas[10]. Dessa perspectiva, o Estado é interpelado por suas omissões e insuficiências no registro negativo de contraste entre um "real" e um "ideal". Entretanto, proponho outra ênfase, não no que o Estado é em relação ao que deveria ser, mas em como opera e quais efeitos práticos suscita. A absoluta escassez material imposta nas prisões paulistas evidentemente contraria preceitos legais nacionais e internacionais, mas o que o Estado efetivamente investe na manutenção do preso tem efeitos positivos, produtivos – no sentido de que produz uma situação determinada, que instaura um particular regime de práticas que, por sua vez, possibilitará ao sistema prisional continuar funcionando, mesmo que de um modo muito distinto daquele normatizado nos códigos. A imposição da penúria material é um modo de investimento estatal, cujo principal efeito é incitar os presos e, principalmente, seus familiares a mobilizarem-se cotidianamente para garantir condições mínimas de sobrevivência na prisão. Em suma, não é um Estado ausente ou omisso que abre espaço para que os presos e seus próximos se organizem em prol de seus interesses, pelo contrário: é o modo pelo qual o Estado se faz presente e investe sobre a população carcerária que incita e promove essa mobilização, dentro e fora dos muros.

A presença da família

A manutenção de mínimas condições de vida para a população carcerária paulista não pode se realizar exclusivamente através de investimentos estatais, de modo que um sistema de abastecimento do sistema prisional só se constitui pela mobilização de recursos dos próprios presos e, principalmente, de seus familiares e amigos, por meio dos vasos comunicantes do pecúlio, do jumbo e do Sedex.

Em 2014, o mesmo defensor público que me convidou a apreciar os dados sobre os investimentos estatais em itens de vestuário, higiene e limpeza conseguiu extrair da SAP – também mediante recurso à Lei de

---

[10] ONU, Organização das Nações Unidas, *Regras mínimas para o tratamento de prisioneiros*, Genebra: 1º Congresso das Nações Unidas sobre Prevenção do Crime e Tratamento de Delinquentes, 1955, disponível em <http://www.dhnet.org.br/direitos/sip/onu/fpena/lex52.htm>, acesso em 21 nov. 2014.

Acesso à Informação – números sobre visitantes cadastrados e visitações no sistema penitenciário estadual em 2012 e no primeiro semestre de 2013[11].

Os números reportados não deixam dúvidas sobre a importância da família na dinâmica prisional paulista:

Tabela 11 - Visitantes cadastrados, por sexo e faixa etária, segundo regime de pena, em 1º de setembro de 2013

	Regime fechado	Regime semiaberto	Total
Presos	176.409	23.906	200.315
Visitantes cadastrados	356.656	46.041	402.697
Homens adultos	64.000	8.307	72.307
Mulheres adultas	234.468	25.734	260.202
Adolescentes masc.	6.556	1.480	8.036
Adolescentes fem.	7.703	1.165	8.868
Crianças (<12 anos)	43.929	9.355	53.284

Fonte dos dados: Depesp, *Ofício SAP/GS n. 0093/2014* (São Paulo, Depesp, 2014). Elaboração minha.

Nas informações apresentadas, a SAP se limita a distinguir os visitantes cadastrados pelo regime que vigora nas unidades, o que impossibilita contrastar tendências de visitação entre unidades masculinas e femininas ou interioranas e metropolitanas[12], bem como entre CDPs, penitenciárias, CRs e CRP, ou entre CPPs e anexos de regime semiaberto[13]. Provavelmente, o que a SAP entende por "adultos" e "adolescentes" corresponde à tipificação legal da maioridade (penal): maiores e menores de dezoito anos. De todo modo, é de destacar a proporção de mais de dois visitantes cadastrados por preso, a maioria absoluta de mulheres e o número significativo de crianças menores de doze anos. Quanto ao número de visitações, a SAP informa que,

---

[11] Essas informações foram divulgadas e debatidas na audiência pública "Revistas íntimas de visitantes em unidades prisionais do estado de São Paulo", realizada em 29 de março de 2014, na sede da Defensoria Pública.

[12] No decorrer do trabalho de campo, pude perceber que agentes pastorais, presos, egressos, familiares e funcionários têm a mesma percepção de que unidades femininas e penitenciárias interioranas são significativamente menos visitadas.

[13] Embora informe a existência, na referida data, de 1.050 detidos sob medida de segurança, a SAP não faz referência a visitantes cadastrados em hospitais de tratamento e custódia; por isso, não inclui esses 1.050 detentos no contingente de presos expresso na tabela.

em unidades de regime fechado, foram 3.155.792 visitas realizadas em 2012 e 2.064.210 só no primeiro semestre de 2013. Nas de regime semiaberto, foram 252.134 visitas em 2012 e 169.159 no primeiro semestre de 2013. Ao vislumbrar tais dados, é preciso ter em mente que não são todos os presos que recebem visitas, que nem todas as pessoas cadastradas visitam seus parentes com frequência e que nem sempre a visita é acompanhada da entrega de um jumbo. Não obstante, é certo que a maioria dos jumbos entra nas prisões por ocasião das visitas e que o volume de recursos assim introduzidos no ambiente prisional se dimensiona na escala dos milhões (de itens, de quilos, de reais etc.). Visita e jumbo, portanto, conformam um fluxo fundamental no sistema de abastecimento operante nas penitenciárias paulistas[14].

No entanto, como já destaquei em outras ocasiões, a relação entre familiares de presos e instituição punitiva é comumente problematizada em termos estritamente negativos, segundo o que chamei de hipótese da desestruturação[15]. Diferentes especialistas convergem na constatação de que a prisão atua no entorno social do detento, operando uma espécie de "punição invisível[16]", que, além de comprometer formas de subsistência e destituir orçamentos familiares, promove a estigmatização de mulheres, crianças e comunidades, com consequências objetivas e subjetivas bastante graves[17]. Sem minimizar tais efeitos negativos, num primeiro momento de minha trajetória de pesquisa, procurei ressaltar a importância de prospectar os impactos positivos e estruturantes que a prisão produz em círculos familiares e grupos sociais vinculados aos presos no ambiente urbano[18]. Tal preocupação decorria da necessidade de não reduzir ao registro de incompletude e deturpação uma miríade de

---

[14] Os itens que assim adentram o interior da prisão são redistribuídos entre os presos, por solidariedade ou transações várias.

[15] Rafael Godoi, "Entre el hogar y la cárcel: una historia de vida (des)estructurada por las instituciones penitenciarias", *Quaderns-e*, n. 11a, 2008, disponível em <http://www.raco.cat/index.php/QuadernseICA/article/view/124218>, acesso em 20 nov. 2014; e idem, "Para uma reflexão sobre efeitos sociais do encarceramento", *Revista Brasileira de Segurança Pública*, v. 8, 2011.

[16] Marc Mauer e Meda Chesney-Lind, *Invisible Punishment*, cit., tradução minha.

[17] Donald Braman, *Families and Incarceration* (Tese de Doutorado em Filosofia, New Haven, Yale University, 2002); Jeremy Travis e Michelle Waul, *Prisoners Once Removed*, cit.; e Megan L. Comfort, *Doing Time Together*, cit.

[18] Rafael Godoi, *Ao redor e através da prisão*, cit.; e idem, "Para uma reflexão sobre efeitos sociais do encarceramento", cit.

arranjos familiares e vicinais que cotidianamente se (re)estruturavam em função da prisão de uma pessoa e viabilizavam não só complexas estratégias de sobrevivência como também dinâmicas de visitação e suporte – afetivo e material – a pessoas presas e livres. Agora, retomo essas apreciações críticas da literatura especializada para propor outra ênfase: não mais dos efeitos (re)estruturantes da prisão sobre o entorno social do preso, mas do papel estruturante e fundamental das famílias no próprio funcionamento da prisão.

A presença das famílias no ambiente carcerário é estratégica na viabilização tanto do regime de processamento quanto do sistema de abastecimento que funcionam no sistema prisional paulista – ou, mais precisamente, que o fazem funcionar. Essa centralidade não é contemplada quando se problematiza a experiência dessas famílias nos termos de "consequências colaterais do encarceramento em massa"[19] ou de "prisionização secundária"[20]. "Colateral" e "secundário" são noções que situam a experiência dos visitantes com o sistema prisional num plano menor, derivado, sugerindo que o funcionamento da prisão massificada seguiria uma mecânica própria, que só inadvertidamente arrastaria mães, mulheres, filhos e amigos dos presos para uma condição pior.

No estado de São Paulo, para quem está preso, a proximidade da família condiciona a experiência da pena, não só pelos vínculos afetivos que permite sustentar, mas também porque incide positivamente em seus aspectos legais e materiais. Por outro lado, a própria experiência das pessoas que visitam parentes presos – que procuram saber sobre seus processos, tentam provocar movimentações, levam jumbos e enviam Sedex – informa sobre o funcionamento intestino da prisão, sobre suas particulares formas de gestão.

Dessa perspectiva, o quadro que se esboça não é o da imposição de uma pena sobre uns que, por faltas ou excessos, acabaria por contaminar tantos outros, mas de uma administração ampliada das penas que implica igualmente uns e outros, presos e familiares, também agentes civis e estatais – que operam, em grande medida, gerindo os múltiplos e indispensáveis fluxos de pessoas, bens e informações que entram e saem da prisão precisamente para fazê-la funcionar. Ao abordar a experiência dos familiares dos presos, não pretendo compreender a (de)formação de uma identidade nem as regras, éticas e preceitos morais de um grupo em particular, mas abordar e descrever a logística de um sistema – o penitenciário paulista.

---

[19] Marc Mauer e Meda Chesney-Lind, *Invisible Punishment*, cit.
[20] Megan L. Comfort, *Doing Time Together*, cit.

O controle das visitas

Cadastramento

A visita é um dos principais vasos comunicantes que constituem a prisão. No estado de São Paulo, ela sustenta um dos mais volumosos e estratégicos fluxos de informações, coisas e pessoas que conformam o sistema penitenciário e as experiências que dele se têm, dentro e fora de seus muros. Além de um fluxo, a visita é um ciclo tão estruturante do funcionamento da prisão quanto o ir e vir de seus funcionários, administradores e recursos orçamentários. É um ir e vir e suas várias repetições. É, portanto, uma circulação com espacialidade e temporalidade próprias. Territorialmente, o fluxo de visitantes se estende, em linhas gerais, entre espaços urbanos e periféricos com altos índices de encarceramento e o circuito da espacialização penitenciária paulista com seus pontos de concentração e vetores de interiorização. Em sua dimensão temporal, o fluxo segue o ritmo das semanas, com os sábados e/ou domingos inteiramente dedicados à realização da visita, aos protocolos de entrada e ao retorno das unidades e com os demais dias sendo geridos entre o cuidado com os filhos, o trabalho, os afazeres domésticos, o lazer e as atividades próprias à preparação da visita e do jumbo.

O mundo social que se estrutura em função da visita se constitui como um universo absolutamente feminino. Nos preparativos, nos trajetos, nas filas, as mulheres prevalecem. E não só em termos quantitativos: são elas que dinamizam esses territórios, que ocupam seu centro. Os homens, no mais das vezes, ou são funcionários do Estado ou presos visitados. Se tanto uns quanto outros zelam pela fila e pela logística da visitação, se estão implicados em múltiplos agenciamentos nos diversos momentos do ciclo de visitação, são elas as protagonistas, as que mais realizam passagens e experimentam seus limites específicos. Embora homens realizem visitas a pais, filhos ou irmãos e passem pelos mesmos procedimentos, sua posição nos territórios da visitação é quase tão deslocada quanto a do etnógrafo. Por isso, a declinação de gênero mais adequada para se referir aos sujeitos da visita é o feminino: as visitantes.

Para receber visitantes, jumbos e Sedex, o preso recém-chegado numa unidade deve compor seu rol de visitas, informando à direção o nome completo, a natureza do vínculo e o número de RG das pessoas que o visitarão. A necessidade de informar o número do documento da visitante já pode exigir alguma comunicação prévia por carta, telefone ou recado.

Um dos primeiros auxílios que prestei a um preso foi exatamente contatar sua mãe, por telefone, para anotar o número do RG dela e entregar para ele numa próxima visita pastoral, de modo que pudesse regularizar seu rol de visitas. Tal rol costuma ser composto pela mãe, mulher – cônjuge ou companheira –, filhos, pai, irmãos e, excepcionalmente, tios e avós[21].

Depois do nome incluído e liberado pela administração, para emitir a carteirinha, a visitante deve providenciar cópias de seus documentos pessoais: comprovante de residência, atestado de antecedentes criminais, certidão de casamento ou declaração de união estável registrada em cartório e fotos 3x4. As crianças devem estar formalmente registradas com o nome do pai. Não raro, como agentes pastorais, ajudamos nos protocolos de matrimônio e de reconhecimento de paternidade. Embora exista um sistema informatizado e centralizado de controle de visitantes, o cadastro deve ser refeito a cada transferência do visitado. Segundo variáveis critérios da direção da unidade, durante a tramitação do cadastramento, o preso que já não está em regime de observação poderá ou não ser visitado no raio ou no parlatório.

A qualquer momento, o preso pode requisitar a exclusão – ou inclusão – de um parente em seu rol de visitas. A troca de companheira, no entanto, é dificultada: entre excluir a ex-mulher e incluir uma nova visitante, o preso deve cumprir um lapso mínimo de seis meses[22]. Tal medida visa a coibir a visitação de pessoas que não tenham uma efetiva relação com o detento. A fim de contornar tais restrições, é comum, por exemplo, que um preso impossibilitado de incluir uma nova companheira em seu rol entre em concordância com um colega do mesmo raio, que não recebe visita conjugal, para que ele a inscreva no próprio nome. Ela entra para visitar um, mas efetivamente visita outro. O procedimento envolve, no entanto, uma considerável margem de risco: caso um ou outro seja transferido, o preso ficará por um bom tempo sem visita, sem jumbo e sem Sedex[23].

O cadastro das visitantes pode ser temporária ou definitivamente suspenso a critério da direção da unidade em decorrência de conflitos entre elas e funcionários ou de tentativas de fazer entrar itens não permitidos. A

---

[21] As normas de visitação estão em Art. 99 a 115 da Resolução SAP 144.
[22] Art. 107 da Resolução SAP 144.
[23] Sedex só são distribuídos ao preso se remetidos por familiares que constem em seu rol de visitas.

suspensão – o *gancho* – é um procedimento administrativo absolutamente desjurisdicionalizado, o que restringe as possibilidades de defesa e de recurso.

Senhas

Senhas são números sequenciais distribuídos individualmente às visitantes pela administração da unidade, por ordem de chegada à prisão, a cada fim de semana. Pela distribuição das senhas, a instituição incide na organização da fila; sua sequência baliza a ordem de entrada nos dias de visita sem, no entanto, determiná-la inteiramente. Cada unidade estabelece sua própria política com normas, formatos e horários de distribuição próprios[24]. A retirada das senhas não marca um início na fila de visitações, é apenas uma de suas etapas. Para tão somente retirá-las, as visitantes já têm de se organizar numa primeira e outra fila. Em várias unidades, a direção não permite a aglomeração de pessoas em suas portas muito antes do horário de distribuição das senhas; no entanto, em algumas penitenciárias metropolitanas onde fiz visitas pastorais, a fila da senha já começava na manhã de sexta-feira, ainda que o dia de visita fosse só no domingo. Como nas demais filas que pontilham os territórios da visitação carcerária, a da senha não é uma linha, uma fila indiana; sua imagem é a de um acampamento. As mulheres organizam uma lista na qual se registra a ordem de chegada e aguardam dispersas, em barracas, dentro dos carros, em pequenos grupos – nessa etapa, a alguns metros da prisão. Dependendo do horário de início de distribuição das senhas, do dia de visita no raio ou na unidade[25], da distância entre casa e cadeia, dos recursos de que dispõem, as visitantes podem retirar a senha e partir de volta ao lar, retornando à unidade horas antes do ingresso, ou podem ficar acampadas até que se comece a entrar na prisão.

Na penitenciária cujo processo de visitação acompanhei mais de perto, na Nova Alta Paulista, as senhas – uma placa de madeira com um número inscrito amarrada a um barbante – são distribuídas a partir das 16 horas de sexta-feira. A administração da unidade também proíbe a aglomeração

---

[24] Em algumas unidades pode nem existir, como mostra Jacqueline Stefanny Ferraz de Lima, *Mulher fiel*, cit., p. 16.

[25] No interior, as visitas ocorrem aos sábados e domingos, num sistema conhecido como *dobradinha*; na RMSP, algumas unidades recebem visitantes aos sábados ou domingos; em outras, ainda, a visita se divide entre sábados para determinados raios e domingo para outros.

de visitantes em seus portões muito antes desse horário. A fila das senhas então se estabelece na manhã ou no começo da tarde de sexta-feira, à beira da estrada, afastada algumas dezenas de metros da prisão, junto a um pasto.

Nesse espaço, absolutamente desprovido de qualquer comodidade, as primeiras visitantes estabelecem acampamento, pedem comida por telefone, descansam e esperam. No horário prescrito, retiram suas senhas e só então se dirigem ao local onde se hospedam.

A distribuição das senhas continua até que todas tenham entrado, embora se intensifique na madrugada do dia de visita, período no qual chega o maior número de pessoas. Nesse momento, filas indianas podem se formar – conforme o ritmo de ônibus, *vans*, táxis e carros particulares que vão chegando – para logo se dissolver no acampamento. Todo o esforço para estar entre as primeiras da fila visa a estender o tempo que se passa com o visitado, ainda que a custo de um maior tempo de espera. Quem retira as últimas senhas acaba por perder tempo de visita, aguardando seu momento de entrar. Ao contrário de outras instituições públicas e privadas, a prisão não costuma fazer distinção entre fila preferencial e regular, o que fica a cargo das próprias visitantes.

A organização da fila

A fila para entrar na prisão no dia de visita não é uma fila indiana clássica. Um pequeno segmento de visitantes enfileiradas, de não mais que cinco ou seis pessoas, só se forma diante do portão de acesso à unidade quando, nas primeiras horas da manhã, os funcionários da guarita dão início aos procedimentos de entrada; e assim se mantém, nem mais longo nem muito mais curto, até que a última visitante entre. Dispersas pelo espaço, as visitantes esperam ser chamadas pela *guia* de modo a se enfileirarem diante da guarita.

A guia é a responsável pela fila perante o conjunto de visitantes, a administração da unidade e a população carcerária. Geralmente, é uma mulher que visita seu marido e tem ampla experiência no procedimento. Para assumir tal responsabilidade, que não vem sem seus encargos[26], a visitante e seu visitado devem gozar de boa reputação e apuradas habilidades relacionais[27].

---

[26] Como, por exemplo, sempre chegar entre as primeiras à fila e ser uma das últimas a entrar na prisão. Em contrapartida, em algumas unidades, elas podem ser remuneradas pelo coletivo de presos.

[27] Karina Biondi, *Junto e misturado*, cit., p. 14; e Jacqueline Stefanny Ferraz de Lima, *Mulher fiel*, cit., p. 15-6.

Praticidade, simpatia, autoridade e alguma impaciência são características comuns nas guias que vi trabalhando.

Munida de um caderno e de uma caneta, a guia anota o nome e a senha de cada visitante presente. Grávidas, mães de crianças pequenas, idosas e deficientes são identificadas como *preferenciais*. Quando dão início ao processo de entrada, a guia chama as três primeiras senhas, encaixa a primeira das preferenciais e, então, chama a quarta, a quinta, a sexta e outra preferencial, e assim por diante – num sistema de três para um. Ela espera a entrada das primeiras para chamar as seguintes, mantendo uma fila indiana bem curta. Conforme a fila "anda", o sistema se complica, pois, principalmente em unidades interioranas, é comum que visitantes cujas senhas já foram chamadas ainda não tenham chegado às portas da prisão – por atrasos no hotel, no ônibus, no táxi, por erros de cálculo ou inexperiência. Nesses casos, a guia chama as senhas das presentes e cuida para, o mais rápido possível, encaixar no devido lugar as que vão chegando: "Você está entre ela e ela! Pode esperar ali que já te chamo. Você vai entrar agora. Alguém sabe onde está a Maristela? Quem é Marta? Luiza, Marisa, Lourdes preferencial...".

Aos domingos, no interior, o sistema é ainda mais complexo em decorrência da chegada das visitantes que vieram de *bate e volta*, as quais possuem as últimas senhas[28]. Como não é considerado justo que entrem por último – já que visitam apenas um dia – nem que passem na frente das outras – já que todo o esforço para um bom lugar na fila não pode ser desprezado –, elas, assim como ocorre com as preferenciais, são identificadas pela guia como bate e volta e encaixadas numa fila dentro da fila – num sistema de três senhas comuns, uma preferencial e uma bate e volta. Como fica evidente, nem a sequência das senhas nem a ordem de chegada diante da prisão no dia de visita determinam inteiramente o desenrolar da fila; antes, convergem no caderno e na chamada da guia – que ainda encontra tempo para dar vários esclarecimentos sobre o que vai entrar ou não, como uma pessoa pode ir, voltar, quem está vendendo roupa etc.

Do outro lado do primeiro portão, após breve identificação, as visitantes ainda esperam em grupo por algum tempo até serem chamadas pelos fun-

---

[28] Bate e volta é o termo pelo qual são conhecidos os ônibus que partem dos grandes centros rumo a penitenciárias interioranas no sábado à noite, os quais transportam visitantes que apenas no domingo efetuarão visita.

cionários para *descer*[29]. Apesar do bloqueio físico, nesse período, mulheres de um lado e do outro do portão continuam conversando, verificando seus jumbos, comprando e trocando itens. Quem está dentro pode sair para ir ao banheiro, conversar com alguém ou comer algo, mas deve estar sempre muito atenta ao comando dos funcionários. A sociabilidade da fila atravessa essa primeira fronteira vertical da prisão.

Diante da prisão

Se o interior da prisão já foi metaforizado como o "país das calças beges"[30], seu exterior imediato, em dia de visita, poderia ser representado como o "vizinho país das calças *legging*"[31]. Esse tipo de peça se configura quase como o uniforme oficial da visitante[32], sendo preferido por elas e pelas agentes de segurança por serem mais fáceis de tirar, vestir e revistar que, por exemplo, uma saia ou uma calça *jeans* – o que acelera os procedimentos de entrada. Os chinelos do tipo "havaianas" são também praticamente obrigatórios; nas frias primeiras horas da manhã, quase sempre são calçados sobre as meias[33]. O sutiã não pode ter armação metálica e as camisetas não podem ser inteiramente brancas, nem decotadas, nem sem mangas, nem justas, nem curtas demais para os critérios da agente que revista[34]. Para combater o frio enquanto esperam, elas se enrolam em cobertas e toalhas. Principalmente para aquelas que visitam seus maridos ou companheiros, a frugalidade da vestimenta imposta é contrabalanceada com perfumes, cremes, maquiagens, esmaltes e penteados – muito do tempo de espera na fila é ocupado por retoques e reforços nesses elementos.

Não obstante essas diretrizes gerais, os critérios que a administração da unidade impõe para a vestimenta das visitantes variam bastante com o passar do tempo e segundo os funcionários de plantão no dia. São vários os

---

[29] Interessante notar como se referem ao processo de entrada como uma descida, não obstante a plena horizontalidade do trajeto.

[30] Na música "Diário de um detento" dos Racionais, e no livro homônimo de Jocenir, *Diário de um detento* (São Paulo, Labortexto, 2001).

[31] Um tipo de calça justa de tecido sintético.

[32] Em algumas unidades, é obrigatório o uso desse modelo de calça.

[33] Chinelo e meia também são de uso comum entre os presos.

[34] Megan L. Comfort, *Doing Time Together*, cit., discute os custos materiais e simbólicos da manutenção pelas visitantes de um "guarda-roupa da prisão".

exemplos: a calça *jeans* permitida algumas semanas antes já não o é mais; um tipo de blusinha que não podia agora pode; a camiseta que era curta demais para os funcionários do plantão da semana passada agora não o é; uma agente não deixa a visitante entrar calçando chinelos customizados, e a outra deixa[35]. Questões como essas são discutidas amplamente entre as visitantes enquanto aguardam na fila. Não é raro que, a partir dessas discussões, elas se vejam obrigadas a trocar de roupa naquele exato momento – emprestando ou comprando de alguém que tenha para vender ou, ainda, voltando para a casa ou o hotel – a fim de evitar um possível bloqueio na hora da revista[36]. Além de caracteristicamente vestidas, as visitantes chegam à fila carregando suas bolsas pessoais e as pesadas sacolas do jumbo. Muito do tempo de espera é consumido em torno deste, em discussões e adequações ainda mais complexas que as engendradas acerca do vestuário. Os jumbos são como que depurados num verdadeiro esforço coletivo, com as visitantes mais experientes ajudando não apenas as novatas – do sistema ou da unidade –, mas também aquelas que visitam pouco, que trazem coisas que as visitantes experientes sabem que não entrarão, pelo que são ou pelo modo como estão acondicionadas. Por meio dessas conversas e depurações é possível apreender os elementos centrais na composição de um jumbo – comida pronta, doces e salgados, bebidas, artigos de higiene pessoal e roupas – e os múltiplos critérios e especificações que a administração prisional impõe a cada item para a liberação de sua entrada.

Na unidade cuja fila observei mais de perto, comidas prontas como arroz, feijão, massas, carnes, legumes, verduras, saladas, tortas e bolos deveriam estar distribuídas em até quatro recipientes plásticos, sempre submetidas a diversas restrições. Por exemplo: pratos como lasanha, nhoque e bolo recheado estavam vetados, assim como determinados ingredientes como beterraba e milho[37]. Os doces e salgados deveriam ser postos em uma determinada quantidade de sacos plásticos transparentes. As bebidas limitavam-se a duas garrafas de refrigerante (de dois litros, lacradas, sem

---

[35] Jacqueline Stefanny Ferraz de Lima, *Mulher fiel*, cit., p. 54, aborda a distinção entre plantões "sujos" e "limpos" e as implicações de cada um na preparação para a entrada.

[36] A variabilidade das regras para o vestuário e do rigor nas revistas fomenta o mercado de venda e aluguel de roupas nas portas dos presídios.

[37] O milho, de fácil fermentação, é utilizado na fabricação da *Maria Louca* – a bebida alcoólica da prisão.

rótulo e não congeladas) e certo número de pequenas embalagens de suco solúvel[38]. Bebidas avermelhadas de sabor uva e framboesa não eram permitidas. Os diversos artigos de higiene pessoal também estavam submetidos a normas específicas: sabonetes deveriam ser brancos e acondicionados em sacos plásticos, fora da embalagem original, desodorantes não poderiam conter álcool nem ser aplicáveis por meio de *spray* ou aerossol, frascos de xampus e condicionadores deveriam ser transparentes. As roupas e calçados que as visitantes levavam para os visitados eram igualmente submetidos a restrições de quantidade e modelo.

A multiplicidade das regras e sua alta variabilidade[39] – entre unidades e com o passar do tempo – impõem todo um exercício (individual e coletivo) de contínuas verificações e ajustes do jumbo. As visitantes reviram seguidamente suas sacolas enquanto conversam sobre o que estão levando, sobre os itens que já viram serem barrados em outras ocasiões, sobre as mais destacadas implicâncias dos funcionários dos diferentes plantões etc. Nesses diálogos, não é raro que visitantes dispensem itens considerados inadequados ou, ao perceberem que estão levando artigos em excesso, peçam àquelas que vão ao mesmo raio e não completaram seus jumbos para entrarem com um recipiente de comida, um saco de bolachas, uma blusa[40].

Para além da adequação do vestuário e da depuração do jumbo, o tempo na fila é ocupado com várias outras conversas e transações. As visitantes trocam informações sobre as possibilidades de trajeto, os preços do mercado, a saúde dos filhos, o processo dos maridos. Ademais, como um número significativo de visitantes traz consigo seus filhos pequenos, o tempo na fila é entrecortado por brincadeiras, broncas e cuidados, como fazer dormir, trocar a fralda, dar de comer – o que, dadas as precárias condições do espaço, sempre exige alguma colaboração e solidariedade das outras visitantes.

---

[38] Algumas visitantes, para não beberem a água da unidade, levam garrafas de água mineral, as quais devem estar lacradas e com rótulo.

[39] Conversando sobre o tema com presos e egressos, explicaram-me que cada proibição está relacionada a uma tentativa fracassada de fazer entrar alguma coisa ilegal, ou a uma prática ilegal ou irregular no lado de dentro – o que sugere um certo caráter reativo na produção cotidiana das fronteiras da prisão.

[40] Essa é uma transação comum, embora arriscada, devido à possibilidade de quem faz o favor acabar sendo, sem saber, utilizada como *mula*. Sobre solidariedade e desconfiança na sociabilidade da fila, ver Jacqueline Stefanny Ferraz de Lima, *Mulher fiel*, cit.

Os procedimentos de entrada

Na guarita, as visitantes se identificam, mostram sua senha, sua carteirinha e algum documento pessoal, informam quem visitarão e em qual raio. Recebem então uma filipeta contendo seu nome e o de seu visitado, a data e o raio de destino. Do outro lado do portão, esperam que um grupo seja formado para "descerem". Quando chamadas, atravessam o estacionamento e chegam ao prédio localizado diante da muralha por uma entrada que lhes é própria. Nesse prédio, entre vias e espaços determinados, dá-se o maior número de controles e passagens. As visitantes devem deixar num guarda-volumes suas bolsas com documentos e telefones celulares devidamente desligados; itens pessoais que entrarão – como batom, pente, preservativos, absorventes[41] e algum medicamento[42] – devem ser postos em sacolas plásticas transparentes. As senhas são utilizadas como identificadores das bolsas no guarda-volumes.

A revista do jumbo é um dos procedimentos mais demorados. Os pacotes passam por um aparelho de raios X, semelhante aos utilizados em aeroportos. Em seguida, agentes de segurança penitenciária retiram todos os itens da sacola e os inspecionam segundo quantidade, qualidade e detalhes. Os recipientes são abertos e é comum que a comida pronta seja perfurada diversas vezes com um garfo ou uma faca. As garrafas de refrigerante são abertas e o gás deve sair sonoro. Sabonetes podem ser partidos ao meio. Odores de xampus, cremes e desodorantes também são testados. Roupas são minuciosamente revistadas em suas costuras e dobras. Os elementos vetados ficam ali retidos e dificilmente serão recuperados após a visita. A revista do jumbo serve de ocasião para múltiplos desentendimentos e conflitos entre visitantes e agentes estatais, pelos critérios aplicados ou pelo modo de manipulação dos itens.

O corpo das visitantes é objeto de um escrutínio ainda maior. Num cubículo, sozinhas ou em pequenos grupos, diante do olhar minucioso das agentes de segurança penitenciária, as visitantes devem se despir completamente, entregando peça por peça de roupa para ser revistada. Nuas, precisam se posicionar de costas, voltadas para a parede. Então, devem soltar, sacudir e erguer o cabelo, mostrar as solas dos pés e agachar uma, duas, três vezes. O

---

[41] Em algumas unidades, os absorventes trazidos pelas visitantes são trocados por outros, fornecidos pela administração.

[42] Sempre acompanhado de receita médica.

movimento expõe vagina e ânus, enquanto as agentes observam se há indícios de objetos introduzidos. Quando há suspeita, mandam a visitante repetir o movimento, acocorar-se mais, fazer força, limpar algum corrimento, abrir mais com as mãos. Se permanece a dúvida, podem chamar outras agentes para verificar. A visitante suspeita, às vezes obesa, às vezes idosa, tem de ficar ali agachada enquanto as agentes lhe fazem perguntas e insinuações, discutem aspectos de seu corpo, não se contentam com o que veem. No limite, quando desistem de verificar por si mesmas, mandam a visitante se vestir, barram sua entrada e comunicam o fato a seus superiores. Se a suspeita insiste em querer entrar, aqueles providenciam uma escolta que a conduzirá a um hospital, onde ela será submetida a um exame de raios X. Homens e crianças de todas as idades também passam por procedimentos análogos[43].

Do ponto de vista dos gestores e operadores do sistema prisional paulista, esse tipo de procedimento é conhecido como "revista íntima" e é justificado como uma necessidade, um procedimento de segurança, principalmente para evitar a entrada de drogas e telefones celulares (seus carregadores, baterias e *chips*), tidos como grandes perturbadores da boa ordem na prisão. "Um constrangimento legal", ouvi certa vez de um funcionário. Sua obscenidade é considerada um elemento técnico, um meio infeliz, mas disponível, de vedar a entrada desses objetos num contexto marcado pela falta de pessoal, de espaços adequados à visitação, de orçamento e de tecnologias mais avançadas. Do ponto de vista de determinados setores da sociedade civil organizada – entre os quais a Pastoral Carcerária –, o nome mais apropriado para essa prática corrente é "revista vexatória", injustificável pela violência e ilegalidade[44]. De um ponto de vista mais analítico, a revista vexatória pode ser considerada um ritual de degradação que marca a passagem do mundo livre ao prisional, assinalando no corpo da visitante seu necessário e absoluto assujeitamento aos desígnios da administração penitenciária. O cubículo no qual se realiza a revista se constitui, assim, como um território liminar por definição, entre o dentro e o fora da prisão, no qual a visitante ainda não está inteiramente dentro (pois ainda não acabou de entrar, ainda não viu

---

[43] Relatos verídicos e dramáticos de revistas vexatórias podem ser consultados em http://www.fimdarevistavexatoria.org.br.

[44] Em julho de 2014, foi aprovada lei que veta o procedimento no estado; em agosto, a lei foi promulgada pelo governador. Não pude explorar, no âmbito desta pesquisa, os desdobramentos práticos oriundos da nova legislação.

quem quer ver) e já não se encontra do lado de fora (pois ainda não está livre das exigências da administração penitenciária)[45]. É, portanto, um lugar de transição e uma passagem obrigatória, onde a condição, o *status* da mulher perante o Estado são postos em suspenso, ficam indeterminados. De um lado, ela ainda é uma pessoa livre, que está ali, em princípio, por espontânea vontade e pode dar as costas a qualquer momento; de outro, se quiser seguir adiante, ela já é alguém totalmente submetida às regras, comandos e procedimentos dos agentes estatais, por mais vexatórios que sejam. Meio livre, meio prisioneira: naquele cubículo por vontade própria, mas nua e agachada diante do escrutínio de uma agente de segurança penitenciária. Para entrar livremente na prisão, a visitante é obrigada a passar por esse ritual de degradação; muitas não suportam tamanha prova e a revista vexatória acaba por funcionar como um filtro, um elemento dissuasivo para a visita, que reforça a segregação de quem está do lado de dentro[46].

Além da revista vexatória, dois outros procedimentos complementam a vistoria corporal da visitante: a passagem por um portal e o sentar num banquinho, ambos funcionando como detectores de metais. O corpo das visitantes e suas vestes são, portanto, triplamente inspecionados antes de entrar na prisão[47]. O apitar de um desses aparelhos pode levar à repetição do procedimento, a uma revista ainda mais minuciosa ou bastar para interromper a entrada da visitante. Esses vários ritos, seus comandos, percalços e recorrências também dão ensejo a inúmeros conflitos entre agentes estatais e familiares de presos, quando, por exemplo, o aparelho insiste em apitar mesmo tendo a visitante removido qualquer vestígio de metal de seu corpo, ou o tratamento da funcionária é interpretado como ofensivo, ou a postura da visitante é tida como inapropriada. Conforme o entendimento

---

[45] Gwénola Ricordeau, "Between Inside and Outside: Prison Visiting Rooms", *Politix*, n. 97, 2012, discute a sala de visita nas prisões francesas também como espaço liminar, híbrido de dentro e fora.

[46] Esse argumento é levantado por Patrick Cacicedo, coordenador do Núcleo de Situação Carcerária da Defensoria Pública do Estado de São Paulo, conforme Daniele Silveira, "Revista vexatória desestimula entrada nos presídios para ocultar outras violações", *Radioagência NP*, São Paulo, 15 ago. 2013, disponível em <http://www.radioagencianp.com.br/11860-revista-vexatoria-desestimula-entrada-nos-presidios-para-ocultar-outras-violacoes>, acesso em 22 nov. 2014.

[47] Em algumas unidades, visitantes homens passam por verificação datiloscópica eletrônica, na entrada e na saída.

dos funcionários sobre a gravidade de uma tentativa de fazer entrar artigos proibidos, ou sobre os conflitos gerados durante as revistas, as visitantes estão sujeitas a sanções que vão desde o indiciamento policial (em casos de relatados desacatos ou ameaças graves, por exemplo) até o gancho – a suspensão temporária ou definitiva do direito à visitação.

Só depois de passarem por esses vários procedimentos, as visitantes e seus jumbos atravessam o portão que se abre na muralha. São, então, conduzidas por agentes de segurança penitenciária até a gaiola do raio que visitarão, onde seus familiares as esperam.

A visita

O modo como a visita efetivamente se realiza pode variar bastante conforme o tipo e a localização das unidades. No CRP, por exemplo, só há visitações curtas no parlatório, enquanto em penitenciárias comuns elas são excepcionais. Tampouco pode se organizar da mesma forma a visita num grande CPP como o de Franco da Rocha e num diminuto CR. Um traço comum à maioria das visitas é que se efetuam nos espaços de convívio regular dos presos, nos raios e celas, não havendo um lugar específico para esses eventos, como, por exemplo, na maioria dos presídios dos Estados Unidos. Quanto à localização, as unidades diferem na quantidade de dias destinados à visita. Na região metropolitana, visitações ocorrem ou aos sábados ou aos domingos, enquanto nas unidades do fundão vigora o regime de dobradinha, com visitas aos sábados e domingos. O número de visitantes dessas distantes unidades interioranas é relativamente reduzido. Uma penitenciária do oeste paulista que, em meados de 2013, abrigava por volta de 1.600 presos recebia, aos finais de semana, cerca de uma centena de visitantes, às vezes mais, às vezes menos – mas nunca sequer a metade dos internos chegava a ser simultaneamente visitada. A distância diminui o volume e a frequência das visitações, funcionando como forma efetiva de intensificação do isolamento e da pena que se impõem nessas unidades. Como se trata de um número reduzido de visitas para muito mais que um milhar de presos, aquelas realizadas no fundão em nada evocam a imagem construída – com referência especialmente à dinâmica que vigorava no Carandiru – do dia de visita como dia de festa em que os pátios são tomados por crianças e casais enamorados, como se a prisão se abrisse e se convertesse, ainda que momentaneamente, num espaço público como outro qualquer. Se reminiscências de uma tal dinâmica podem ainda existir em algumas poucas penitenciárias e, sobretudo, nos CDPs metropolitanos – mais visitados, mais apertados e superlotados –, nas unidades do interior mais distante, a visita é um ritual privado.

Na gaiola do raio, a visitante é recebida por seu visitado e o acompanha até uma cela, onde passarão praticamente todo o dia. A cela pode ser ou não aquela em que o preso reside[48], além de poder abrigar uma ou mais visitas. Quem não está recebendo ninguém naquele momento e tem sua cela utilizada para tanto deve permanecer o tempo todo no pátio. Visitações familiares – de pais, mães e irmãs – são mais frequentemente combinadas, evitando-se assim o deslocamento de um número excessivo de detentos. Duas visitas conjugais, no entanto, conforme a necessidade e as avaliações dos presos, também podem ocorrer numa mesma cela, sendo a privacidade construída por meio de um lençol pendurado dividindo o espaço ao meio – o *quieto*[49].

A cela é, portanto, o lugar por excelência da visita, onde visitantes e visitados comem, conversam e se amam[50]. Apesar da privacidade concedida ou edificada, a visita não transcorre em absoluto isolamento. Contatos entre visitados e não visitados são frequentes para que uns distribuam aos outros porções da comida que acabaram de receber[51], para que sejam avisados da hora ou para apresentarem um amigo muito querido à família. O contato entre visitantes também pode ocorrer quando mães, pais e filhos compartilham uma mesma cela ou quando, para ter momentos de privacidade, uma esposa deixa a filha ou o filho com uma amiga mais próxima. Contatos entre visitantes e não visitados são bem mais rarefeitos, só são permitidos com a mediação expressa dos visitados; o mais comum é a evitação – presos não olham nem dirigem a palavra a visitantes de seus colegas.

---

[48] Depende da confluência de visitados numa mesma cela e da disponibilidade de celas, considerando-se os deslocamentos necessários e desejáveis.

[49] Interessante notar que a estruturação de um bloqueio no espaço é designada, justamente, por aquilo que não bloqueia: o som.

[50] A visita íntima é um direito garantido em lei, mas, em unidades masculinas, quem a governa são os presos; a administração pouco ou nada interfere, limitando-se a deixar ou não a visitante entrar. Em unidades femininas, o quadro é bastante diverso, como mostra Natalia C. Padovani, 'Perpétuas espirais', cit.

[51] Toda a comida levada num jumbo costuma ser consumida no ato.

Acessos e objetos

Os mecanismos de controle das visitas apresentam duas características marcantes que iluminam certas dimensões estruturantes das atuais formas de governo penitenciário: trata-se, de um lado, de uma gestão voltada aos acessos e passagens; e, de outro, aos objetos. A gestão dos fluxos penitenciários – da mobilidade de pessoas, coisas e informações, entre dentro e fora da prisão – opera por um controle da acessibilidade, pelo estabelecimento de protocolos e pontos de passagem obrigatórios, por meio dos quais se regula quem (o que e como) pode ou não seguir num trajeto. A exigência de cadastramentos sucessivos, aliada à manutenção de um banco de dados de visitantes – com informações sobre todas as pessoas e unidades por elas visitadas – funciona nesse sentido. Quem apresenta trajetórias consideradas anômalas e que, na condição de mulher ou companheira, visita um e, depois, outro preso, na mesma ou em outra unidade, encontra maiores dificuldades para se cadastrar; quem apresenta antecedentes criminais ou responde a um processo judicial, quem não tem como comprovar residência, crianças que ainda não puderam ser registradas com o nome do pai têm, de partida, a entrada bloqueada.

Às portas da prisão, a dinâmica que vigora se assemelha à do *checkpoint* – mais precisamente, à de uma sucessão de *checkpoints*. Na guarita, checagem de documentação. Depois, revista de jumbo, verificação de vestimenta, detectores de metais, revista vexatória – em cada ponto uma triagem é feita e algumas visitantes são impedidas de entrar. O poder se exerce como um filtro: retém ou deixa passar, nunca sem antes verificar minuciosamente uma profusão de condições e detalhes[52]. Em cada checagem, a autoridade

---

[52] Dinâmicas análogas de gestão de mobilidades – como modo renovado de efetuação do poder estatal – são analisadas por diversos estudiosos preocupados com a construção simbólica e empírica das fronteiras nacionais num mundo caracterizado pela profusão de fluxos globais. Os trabalhos de Colin J. Bennett e Priscilla M. Regan, "Surveillance and Mobilities", *Surveillance and Society*, v. 1, n. 4, 2004; Paolo Cutitta, "Le monde-frontière: le contrôle de l'immigration dans l'espace globalisé", *Cultures & Conflits*, n. 68, 2007; Didier Bigo, Riccardo Bocco e Jean-Luc Piermay, "Logiques du marquage: murs et disputes frontalières", *Cultures & Conflits*, n. 73, 2009; e Didier Bigo, "Du panoptisme au ban-optisme: les micros logiques du controle dans la mondialisation", em Pierre-Antoine Chardel e Gabriel Rockhill (orgs.), *Technologies de contrôle dans la mondialisation: enjeux politiques, éthiques et esthétiques* (Paris, Editions Kimé, 2009) convergem na constatação de que a gestão estatal de fluxos migratórios, mercantis e informacionais não se realiza por técnicas disciplinares de vigilância

do agente estatal é exercida e atualizada, abrindo espaço para humilhações sutis ou abertas, para conflitos mais ou menos graves, mas também para múltiplas negociações e até algumas transações monetárias[53].

Assim como o "isolamento" do castigo, dentro da prisão, pode ser pensado como uma interrupção de vários dos fluxos que condicionam a experiência cotidiana da pena, a segregação própria do cárcere – essa mesma experiência cotidiana – pode ser pensada como o efeito de uma triagem na qual alguns fluxos são interrompidos e outros liberados. A diferença entre um dentro e um fora não se produziria meramente pela intransponível muralha, mas pela permeabilidade seletiva que rege o funcionamento dos vasos comunicantes, conectando um espaço ao outro.

Se, por um lado, as agências estatais incitam, em decorrência do modo como investem na manutenção dos presos, a responsabilização destes e de seus familiares pela viabilização de parcela importante do abastecimento prisional, por outro, por meio de múltiplos e mutáveis critérios, bem como de sucessivos controles e revistas, essas agências não só estão inteiramente implicadas nesse abastecimento como reivindicam a total soberania sobre as condições e circunstâncias em que ele pode se realizar. Em suma, o Estado não se ausenta ao impor um regime de absoluta escassez material, e sim centra suas energias na verificação e filtragem dos fluxos que mobiliza. Os contínuos esforços das visitantes em adequar a roupa e depurar o jumbo, diante da unidade, são efeitos desse particular modo de o Estado se fazer presente.

Nesses termos, o governo penitenciário se aproxima bastante da formulação foucaultiana de governamentalidade como um exercício de poder que se efetua pela gestão generalizada de um complexo constituído por homens e coisas[54]. Governar a prisão é gerir os fluxos de pessoas e coisas que a atraves-

---

exaustiva e individualizada, mas pelo acompanhamento de percursos agregados e pela determinação de bloqueios e destinos. Para uma discussão sobre as continuidades e descontinuidades entre os modos de regulação e produção de fronteiras nacionais e prisionais, ver Natalia C. Padovani, "Confounding Borders and Walls: Documents, Letters and the Governance of Relationships in São Paulo and Barcelona Prisons", *Vibrant*, v. 10, n. 2, 2013.

[53] Na prisão, deixar entrar ou deixar sair podem ser consideradas mercadorias políticas por excelência, nos termos de Michel Misse, *Crime e violência no Brasil contemporâneo*, cit.

[54] Michel Foucault, *Segurança, território e população*, cit., p. 128-9.

As exigências da circulação • 209

sam. As coisas, ou melhor, os objetos[55], são alvo privilegiado da vigilância e do escrutínio prisional porque podem tanto atender às necessidades mais básicas quanto representar privilégios e regalias, ou ainda materializar ameaças para presos e funcionários. Por isso, a filtragem carcerária se ocupa tanto dos mínimos detalhes dos mínimos itens: os ingredientes do prato, a cor do suco, o tipo de desodorante, os bolsos da calça. Os grãos de milho, por exemplo, podem complementar a alimentação de uma pessoa, mas podem também fermentar numa garrafa, passar por um destilador improvisado e produzir a maria-louca numa velocidade maior e com um teor melhor que o do grão de arroz. Uma caneta azul pode produzir um requerimento de benefício, um sabonete azul pode higienizar, mas ambos podem disfarçar um corte feito, dia a dia, pacientemente, numa grade de cela, quase sempre azul. Um fio de cobre pode aquecer o café ou a água do banho, mas pode também carregar a bateria de um telefone celular. Associado a um destilador, o milho pode levar à embriaguez, que pode levar a um sono tranquilo ou a uma briga de morte; a caneta ou o sabonete, associados a uma serra e uma grade, podem gerar uma faca ou uma fuga; o fio de cobre, pela associação com o celular, pode levar a uma série de rebeliões coordenadas ou de telefonemas para a família. Na prisão, as coisas enveredam, por associações insuspeitas, em "gambiarras" múltiplas que servem para contornar as limitações impostas pela prisão e que, por isso mesmo, são objeto privilegiado da vigilância. A rede carcerária, nesse sentido, é uma trama sociotécnica que associa humanos e não humanos, sujeitos e artefatos, actantes, híbridos e mediadores, nos termos de Latour[56]. Mais do que as subjetividades individuais dos presos, é essa vasta e múltipla malha sociotécnica o alvo e o meio do governo prisional.

Do ponto de vista da administração penitenciária, os objetos carregam em si diferentes potenciais de inocência e periculosidade, por isso, para entrar na prisão, devem atender a determinados critérios, passar por aparelhos de raios X e ser minuciosamente revistados, da mesma forma que as pessoas. Em contrapartida, as pessoas são abordadas pelas autoridades prisionais como se fossem objetos, desprovidos de uma dignidade distinta,

---

[55] Nesse caso, é melhor falar em objetos, pois "coisa", no sistema penitenciário paulista, tem uma conotação muito específica: "coisa" é quem não é relacionado ao PCC – policiais, membros excluídos, integrantes de outras facções etc., conforme Adalton José Marques, *Crime, proceder, convívio-seguro*, cit.

[56] Bruno Latour, *Jamais fomos modernos*, cit.

propriamente humana. Durante os procedimentos de entrada, o corpo das visitantes é interpelado na qualidade de invólucro, recipiente e disfarce para outros artefatos. A humilhação experimentada nas diversas revistas que antecedem a entrada na prisão tem nesse processo de objetificação um de seus principais fundamentos. Se a revista vexatória pode ser considerada um ritual de degradação, é porque marca e expressa essa metamorfose da visitante, de ser humano, de sujeito de direitos, em mais um dos objetos de governo. A governança penitenciária se mostra claramente como a gestão generalizada de um complexo fluir de humanos e não humanos pela apreciação dos principais mecanismos de vigilância e controle voltados para as visitas. Entretanto, a mesma premissa vale para o controle dos presos. Nesses termos, é possível compreender por que, em vez de investir disciplinarmente sobre as atividades e subjetividades dos detentos, os funcionários da prisão estão mais preocupados em regular acessos e revistar corpos, celas e pertences.

O cotidiano dos funcionários alocados numa gaiola (aqueles que estão em contato mais direto com a população de um raio) é pontuado por diversos expedientes de gestão de mobilidades – de trânsitos. Todos os dias, abrem e fecham a tranca, liberando o acesso ao pátio e recolhendo os presos de volta às celas, e também regulam o acesso às oficinas, à escola, ao atendimento de advogados, médicos, dentistas; encaminham presos para o seguro ou para o castigo, para audiências no fórum, para outros raios ou unidades. Nas diversas passagens de um trajeto, as prerrogativas da circulação de cada um são questionadas e verificadas, e os corpos são seguidamente revistados. Entrecortando esse cotidiano, *blitze* esporádicas são empreendidas numa cela, num raio específico ou numa unidade inteira. Nessas ocasiões, os presos são retirados das celas, despidos, revistados e enfileirados no pátio; as celas são minuciosamente inspecionadas em todas as suas dimensões e cavidades, assim como os pertences pessoais de seus ocupantes, numa busca detalhada por tudo o que for considerado ilegal no ambiente carcerário. A *blitz* é a maneira cotidiana da administração penitenciária procurar desfazer certas associações entre homens e objetos, consideradas perigosas não só para a integridade de detentos e funcionários, mas sobretudo para a austeridade da própria prisão.

Entre as informações disponibilizadas pela SAP à Defensoria Pública, em 2014, constam números de apreensões de telefones e drogas no ano de 2012 por tipo de flagrante. Os dados apontam para a importância das revistas e *blitze* na unidade em relação ao controle dos acessos de fora para dentro.

Tabela 12 - Número de apreensões de telefones e drogas, por tipo de flagrante, segundo regime de pena, em 2012

	Telefones			Drogas		
	Regime fechado	Regime semiaberto	Total	Regime fechado	Regime semiaberto	Total
Na cela	2.734	3.994	6.728	1.828	472	2.300
No interior da unidade, fora da cela	1.310	2.122	3.432	1.011	342	1.353
Com funcionário da SAP	44	32	76	0	0	0
Com advogados, juízes, promotores e defensores públicos	1	0	1	1	0	1
Com funcionários de empresas	44	1	45	0	0	0
Com visitantes	433	6	439	346	8	354
Na área externa	1.218	1.264	2.482	152	232	384
Outros meios	44	0	44	23	2	25
Total	5.828	7.419	13.247	3.361	1.056	4.417

Fonte dos dados: Depesp, *Ofício SAP/GS n. 0093/2014*, cit. Elaboração minha.

Os dados de apreensões e a própria tipologia que a SAP emprega para classificar os flagrantes já apontam para a centralidade de um controle exercido sobre o ambiente prisional, das buscas e revistas nos diferentes espaços da unidade. É dentro e fora da cela – mas dentro da unidade – e "na área externa" onde se concentra o maior número de apreensões. De todo modo, no mais das vezes, o que é apreendido já estava na prisão. Esse tipo de flagrante é muito mais frequente que os efetuados fora, "na área externa", ou nas passagens – "com visitantes", "com funcionários da SAP" ou "de empresas", com operadores do sistema de justiça ou por "outros meios". Nos flagrantes efetuados nas passagens, a indistinção administrativa entre pessoas e objetos é manifesta. Nos registros de apreensões "com funcionários da SAP" e "com funcionários de empresas", não está especificado se os itens proibidos se encontravam em seu corpo ou em seus insumos de trabalho; assim como, nas apreensões "com visitantes", não se diferenciam flagrantes decorrentes de revistas corporais daqueles efetuados nos jumbos. Quanto aos flagrantes por "outros meios", a SAP esclarece, em notas de rodapé, que se trata de flagrantes em Sedex ou no corpo de presos[57].

---

[57] Depesp, *Ofício SAP/GS n. 0093/2014*, cit., p. 13.

212 • Fluxos em cadeia

Entre os flagrantes efetuados nas passagens, o tipo "com visitantes" se destaca. No entanto, essa cifra não pode ser apenas confrontada com as demais da tabela, deve ser considerada em relação ao volume de visitações no mesmo período. Como já mencionei, a SAP informou à Defensoria Pública que, em 2012, entre unidades de regime fechado e semiaberto, foram realizadas 3.407.926 visitas. No mesmo período, foram apenas 793 apreensões de drogas e telefones "com visitantes". Para cada flagrante efetuado na passagem de uma visitante, foram realizadas cerca de 4.297,5 revistas vexatórias, 8.595 verificações por detector de metais e outros milhares de revistas de jumbo. Portanto, a relativa maior frequência de flagrantes "com visitantes" não diminui o caráter abusivo dos procedimentos aos quais são submetidas. Ademais, a discrepância no número de confiscos entre os diferentes agentes que passam de fora para dentro da prisão remete mais às diferenças no rigor das revistas a que uns e outros são submetidos do que à afinidade das visitantes com passagens ilegais – uma vez que, de qualquer modo, a maioria das apreensões se realiza dentro das unidades.

Funcionários da SAP, de empresas e operadores do sistema de justiça – assim como agentes de assistência religiosa, como os da Pastoral Carcerária – não costumam ser submetidos a revistas corporais muito minuciosas e, menos ainda, a vexatórias.

Tais ponderações não visam a (des)responsabilizar um ou outro segmento pelo contrabando de ilícitos para o ambiente prisional. Esse contrabando pode se efetuar por todo e qualquer vaso comunicante, e não há elementos que permitam inferir que um ou outro constitua via preferencial. Telefones e drogas entram na prisão tanto pelos canais previsíveis – como visitantes e funcionários – quanto pelos insuspeitos – como catapultas que arremessam itens por sobre as muralhas[58], pombos-correios[59] e aeromodelos[60]. O que me parece importante ressaltar é como esses elementos se imiscuem na vasta rede sociotécnica carcerária e como tanto sua presença quanto sua perse-

---

[58] Situação registrada em caderno de campo.
[59] "Pombos-correios são pegos com peças de celular perto de presídio no interior de SP", *Folha de S. Paulo*, 31 mar. 2009, disponível em <http://www1.folha.uol.com.br/fsp/cotidian/ff3103200924.htm>, acesso em 22 nov. 2014.
[60] Chico Siqueira, "PM apreende mini-helicóptero usado para enviar celulares para cadeia", *O Estado de São Paulo*, 30 maio 2012, disponível em <http://sao-paulo.estadao.com.br/noticias/geral,pm-apreende-mini-helicoptero-usado-para-enviar-celulares-para-cadeia,880066>, acesso em 22 nov. 2014.

guição sistemática são constitutivas da experiência da pena que se impõe nas prisões de São Paulo.

Em suma, quero enfatizar precisamente que as fronteiras da prisão não se debilitam porque tais elementos entram, mas que estes entram justamente porque essas mesmas fronteiras são também feitas de passagens necessárias, de inúmeros acessos, com todos os seus controles, contornamentos e falhas.

Nesse sentido, considero que se perdem de vista componentes estruturantes do funcionamento atual do sistema penitenciário paulista quando se reputam exclusivamente ao telefone celular a força e a capilaridade do PCC, a ocorrência de megarrebeliões e, no limite, a própria diluição das fronteiras entre dentro e fora das prisões. É verdade que o porte de telefone celular constitui, na conjuntura atual, a maior infração prevista no sistema, como mostram a tabela que elaborei com os dados da SAP sobre apreensões no ano de 2012, as análises de Dias sobre os processos de sindicância em algumas unidades, entre 2000 e 2008[61], e mesmo a reforma da LEP de 2003. É verdade também que, nos mais diversos domínios da vida social, o telefone celular – articulando conectividade instantânea e mobilidade ampliada – opera transformações significativas nas formas de sociabilidade, gerando novas alternativas de relação entre pessoas, grupos e lugares[62]. No entanto, no que diz respeito especificamente à prisão, não se pode olvidar que o celular é ainda um objeto que, embora apresente uma peculiar potencialidade de subversão do isolamento prisional, continua tão concreto quanto uma porção de maconha, um par de chinelos, um saco de cimento ou um prato de comida. A entrada do telefone celular na prisão pressupõe toda uma rede de vasos comunicantes responsáveis por suprir a demanda. Ao contrário de Adorno e Dias, que consideram o "recurso a essa tecnologia [...] como condição necessária – embora não suficiente – para o estabelecimento de vínculos duradouros entre indivíduos e grupos situados dentro e fora da prisão[63]", a durabilidade desses vínculos não me parece artifício do telefone celular, mas condição de funcionamento da própria instituição. Ademais, um regime de processamento que, para fluir, depende da mobilização contínua

---

[61] Camila C. N. Dias, "Disciplina, controle social e punição", cit.

[62] Dana Diminescu, "Mobilités et connexions: l'usage du téléphone portable par les migrants dans une situation précaire", *Hommes et migrations*, n. 1240, 2002.

[63] Sergio Adorno e Camila C. N. Dias, "Articulação entre o mundo interno e externo às instituições prisionais", cit., p. 16-7.

de diversos agentes, dentro e fora dos muros, ao lado de uma punição que se modula pelo aumento das distâncias entre lugar de cumprimento da pena e de origem, faz do telefone celular algo tão útil para o bom funcionamento da prisão quanto para a fluidez do chamado "crime organizado". O telefone serve não apenas para integrantes do PCC empreenderem negócios ilícitos, mas também para um preso qualquer falar com a família distante e pedir um Sedex com a blusa de frio que a unidade não fornece e que pode preveni-lo de ficar doente, ou com o advogado que tem notícias sobre um processo de apelação que a equipe jurídica "da casa" nem sabe que existe, mas que pode tirá-lo na hora de uma cela superlotada[64]. A ambiguidade do uso do telefone celular na prisão se verifica mesmo quando se consideram ações propriamente delitivas: assim como o aparelho pode ser utilizado de modo a desestabilizar a ordem prisional, decretar mortes e atentados nas ruas ou operacionalizar o tráfico de drogas, também vem se constituindo como um dos principais suportes das forças da ordem no esquadrinhamento e na repressão dessas mesmas práticas. A interceptação de chamadas – escutas ou grampos –, o levantamento de posse e a localização dos números registrados em milhares de telefones apreendidos dentro e fora das prisões são expedientes hoje fundamentais para viabilizar as investigações policiais e mesmo a produção de provas. Como qualquer outro vaso comunicante que constitui a prisão, o telefone celular não tem um uso unívoco nem está livre de constrangimentos e controles impostos pelas agências estatais.

Uma fila de centenas e centenas de quilômetros

Sentidos da interiorização

A pulverização de penitenciárias em áreas rurais de pequenos municípios do interior mais distante – o que chamei de processo de expansão interiorizada – intensifica o castigo aplicado pelo estado de São Paulo a seus condenados. Considerando a origem majoritariamente urbana da população

---

[64] Parece-me importante também considerar que telefones celulares são comumente introduzidos em prisões da Argentina e França, conforme apontam respectivamente Alexandre Roig et al., "Monedas vivas y monedas muertas: genealogía del dinero en la cárcel", *Papeles de trabajo*, v. 8, n. 13, 2014; e Gwénola Ricordeau, "Between Inside and Outside", cit., lugares nos quais algo semelhante ao PCC não existe.

carcerária, o arranjo espacial das unidades voltadas ao cumprimento de pena acaba por duplicar, devido à distância, a segregação das muralhas. A distância complica a manutenção de vínculos entre presos e seus familiares, aumenta os custos da visita, do jumbo e do Sedex, dificulta o acompanhamento do fluxo processual, além de diminuir as possibilidades de interferência. Embora o funcionamento das varas de execução varie muito de um lugar a outro, ainda que as unidades interioranas sejam menos superlotadas que os CDPs metropolitanos, caso consideremos a centralidade da família no regime de processamento e no sistema de abastecimento das prisões paulistas, a interiorização penitenciária, em linhas gerais, tende a produzir penas mais extensas e em piores condições de cumprimento.

No entanto, não me parece exato reduzir o processo de expansão pelo interior a uma política de banimento revisitada. O oeste paulista não é a Guiana nem a Sibéria, muito menos a Polônia; tais aproximações não podem deixar de ser retóricas, por vários motivos. Como já destaquei, no decorrer de uma pena mais ou menos longa, o preso experimenta uma intensa circulação por diversos territórios – "Diadema, Parelheiros, Mirandópolis, Serra Azul e agora aqui"; "Pinheiros, Parelheiros, Potim, Presidente Venceslau, Pracinha, Pacaembu, rua e agora aqui". O extremo oeste do estado não é necessariamente o destino final do condenado, é um lugar de passagem e de ampla rotatividade. Ademais, há também um intenso trânsito de processos (criminais, de execução, de apelação) entre unidades e varas mais ou menos especializadas em cidades de diferentes portes, incluindo a capital, de modo que são tantas e tão cotidianas as interações entre agentes dentro e fora da prisão, no interior e nas regiões metropolitanas, que não se pode dizer que o Estado economiza esforço punitivo pelo rito sumário de um expurgo; antes, faz proliferar práticas, objetos, agentes e problemas próprios da prisão, conectando e atravessando todo o território estadual. No mesmo sentido, em vez de esconder das vistas "da sociedade" a parte de si mesma que rejeita, a alocação dos condenados no interior mais distante os coloca em contato com territórios e setores sociais que anteriormente lhes eram alheios[65]. No

---

[65] Por outro lado, na capital, é difícil sustentar a hipótese da invisibilização quando se considera, por exemplo, que os CDPs de Pinheiros se encontram muito próximos ao entroncamento das movimentadíssimas marginais, distando alguns poucos quilômetros de bairros nobres e centros financeiros, ou que as quatro unidades de Guarulhos dão as "boas-vindas" a quem chega a São Paulo pela rodovia Presidente

interior, a presença da prisão gera toda uma economia especializada – dirigida principalmente às visitantes dos presos – que, se por um lado se limita a um peso econômico relativo, por outro tem implicações muito evidentes na sociabilidade e paisagem local. Por fim, a ampla circulação de milhares de visitantes pelos municípios interioranos a cada fim de semana só se viabiliza por meio de uma contínua mobilização de familiares, amigos e vizinhos dos presos, empresas de transporte e instituições de vigilância e controle – numa complexa logística que conecta concreta e cotidianamente o interior mais distante às maiores aglomerações urbanas. A relativa escassez de visitas nas unidades do interior não diminui a importância desses agenciamentos, ao contrário: torna-os ainda mais estratégicos para o funcionamento do sistema.

Preparações

Para quem visita um parente preso com alguma frequência, especialmente em unidades distantes, as providências e preocupações próprias da preparação da viagem se diluem entre as demais atividades da vida, redefinindo-as inteiramente de tal modo que a prisão se faz presente o tempo todo e em toda parte. Não é de todo correto, portanto, afirmar que, na etapa de preparação, o ciclo da visitação apresentaria sua mais baixa intensidade. As exigências para os preparativos são muitas; os recursos necessários, muitas vezes, são escassos; os arranjos com vizinhos, amigos e parentes são diversos, variáveis e complicados. O que levar para a prisão? Com que dinheiro comprar? Do que o visitado está precisando? Será que foi transferido? Com quem deixar os filhos pequenos? Quem cuidará dos adolescentes? E a mãe doente? E o cachorro? E o gato? Faltar ao trabalho ou tentar uma troca de turno? Fazer hora extra ou adiantar o preparo do jumbo? Questões como essas indexam à prisão toda a vida de quem a visita[66].

A expansão interiorizada do sistema penitenciário paulista e a concentração de sua clientela preferencial em bairros periféricos urbanos implicam uma segunda ordem de procedimentos e agenciamentos de preparação. Trata-se das atividades próprias ao mantimento e à organização de todo o aparato logístico de transporte e de hospedagem das visitantes. *Vans* e

---

Dutra – principal ligação com o Rio de Janeiro –, exatamente no ponto de acesso ao aeroporto internacional de Cumbica.

[66] Megan L. Comfort, *Doing Time Together*, cit., p. 97; e Gwénola Ricordeau, "Between Inside and Outside", cit., p. 8.

ônibus precisam ser mobilizados e postos em condições de circular tantos quilômetros em tão pouco tempo. Em especial, a mecânica e a documentação dos veículos devem ser continuamente revistas a fim de reduzir os riscos de problemas ao longo da viagem. Ainda, é preciso encontrar motoristas com disponibilidade de tempo, conhecimento das rotas, carteira de habilitação compatível com o veículo, preparo para longos trajetos e, tanto melhor, uma particular habilidade para conciliar segurança e rapidez. A viabilidade de uma viagem depende também de um número mínimo de passageiras antecipadamente garantido. Nesse ponto estratégico da preparação – no agenciamento contínuo de visitantes e veículos, de horários de partida e de retorno, de pontos de passagem e de destino – é que figuram as *guias de viagem*. Essas guias – que não devem ser confundidas com as guias das filas – são mulheres que também realizam visitas (geralmente a seus maridos) nos presídios do interior e se destacam por uma acentuada experiência de visitação, por amplos contatos com familiares e amigos de pessoas presas, urdidos no bairro, no trabalho e nas próprias filas, nas portas das unidades que já visitaram. A remuneração das guias – por providenciar a lotação, estabelecer e conciliar partidas e destinos – costuma ser o custeio de sua própria viagem[67].

Os agenciamentos entre veículos, motoristas, guias e passageiras são múltiplos, envolvendo mediações de diversas naturezas e escalas. Participam empresas privadas de transporte coletivo de diferentes portes e níveis de formalização – desde grandes monopolizadoras de linhas formais, que oferecem fretamento de ônibus com horários, preços e trajetos específicos para esse tipo de público, até empresas médias especializadas em fretamento, passando por microempreendedores e transportadores autônomos formais e informais. Os ônibus da família, organizados e financiados pelo PCC, atendem a diversas regiões do estado, levando gratuitamente mulheres de irmãos e companheiros do *comando*, bem como outras visitantes que não têm condições de arcar com os custos da viagem. Entretanto, é importante ressaltar que, por mais numerosos que sejam, esses ônibus não atendem a todas as unidades em todos os fins de semana. Trata-se de um agenciamento possível entre tantos outros, um caso num universo muito maior.

---

[67] Josmar Jozino, *Casadas com o crime*, cit., p. 26.

Partidas

Na cidade de São Paulo, dois pontos concentram o maior número de partidas para os presídios do interior do estado: a estação Carandiru do metrô e as imediações do terminal Barra Funda. A região do Carandiru é uma referência incontornável na história e na espacialidade do sistema penitenciário paulista. Ali funcionaram a Penitenciária do Estado (convertida, em 2005, em Penitenciária Feminina de Santana), a Casa de Detenção (desativada e demolida em 2002 para dar lugar ao atual Parque da Juventude), a Penitenciária Feminina da Capital (ainda em funcionamento) e o Centro de Observação Criminológica (convertido, em 2002, no Centro Hospitalar do Sistema Penitenciário). O Carandiru foi, portanto, durante décadas, passagem obrigatória para presos e visitantes. Seu uso atual como ponto de partida para presídios de todo o estado prolonga e ressignifica, ao mesmo tempo, essa centralidade do lugar. Na Barra Funda, o que se destaca é a acessibilidade: num mesmo local se encontram o metrô, duas importantes linhas de trem, um movimentado terminal de ônibus urbanos e uma rodoviária intermunicipal – tudo ao lado da marginal Tietê, bastante próximo dos acessos a importantes rodovias que levam ao interior do estado[68].

O ponto de partida já é o começo da fila para entrar na prisão: é a ordem de chegada que determina quem, viajando num mesmo carro e chegando ao mesmo tempo às portas da unidade, vai entrar antes ou depois nos dias de visita. A fila de diversos centros interioranos se inicia na cidade de São Paulo, já nas noites de quinta-feira. As primeiras saídas se dão na manhã de sexta, entre as 5 e as 6 horas. Para chegarem tão cedo, passageiras oriundas de bairros afastados, de penoso e demorado acesso, fazem o percurso de casa ao ponto de partida na noite de quinta e acampam – num estacionamento, sob uma marquise na calçada – até a manhã seguinte.

Sempre uma das primeiras da fila, a guia de viagem registra num caderno a ordem de chegada de todas as passageiras, atentando para o destino de cada uma. Isso porque uma mesma condução pode atender a diversas unidades que se encontram num mesmo caminho. Por exemplo, uma *van* que tenha como destino final um município da região de Nova Alta Paulista, como Dracena, pode levar visitantes das unidades de Junqueirópolis,

---

[68] Especialmente as rodovias Castelo Branco, dos Bandeirantes e Anhanguera.

Irapuru, Pacaembu etc.[69]. Não obstante, o desafio da guia é sempre lotar uma condução com o menor número de destinos possível, para que, com menos paradas, a viagem se torne mais célere. Nesse primeiro lugar de espera, as guias de viagem se destacam das demais visitantes pela agitação: tomam notas, respondem a perguntas e falam continuamente ao celular – encaminhando passageiras para outras partidas, com outras destinações ou outros horários, agenciando taxistas que busquem clientes na porta de presídios, verificando a disponibilidade de vagas em pousadas e hotéis.

Na sexta-feira, as saídas ocorrem continuamente em diversos horários da manhã, da tarde e da noite. Aos sábados à noite, ônibus e *vans* conhecidos como bate e volta levam aquelas que só poderão visitar os presos no domingo. Toda essa movimentação faz surgir, ao lado do terminal Barra Funda e na saída da estação Carandiru do metrô, o típico comércio de porta de presídio: em bancas, em panos estendidos no chão, em mãos ou no "boca a boca" são vendidos alimentos e bebidas, sacolas transparentes para jumbos, envelopes, selos, papel para enrolar cigarros, roupas femininas e acessórios, *lingerie*, maquiagem, perfumes e também camisetas brancas, calças beges, blusas de moletom, tênis, meias etc.

As várias bagagens são alocadas nos porta-malas dos carros de acordo com a ordem dos desembarques. As passageiras só levam consigo o mínimo necessário para a viagem. A fim de evitar possíveis confusões, é a guia quem determina a distribuição dos lugares no carro. Antes ou depois do embarque, ela recebe os pagamentos: em meados de 2013, a viagem (de ida e volta) para uma unidade da Nova Alta Paulista custava cerca de R$ 130 – metade do valor cobrado pelas linhas de ônibus oficiais. Com o dinheiro em mãos, a guia separa um montante para o gasto com combustível e outro para o pagamento dos vários pedágios do percurso – os quais já serão utilizados na ida – e guarda o restante para ser gasto na volta com o pagamento do motorista e do carro.

Percursos

A viagem entre a capital e o oeste paulista é longa e cansativa. Conforme a rota e o destino, são quinhentos, seiscentos ou mais quilômetros a serem

---

[69] O fator "facção prisional" também funciona como critério na organização das lotações. Visitantes de presídios hegemonizados por facções diferentes não viajam nem se hospedam juntas. Sobre implicações da facção em viagens ao interior, ver Giane Silvestre, *Dias de visita*, cit.; e Jacqueline Stefanny Ferraz de Lima, *Mulher fiel*, cit.

percorridos. Ônibus regulares que levam à Nova Alta Paulista cumprem seus trajetos em onze ou doze horas, pouco mais ou pouco menos, dependendo do número de paradas para desembarque de passageiros ao longo do caminho. *Vans* e ônibus que levam as visitantes aos mesmos destinos fazem igual percurso em uma média de seis e nove horas, respectivamente, dependendo das atribulações na viagem. Alta velocidade e pressa são as marcas dessa etapa do ciclo de visitação. Para todo o percurso, é programada uma única e breve parada – para fumar, ir ao banheiro, comprar comida. Não obstante, paradas extraordinárias costumam acontecer, seja por conta de passageiras querendo se aliviar ou passando mal[70], por problemas no carro ou na pista – como buracos, obras, acidentes – ou por força dos agentes da ordem, do Comando de Policiamento Rodoviário e de outros destacamentos da Polícia Militar do Estado de São Paulo.

As abordagens da polícia rodoviária costumam acontecer diante de suas bases operacionais, em locais previamente conhecidos pelos motoristas e guias, embora possíveis em qualquer outro ponto da estrada. Mais do que as visitantes, os policiais rodoviários visam o carro e o motorista: averiguam a documentação de um e outro[71], a existência de tacógrafo autenticado pelo Inmetro[72], as condições dos pneus e dos faróis, o uso do cinto de segurança[73] etc. Efeitos comuns dessas abordagens são a aplicação de uma ou mais multas e a retenção dos papéis do veículo. Já as abordagens de outros grupamentos do policiamento ostensivo podem acontecer em qualquer ponto do trajeto, em intersecções, na entrada e na saída das cidades ou mesmo dentro de perímetros urbanos. Objetivam, sobretudo, as visitantes e se apresentam como operações de rotina no combate ao tráfico de drogas e ao "crime organizado". O rigor dessas abordagens varia dentro de uma

---

[70] As *vans* não dispõem de banheiro. Nos ônibus que levam as visitantes, costuma ser expressamente vetado o uso do banheiro para o "número 2".

[71] Os motoristas, além da habilitação apropriada para o veículo, devem apresentar comprovante de curso de transporte de passageiros.

[72] O tacógrafo é um aparelho que registra continuamente a velocidade do carro. Num veículo de transporte de passageiros, não possuí-lo implica multa, possuí-lo sem o selo de garantia do Inmetro também. Curiosamente, quando o aparelho está funcionando e autenticado pelo Inmetro, nas abordagens policiais, seus registros não costumam ser verificados.

[73] Também a existência de cadeirinhas próprias para o transporte de crianças.

ampla margem: entre a averiguação de documentos, a revista de pertences pessoais em bolsas e sacolas de mão, a revista corporal superficial[74], a busca no bagageiro e no interior do veículo (até com cães farejadores), a vistoria minuciosa de toda a bagagem transportada, a revista íntima vexatória de cada passageira e, como na prisão, em casos de maior suspeita, o encaminhamento a um hospital para ser submetida ao aparelho de raios X[75]. Visitantes flagradas portando drogas em seu corpo ou em seus pertences são presas no ato; quando as drogas são encontradas no assoalho do carro ou em bagagens não identificadas, os policiais podem deter todos os ocupantes do veículo – inclusive o motorista – e encaminhá-los para a delegacia. A fim de evitar atrasos na viagem e maiores constrangimentos para as demais passageiras – e as eventuais represálias que tal fato possa acarretar –, as responsáveis pela droga flagrada costumam se apresentar de pronto[76].

A possibilidade desse tipo de abordagem em todo o percurso da visitante – em especial nas viagens de ida, mas não apenas – estende a dinâmica própria dos procedimentos de entrada na casa penal para todo o percurso da visitação. Os *checkpoints* que pontuam as linhas de acesso à prisão não são necessariamente pontos fixos; a vigilância que se volta às visitantes é também móbil e as acompanha por todo o percurso. Os ônibus e *vans* que as levam aos presídios interioranos são bem conhecidos das forças policiais, viajam repletos de mulheres todos os fins de semana, pelas mesmas rotas e nos mesmos horários. Para além deles, nos percursos entre a residência e o ponto de partida, ou da prisão ao hotel, além da rotina de horários, as marcas das visitantes são muito visíveis: o tipo de vestimenta, o tamanho da bagagem, a sacola transparente do jumbo.

Apesar da alta velocidade, da pressa e da tensão gerada pela chance sempre presente de uma abordagem policial, a viagem para o interior do estado é, via de regra, um tempo de enfadonha espera. Como em qualquer excursão mais ou menos longa, o começo do percurso é mais agitado: algumas

---

[74] Revista manual realizada por agentes femininas. Para uma apresentação formal dos diferentes tipos de revista, ver Carlos Roberto Mariath, *Limites da revista corporal no âmbito do sistema penitenciário* (Brasília, Departamento Penitenciário Nacional, s/d).

[75] Para um relato de revista policial em ônibus de visitantes, ver Jacqueline Stefanny Ferraz de Lima, *Mulher fiel*, cit., p. 68-71.

[76] Consoante o relato de um motorista de *van*, que perdeu a conta de quantas *blitze* já enfrentou.

passageiras falam ao telefone, dão recados, despedem-se, acertam detalhes sobre sua ausência; outras conversam entre si, trocam experiências, contam histórias sobre seus filhos, seu marido, suas visitas, suas revistas. Conforme o tempo avança, seja durante o dia ou durante a noite, o sono e a fadiga vão se impondo. Na maior parte do percurso, prevalece o ronco do motor sobre o silêncio das passageiras. O carro que leva as visitantes é como uma sala de espera em movimento.

Na Nova Alta Paulista, o destino imediato mais comum de qualquer passageira é a unidade que visitará no fim de semana. Seja o de quem desce no caminho, seja o de quem vai até o destino final, seja o de quem sai na sexta-feira pela manhã, seja o de quem vai de bate e volta, seja o de quem chega de tarde, de noite ou de madrugada: a prisão é seu ponto de chegada e será seu ponto de partida. Nem sempre as passageiras das primeiras conduções que partem da capital são as primeiras a chegar à unidade. Visitantes que vivem na região ou que viajam de carro (ou nos ônibus de linhas oficiais) podem dar início, um tanto antes, a uma fila das senhas, de modo que a sequência registrada no ponto de partida pela guia de viagem deve ser acrescida àquela que foi se constituindo a alguns metros da porta da unidade. Esse arranjo é relativamente simples, pelo reduzido número de visitantes envolvidas. No entanto, é de extrema importância, pois nele se definem as primeiras posições da fila – embora não se possa afirmar que marque seu começo.

Depois de recolhida a senha, o percurso da prisão a hotéis e pousadas da região varia bastante, conforme os acordos entre motoristas, guias e passageiras. Os mesmos ônibus e *vans* continuam fundamentais, podendo levar uma maioria de passageiras, visitantes da mesma prisão, a uma mesma hospedaria, ou estabelecendo uma rota entre determinada unidade e certas hospedagens ou entre algumas unidades e diversas hospedagens. Como também são muitos os casos em que a condução só leva a visitante até a porta do presídio, o trajeto até o hotel ou a pousada na cidade tem então de ser feito por meio de táxi, em pequenos grupos. É comum que dois ou três taxistas da cidade passem as noites dos fins de semana realizando viagens entre a prisão e os hotéis.

Hotel

Concentrei o trabalho de campo em uma das várias hospedarias populares da NAP que atendem as visitantes. Um empreendimento familiar, onde vivem e trabalham o casal e suas filhas – todos profundos conhecedores das dinâmicas da visitação penitenciária. O pai, Denival, é egresso do sistema; a mãe, Diva, e a filha mais velha, Débora, foram por muitos anos visitantes em diferentes unidades do estado. A família se mudou da cidade de São Paulo pouco depois de Denival ter sido transferido para o interior a fim de cumprir os últimos anos de sua pena. Ainda quando ele estava preso, Diva, sempre com Débora ao seu lado, já trabalhava com as visitantes, montava jumbos por encomenda e vendia comidas, bebidas e sacolas na porta da unidade. Ela também foi, por algum tempo, a guia da fila. Com muito esforço, a família conseguiu estruturar uma pequena pousada para hospedar visitantes conhecidas; o negócio prosperou a ponto de reativarem um antigo hotel da cidade. Conseguiram, por fim, não sem dificuldades, o alvará de funcionamento de um táxi, com o qual buscam e levam hóspedes na porta da prisão[77].

O hotel fica na principal avenida da cidade, bem perto da rodoviária, ao lado de um supermercado e de uma padaria. Dispõe de aproximadamente uma dezena de quartos de tamanhos variados, que abrigam de um a seis hóspedes. Os banheiros são coletivos: dois masculinos, dois femininos. Em meados de 2013, as diárias custavam R$ 30 – incluindo-se café da manhã e acesso à internet sem fio. Além das visitantes do presídio (que lotam os quartos nos fins de semana), nos períodos de safra da cana, o público do hotel é composto também de trabalhadores rurais qualificados – especialmente técnicos e operadores de máquinas –, que prestam serviços para as usinas da região. O ambiente é absolutamente familiar, o salão do hotel é a sala de estar da família, a cozinha idem. A simpatia e a solicitude de todos também contribuem para o clima familiar. Os quartos são modestos, com camas e/ou beliches. Ganchos nas paredes fazem as vezes de guarda-roupa e alguns dos cômodos dispõem de uma mesa com televisão[78]. O salão é dividido em uma sala de estar com diversos sofás em torno de uma grande televisão de plasma e um refeitório com diversas mesas nas quais são servidos café da manhã, almoço e jantar – estes cobrados à parte. Além dos serviços de

---

[77] A posse de um alvará para o transporte de passageiros é importante para que o motorista não possa ser incriminado em caso de abordagem policial que resulte em flagrante.

[78] Alguns aparelhos são oriundos da prisão, ainda apresentando etiquetas com o nome do antigo proprietário e seu número de matrícula no sistema prisional, além de furos feitos pelos agentes de vigilância na colocação de lacres.

restaurante, hospedagem e transporte 24 horas, Diva e Débora preparam marmitas para serem levadas na visita[79] e vendem bebidas, lanches e sacolas tanto no hotel quanto na porta da unidade. Na sexta-feira, algumas visitantes já começam a chegar, mas é na madrugada de sábado que todas as vagas costumam ser preenchidas[80]. No domingo, antes mesmo do amanhecer, o hotel também recebe visitantes que chegaram de bate e volta e desejam descansar um pouco, tomar uma xícara de café e um banho antes de seguir rumo à fila. Nas manhãs de sábado, a agitação começa cedo, por volta das 5 horas. A mesa do café já está posta no salão; nos banheiros, há fila. As hóspedes carregam, arrumam, verificam seus jumbos e os colocam no corredor de entrada, num ânimo que mistura cansaço e entusiasmo. Débora separa o que será vendido na porta da unidade, Diva e Denival carregam o carro com jumbos e mercadorias. Às 6 horas, mãe e filha partem com as primeiras visitantes rumo à porta do presídio. Denival permanece no hotel, Débora na banca montada na porta da unidade e Diva no táxi, levando hóspedes para a visita. Foi em tal banca, ao lado de Débora, que obtive um lugar para observar a dinâmica da fila e da entrada das visitantes na penitenciária.

Quando a maioria das visitantes já entrou, Débora e Diva retornam ao hotel, onde poderão descansar por algumas horas antes dos afazeres do almoço. No horário da visita, a hospedaria fica praticamente às moscas[81]. Denival pode então ver televisão, usar o computador e descansar numa cadeira posta na calçada, onde conversa com conhecidos que passam pela rua, com motoristas de ônibus e *vans*[82], com uma visitante que acabou não entrando na unidade ou com um hóspede mais ou menos vago – como este pesquisador. As crianças brincam no salão, no quintal e na calçada. Não fosse o letreiro e a recepção de hotel, seria tão somente a vida comum seguindo o ritmo moroso de um fim de semana em cidade pequena do interior.

---

[79] Alguns hotéis da região alugam suas cozinhas para as visitantes prepararem por si a comida do jumbo.

[80] Há uma sazonalidade no fluxo das visitantes e, portanto, no movimento do hotel. O movimento é maior em fins de semana do começo do mês e quando a unidade da cidade é contemplada por um ônibus da família.

[81] Os trabalhadores das usinas costumam trabalhar nos fins de semana e, como as visitantes, saem muito cedo.

[82] É comum que motoristas se hospedem de graça nos hotéis para onde levam grupos numerosos de passageiras.

Na tarde de sábado, por volta das 16 horas, Diva e Débora regressam à unidade: uma faz seguidas viagens de táxi, levando visitantes para a cidade; a outra, munida de um caderninho, anota pedidos de comida e bebida para o dia seguinte. Mesmo depois da visita, as hóspedes ainda têm pressa. Querem passar no mercado para completar o jumbo do dia seguinte, precisam ir ao banco, à farmácia etc. Quando anoitece, na cidade, só restam bares e lanchonetes funcionando. Algumas visitantes passeiam em pequenos grupos, comem um lanche e tomam uma cerveja na avenida; outras assistem à televisão; o restante fica diante do hotel, nas cadeiras postas na calçada, conversando, comentando a situação de seus filhos e maridos, o rigor do plantão de revista, o que entrou ou não entrou na unidade naquele dia, o que deverá ou não entrar no dia seguinte, entre tantas outras coisas. Na cozinha do hotel, o trabalho segue: uma grande quantidade de comida é preparada para ser servida no jantar e atender aos pedidos de encomendas de marmitas para os jumbos do dia seguinte[83]. A noite de sábado é o momento de maior descontração para as visitantes, ainda que bastante breve, seja pelo cansaço acumulado, seja pelo longo domingo que têm pela frente. Ademais, o relaxamento nunca pode ser total, pois, nessas horas, são grandes as chances de abordagens policiais a visitantes nas ruas, ou mesmo nos hotéis e pousadas, prolongando noite adentro o fantasma da revista vexatória.

A manhã de domingo é ainda mais agitada que a de sábado, devido à presença das visitantes que chegaram de bate e volta e ao fato de todas as hóspedes deixarem suas bagagens prontas para a viagem de retorno – imediatamente após a visitação, inicia-se o percurso de volta. De resto, a dinâmica do café, do banho e da checagem de jumbos é a mesma. Na hospedaria, durante o horário da visita, o domingo também se arrasta como em qualquer outra parte da cidade. No meio da tarde, a família carrega o táxi com as garrafas de água e refrigerante para vender e as bagagens que serão entregues de volta às hóspedes, conforme forem deixando a unidade. A noite de domingo é preenchida com a ida ao culto religioso e o descanso em família. Durante a semana, o hotel dificilmente lota, o trabalho então se torna menos estafante: Débora e as crianças frequentam a escola, Diva e Denival fazem algumas corridas de táxi para clientes locais, realizam pequenos reparos na estrutura do hotel, lavam as roupas de cama e se preparam para o fim de semana seguinte.

---

[83] Para um relato bem vivo da dinâmica na cozinha de um hotel, ver Jacqueline Stefanny Ferraz de Lima, *Mulher fiel*, cit., p. 57.

Saídas e retornos

Como já foi apontado, a saída das visitantes é também permeada pela pressa. No sábado, ainda que muitas prolonguem a permanência na unidade até o limite – 16 horas –, ao saírem já se põem a correr para passar no mercado, na farmácia ou no caixa eletrônico. No domingo, conforme o horário dos ônibus e *vans*, as visitantes começam a deixar a prisão por volta das 14 horas. Como permanecem nas celas a maior parte do tempo, é na saída que se reencontram e comentam as experiências do dia, o que entrou e não entrou, as implicâncias de um funcionário, as ameaças de gancho, a condição do visitado, seu ânimo, sua saúde. Deixam a unidade carregando sacolas ainda volumosas, mas agora leves, repletas de recipientes vazios. No sábado, Diva faz seguidas viagens de táxi e Débora anota pedidos de encomendas diante do portão; no domingo, com o carro estacionado do outro lado da estrada, ambas enfileiram no acostamento as bagagens que serão distribuídas às hóspedes e vendem água e refrigerante. Antes de colocarem as malas nos ônibus ou nas *vans*, algumas visitantes guardam seus recipientes vazios e retiram roupas e outros itens a serem utilizados durante a viagem, uma vez que as tardes no oeste paulista quase sempre são quentes, e as noites na capital, um tanto frias.

A saída da casa penal, ao contrário do que se poderia imaginar, não marca o início de uma etapa menos tensa no ciclo da visitação. De todos os percursos feitos para a realização da visita, a viagem de retorno a São Paulo é a que provoca maior ansiedade. Segunda-feira é dia de trabalho e o transporte público, especialmente o metrô, para de funcionar à meia-noite. Chegar depois desse horário, a depender de onde a visitante more, pode significar uma noite ao relento, ir direto para o trabalho, perder o dia, gastar ainda mais com táxi ou ter de pedir carona. Por isso, diante de cada unidade atendida, as conduções param, lotam e partem muito rápido, e atrasos e demoras são motivo de reclamações frequentes[84]. Na viagem de volta, tampouco as visitantes estão livres da possibilidade de serem paradas e revistadas em operações policiais. As abordagens nessas ocasiões são tão frequentes quanto na ida; as do policiamento ostensivo, embora mais raras, também podem ocorrer, objetivando principalmente a interceptação de bi-

---

[84] Perder o horário do ônibus e ser deixada para trás é uma possibilidade real, mas a solidariedade e a tolerância com novatas, idosas, crianças e mulheres passando mal são ainda mais destacadas do que o rigor da pontualidade.

lhetes, mensagens e registros considerados suspeitos de conter informações relevantes do "crime organizado".

O regresso é mais intenso por conta da necessária velocidade, dos contratempos possíveis, mas também do volume de carros e visitantes simultaneamente implicados. Os ônibus e *vans* que partiram de variados pontos da capital em horários diversos, entre a manhã de sexta-feira e a noite de sábado, deixam o oeste paulista num intervalo muito curto de tempo. No fim da tarde de domingo, estão todos nas mesmas estradas. Forma-se assim um volumoso comboio, uma comitiva dispersa e em alta velocidade, na qual os motoristas, guias e passageiras se observam mutuamente, cumprimentam-se nas ultrapassagens, avisam uns aos outros, por telefone, de problemas na pista.

Uma única parada é feita dentro da programação a fim de comprar comida, ir ao banheiro e fumar. Como vários carros acabam parando ao mesmo tempo, nos mesmos postos de beira de estrada, é como se neles algo do ambiente da entrada da prisão se desdobrasse. Grandes filas indianas se formam na porta do banheiro, nos balcões onde bebidas, salgados e marmitex são vendidos e nos caixas. A desconfiança de proprietários e seguranças é manifesta numa vigilância apreensiva. Como o tempo é escasso, as visitantes compram suas refeições para viagem e comem no carro em movimento.

Na volta, pelo cansaço acumulado, as conversas arrefecem ainda mais cedo que na ida. Depois de horas e horas de viagem, conforme se aproximam da capital, as visitantes novamente se agitam, olham para o relógio, estimam se haverá tempo hábil para pegar cada condução necessária até chegarem em casa. Algumas visitantes privilegiadas pelo acaso, cujos locais de residência estão mais próximos da rodovia ou da marginal Tietê, desembarcam antes. Independentemente de onde partiram, quase todos os carros param no terminal Barra Funda, onde a maioria das passageiras desce (literalmente) correndo para recolher as malas e tomar o metrô ou o trem. Muitas conduções seguem – mais vazias, embora ainda apressadas – rumo à estação Carandiru. Das calçadas às catracas, centenas de mulheres de calças *legging*, sacolas grandes e malas, algumas idosas, outras com crianças no colo, correm contra o tempo como numa procissão frenética em que se vislumbra uma última manifestação da fila da prisão em movimento – pelo menos, até o próximo fim de semana.

O lugar dos afetos

Os mecanismos gerais de controle voltados à visita, bem como o particular processo de visitação em penitenciárias do oeste paulista, põem em evidência o esforço e o sacrífico implicados na manutenção de vínculos entre familiares e presos[85]. Como procurei mostrar, esses vínculos são fundamentais para o próprio funcionamento cotidiano das prisões de São Paulo: tanto o regime de processamento quanto o sistema de abastecimento dependem de ações e relações que o preso é capaz de mobilizar para além do perímetro institucional. É certo que suas mulheres, mães e/ou companheiras são, ao mesmo tempo, as mais acionadas e as principais responsáveis pela manutenção de tais vínculos. Embora este trabalho não se enquadre no campo dos estudos de gênero, embora ciente de todas as dificuldades implicadas em discutir "o lugar da mulher" nas dinâmicas sociais, parece-me incontornável tecer algumas considerações a respeito disso. Deixar de fazê-lo seria desconsiderar aspectos estruturantes de alguns de meus principais achados de pesquisa. Se é verdade que, ao investigar o funcionamento do sistema penitenciário, nunca persegui as relações de gênero que o constituem – e que nele se constituem –, essa questão jamais deixou de se impor, por diferentes vias e de diversas maneiras[86].

Sem poder dar conta do problema nem ignorá-lo, limito-me a propor algumas reflexões baseadas, em grande parte, no trabalho recente de Vianna[87]. Nos últimos anos, essa autora vem desenvolvendo uma pesquisa sobre relações de gênero, instituições de justiça, redes sociais, experiência de direitos e ação política a partir do trabalho de campo junto à Rede de

---

[85] Para uma exploração das relações entre o sacrífico para realizar as visitas e a sacralidade das famílias nas prisões de São Paulo, ver Jacqueline Stefanny Ferraz de Lima, *Mulher fiel*, cit., p. 75-8.

[86] Nas viagens de familiares que acompanhei, o motorista, alguma criança e eu geralmente éramos as únicas pessoas do sexo masculino. Dentro da prisão, a dinâmica das visitas pastorais se alterava quando, entre os agentes pastorais, figurava (ou não) uma mulher. No diálogo com funcionários, era possível perceber como as funções de segurança eram privilegiadamente desempenhadas por homens, enquanto posições administrativas e técnicas eram mais permeáveis à presença feminina. No decorrer da pesquisa, em diversos registros, questões de gênero continuamente se insinuaram de modo que, mesmo sem persegui-las, não pude deixar de encontrá-las.

[87] Adriana Vianna, "Introdução", cit.; idem, "Violência, Estado e gênero", cit.; idem, "Tempos, dores e corpos", cit.; e Adriana Vianna e Juliana Farias, "A guerra das mães", cit.

Comunidades e Movimentos Contra a Violência – "movimento social que atua no Rio de Janeiro desde 2004, formado majoritariamente por familiares de vítimas de violência policial em favelas"[88]. A autora acompanha os esforços, pessoais e coletivos, que visam a responsabilizar (punir) determinados agentes estatais envolvidos em execuções e chacinas – justificadas como mortes em confronto, próprias da guerra contra o tráfico e, por isso, quase sempre formalizadas e aferidas como "autos de resistência"[89] – bem como denunciar e combater mais amplamente a violência policial, o descaso dos governantes, a injustiça e os diversos modos de preconceito.

Como mostra Vianna, a luta pelo reconhecimento estatal dessas mortes e de seus culpados é também a luta pela restituição da dignidade do morto, de sua família e do território em que vivem[90]. Essa luta se desdobra em todo um trabalho individual e coletivo no sentido de fazer um caso existir e a justiça "andar". Trabalho que se realiza em múltiplas frentes e se estende no tempo, passando por manifestações públicas, passeatas e vigílias, pelo acompanhamento do andamento de inquéritos e processos, pela presença em audiências e julgamentos, pelo contato com parlamentares, organizações de defesa dos direitos humanos e operadores (aliados) do sistema de justiça, também pelo levantamento de provas técnicas, pelo recrutamento de testemunhas e pela elaboração de uma espécie de dossiê sobre a vítima (com fotos, carteira de trabalho, boletim escolar, diplomas etc.), que serve para atestar sua inocência e sua integridade moral. Esse conjunto de práticas conforma um "cotidiano de peregrinações institucionais"[91], no qual os familiares das vítimas se veem em contínuo confronto com as agências estatais, pressionando o funcionamento destas num certo rumo – o da plena realização das prerrogativas que lhes são instituídas: a defesa da cidadania, a promoção da justiça e dos direitos individuais e coletivos. Embora os efeitos dessa peregrinação não sejam garantidos – policiais suspeitos dificilmente são condenados –, o próprio processo de mobilização informa sobre os suportes morais e as formas de identificação que caracterizam essas pessoas e grupos, bem como sobre os modos pelos quais o Estado se instancia diante deles.

---

[88] Ibidem, p. 81.
[89] Michel Misse et al., *Quando a polícia mata: homicídios por 'autos de resistência' no Rio de Janeiro (2001-2011)* (Rio de Janeiro, Booklink, 2013).
[90] Adriana Vianna, "Violência, Estado e gênero", cit., p. 214.
[91] Adriana Vianna e Juliana Farias, "A guerra das mães", cit., p. 87.

As possibilidades de comparação entre esse campo de experiências e as circunstâncias de mobilização dos familiares de presos no estado de São Paulo são inúmeras. Poderia explorar, por exemplo, aproximações e diferenças entre os esforços e sacrifícios para fazer a justiça andar e restituir dignidades, entre os modos de entrelaçamento de uma mobilização contínua com uma espera indefinida, a suspeição que paira sobre aquele que, a princípio, é inocente, mas pode ser (e geralmente é) também responsabilizado pelas faltas atribuídas a um parente, entre os recursos e meios de politização e de incidência no debate público. Mas a questão à qual, aqui, pretendo me ater diz respeito à centralidade da mulher em ambas as dinâmicas consideradas.

Segundo Vianna, toda a peregrinação institucional dos familiares de vítimas da violência de Estado, todo esse "enfrentamento contínuo" com as agências estatais, num "quadro de assimetria tão grande", não seria possível "se não contivesse um forte componente moral", isto é, se não se apoiasse nas "conexões densas de afeto e compromisso das relações familiares"[92]. A figura materna ganha assim proeminência, seja na produção cotidiana dos casos e causas, seja na gênese de uma figuração moral que, especialmente nas manifestações mais públicas, abarca todo o coletivo de lutadoras e lutadores. Nessa construção prática e simbólica de um protagonismo materno, Vianna identifica "uma operação política que tem nas marcas de gênero um de seus substratos mais importantes [...] um fazer-se em ato do gênero que é simultaneamente o fazer-se da 'violência' e do 'Estado'"[93].

Ferraz de Lima, em sua etnografia do processo de visitação em uma penitenciária do interior de São Paulo, bem mostra em que termos se dá o "fazer-se em ato do gênero" nesse contexto. O protagonismo prático e a centralidade simbólica recaem, então, na figura da "mulher fiel", aquela que enfrenta os "sacrifícios da caminhada", que ama de verdade e se dedica ao preso, que tem proceder e "vai até o fim"[94] – expressões que encerram preceitos éticos e morais que inextrincavelmente reforçam, multiplicam e ativam "marcas de gênero". Entretanto – a esta altura já deve estar claro –, as operações políticas constitutivas dos grupos que se defrontam com o Estado não são o foco de meu trabalho; interessam-me na medida em que

---

[92] Adriana Vianna, "Violência, Estado e gênero", cit., p. 226.
[93] Ibidem, p. 231.
[94] Jacqueline Stefanny Ferraz de Lima, *Mulher fiel*, cit., p. 81, 137 e 139.

iluminam as operações políticas que as agências estatais empreendem para governar essas populações.

Vianna não é alheia a essa dimensão do problema, ressaltando que "é preciso considerar também o lugar que emoções, afetividades e desejos têm nos próprios aparatos complexos de gestão de recursos e coletividades", uma vez que "a distribuição dos sentimentos faz parte também das racionalidades políticas e administrativas, sendo seu domínio e regulação elementos relevantes nas artes de governar"[95]. Nessas ponderações, acompanha de perto fecundas ideias de autores como Foucault, Das e Stoler, no que diz respeito à importância dos investimentos políticos sobre a intimidade, que articulam – de modo variável segundo o tempo e o lugar – formações de sexualidade e gênero a estruturas de poder, de Estado, de soberania e de governo[96].

O processo de visitação e seus dispositivos de controle, tal como os descrevi, lançam luz sobre os investimentos políticos das agências estatais na intimidade dos presos e de seus familiares; investimentos que são constitutivos do sistema prisional, mas também estruturantes da produção cotidiana de um feminino, de uma mulher que vive e se constrói ao redor e através da prisão[97]. Como já destaquei, o lugar das famílias dos detentos no dispositivo carcerário contemporâneo não pode ser ignorado nem diminuído como colateral ou secundário. O modo particular pelo qual são responsabilizadas pela duração e pela qualidade do período de reclusão de seus entes queridos é um aspecto fundamental e estruturante do funcionamento corrente do sistema penitenciário paulista. Se resta claro que tal mecânica implica, aos familiares, um elevado grau de sofrimento – ligado a processos de estigmatização e empobrecimento material –, agora, com a contribuição

---

[95] Adriana Vianna, "Introdução", cit., p. 27.
[96] Michel Foucault, *A história da sexualidade 1*, cit.; Veena Das, *Life and Words*, cit.; Ann Laura Stoler, "Tense and Tender Ties: the Politics of Comparison in North American History and (Post)Colonial Studies", *The Journal of American History*, v. 88, n. 3, 2001; e idem, "Matters of Intimacy as Matters of State: a Response", *The Journal of American History*, v. 88, n. 3, 2001.
[97] Gwénola Ricordeau, *Les relations familiales à l'epreuve de l'incarceration: solidarités et sentiments à l'ombre des murs* (Tese de Doutorado em Sociologia, Paris, Université Paris IV/Sorbonne, 2007) também explora, no contexto francês, os investimentos da prisão sobre a sexualidade, intimidade e afetividade que se constroem entre homens presos e mulheres visitantes. Natalia C. Padovani, 'Perpétuas espirais', cit.; e idem, "Confounding Borders and Walls", cit., também faz essa discussão a partir de trabalho de campo em unidades prisionais femininas de São Paulo e Catalunha.

de Vianna, é possível ver nesses mesmos impactos negativos uma forma de capitalização dos afetos por parte das agências estatais. Sobre a "inseparabilidade da díade mãe-filho"[98], sobre a fidelidade da mulher ao preso que ama, o sistema penitenciário se apoia para poder funcionar – também para se expandir e interiorizar. São esses vínculos fortes que estão pressupostos, que são mobilizados e capitalizados num regime de processamento que funciona por provocação da parte interessada, num sistema de abastecimento que regula fluxos de bens partindo de muito além dos limites institucionais, e mesmo num processo de expansão que calcula e projeta o desenvolvimento econômico em áreas interioranas do estado. Em suma, todo o sofrimento imposto às famílias não deixa de ser também a capitalização dos afetos por parte das agências estatais. Tal ordem de considerações permite conceber a inscrição da mulher no mundo prisional para muito além do crescente encarceramento feminino.

---

[98] Adriana Vianna, "Violência, Estado e gênero", cit., p. 228.

CONCLUSÃO

Neste livro, ao explorar algumas dinâmicas estruturantes do dispositivo carcerário paulista, tentei evitar certas disposições epistemológicas que, nos estudos prisionais, me parecem não só reiteradas em excesso, mas principalmente limitadas em potencial crítico e heurístico. Em primeiro lugar, procurei não endossar uma visão institucionalista da justiça criminal, uma visão que toma por referência leis, normas e agências estatais em sua idealidade – em sua normatividade – para, então, contrapor suas diversas formas de realização prática num dado contexto. O estabelecimento *a priori* do que as instituições e códigos são – a partir de teorias jurídicas, políticas ou sociológicas – faz com que a pesquisa empírica se reduza ao exercício de verificação de aproximações (sempre precárias) e deturpações (sempre perversas) do mundo tal como é em relação ao que deveria ser. Esse institucionalismo normativo, no campo dos estudos prisionais, apresenta invariavelmente um caráter por demais programático que acaba alinhando, de forma deliberada ou inadvertida, investigação científica e desígnios estatais. Em alguns casos, há tamanha continuidade entre os pontos de vista de pesquisadores e gestores públicos a ponto de saberes científicos e administrativos se tornarem praticamente indiscerníveis; em outros, quando alguma descontinuidade é marcada, as análises tendem a assumir um caráter mais crítico e reformador. De um modo ou de outro, os termos da análise se antecipam à pesquisa, orientando o olhar (e a ação) desde o princípio. Mesmo a crítica mais ácida, se elaborada a partir desse viés normativo, corrobora estruturas de poder e formas de pensamento que conformam, em grande medida, a atual experiência da justiça e do crime. As diferentes artes de governar, nos mais diversos campos de aplicação, dependem de racionalidades políticas, de tecnologias intelectuais, que produzem e cristalizam determinados modos de representação do real sobre os quais o poder deverá incidir – isto é, que produzem o campo de sujeitos e objetos a serem governados, bem como os instrumentos que lhes serão mais adequados. Quando os analistas da prisão elaboram um discurso centrado nas múltiplas deficiências do Estado e da justiça nesse domínio específico, sem problematizar os parâmetros definidores da avaliação, acabam, queiram eles ou não, adensando o fluxo discursivo sobre o qual o cárcere se apoia para existir e continuar operando.

Por outro lado, também procurei me distanciar de um modo de pensar que, em deliberada oposição a esse institucionalismo, se limita a aderir à perspectiva dos "de baixo" para descrever e analisar determinados fenômenos ou processos. Com efeito, essa operação cognitiva me parece fundamental para a elaboração crítica, pois problematiza as relações políticas e epistemológicas entre discursos dominantes e dissonantes, entre saberes científicos e não científicos, entre sujeito e objeto de pesquisa, bem como a própria condição de sujeito daqueles tomados como objeto. Trata-se, assim, de uma reflexão sempre atenta ao lugar do pesquisador e de seus interlocutores nas hierarquias sociais – reflexão que, em suma, leva em conta as implicações entre saber e poder. Essa postura viabiliza a crítica porque positiva os saberes subalternos, mostra como não são meras crenças inocentes, mas reflexões contínuas e complexas sobre a existência e suas condições; mostra ainda como a verdade do discurso institucional se erige soterrando esses saberes múltiplos, situados e divergentes[1]. No entanto, especialmente no campo dos estudos prisionais, parece-me que essa disposição epistemológica acaba por "nativizar" em excesso um outro que, a princípio, está perto demais. Ao tomar presos, egressos, seus familiares e amigos como um grupo em particular, ao mostrar como pensam, agem e se relacionam, não se problematiza necessariamente a mecânica de produção dessa alteridade – isto é, toma-se esse outro como uma cultura própria, e não como o efeito de estruturas de saber e poder que são próprios de nossa cultura. Se os saberes e práticas desses sujeitos são distintos, particulares, a alteridade que manifestam não expressa um mundo possível – como na etnologia perspectivista[2] –, mas

---

[1] Michel Foucault, *Em defesa da sociedade: curso no Collège de France (1975-1976)* (São Paulo, Martins Fontes, 2005), p. 10-3.

[2] Eduardo Viveiros de Castro, *A inconstância da alma selvagem e outros ensaios de antropologia* (São Paulo, Cosac & Naify, 2002); e idem, "O nativo relativo", *Mana*, v. 8, n. 1, 2002.

as injunções e constrangimentos de nosso mundo, de seu funcionamento atual. Na prisão, no crime, na periferia, não se encontra um grupo "nativo", ontologicamente distinto do nosso, como uma socialidade singular e diferenciada por uma série de atributos (econômicos, políticos, simbólicos etc.), mas, sim, uma socialidade que se constitui sobretudo pelos investimentos estatais dos quais é o alvo. Há uma diferença política e epistemológica entre falar das diferenças desses grupos e falar de seu processo de diferenciação. Por mais distante e distinto que seja o mundo social que se estrutura ao redor e através da prisão, seus territórios estão por toda parte, à nossa porta, são também o nosso mundo. Ao pretender demonstrar tão somente como eles (os outros) são, pensam e agem, em seus próprios termos, o pesquisador tende a abstrair as formas de dominação e exploração, as relações de poder e as técnicas de governo que concorrem para produzir essa alteridade estudada – e que são, por definição, as nossas. Por mais que o pesquisador reflita sobre seu lugar no campo, seus cuidados éticos e metodológicos, por mais que assuma uma posição (auto)crítica e engajada, ao pretender não mais que expor a realidade do outro, o discurso que formula não deixa de ressoar o que designei por orientalismo endógeno. Nos estudos prisionais, mesmo quando se busca descrever a socialidade própria da clientela preferencial do sistema de justiça, com seu vocabulário particular, seus complexos sistemas de valores, pensamento e ação – quando, portanto, noções normativas de delinquência, desvio e afins estão suspensas –, os traços diferenciais de uma alteridade circunscrita acabam por prevalecer sobre as relações de poder que a constituem e as transversalidades que a atravessam.

Não trato aqui de denunciar a exotização e a estereotipia (mesmo porque quase sempre se trata de expor a racionalidade própria dos interlocutores enquanto sujeitos de todo racionais) nem de acusar pesquisadores com base naquilo que não fazem, condenando-os por desconsiderar a exploração capitalista e a coerção estatal – caso esses problemas não sejam postos por eles nem por seus interlocutores. O que mais me incomoda nessa disposição epistemológica é o fato de exacerbar o recorte de um outro em um nós, de repetir – ainda que com outros fins e por outros meios – a exata operação do próprio sistema de justiça. Não se trata de sermos todos iguais – quem o afirmaria? – e de que não existam diferenças fundamentais em nossa sociedade. Trata-se de saber que, se ladrões, presidiários, bem como seus amigos e familiares, exprimem um mundo, esse mundo não é exclusivamente deles, é nosso, meu, seu e também deles, afinal: o sistema de justiça que os mantém presos (ou, de algum modo, atados à prisão) é o mesmo que garante nossa liberdade. É por isso que eles, em sua alteridade, não exprimem um outro mundo possível, mas sim as injunções e constrangimentos de nosso mundo – falam, de um modo privilegiado, de seu funcionamento. Foi assim que as experiências de detentos, egressos, seus familiares e amigos foram trabalhadas nesta obra. Nesta pesquisa, não produzi um discurso sobre o outro; procurei produzir um discurso sobre o sistema penitenciário paulista em relação aos outros, um discurso que não deixa de ser meu, que não é extraído dos outros nem lhes é imposto, mas procura se compor com o deles para falar de algo que os toca e concerne a todos nós.

A terceira disposição epistemológica que deliberadamente procurei evitar é aquela que, em nome da crítica que aqui também reivindico, anula de um só golpe tanto a perspectiva institucional quanto a subalterna no intuito de situar todo e qualquer fenômeno ou processo na narrativa geral do capitalismo e seu cortejo de mazelas. Sob esse viés, o pesquisador não só estabelece, igualmente *a priori*, outras categorias normativas para a análise, como produz um discurso que pretende corresponder aos interesses reais dos "de baixo", independentemente do que venham a formular sobre isso – que eles o saibam, sempre, só dependerá de níveis de consciência e ideologia. Embora coincida na preocupação com as mais proeminentes formas de dominação que moldam determinadas dinâmicas sociais, duas objeções me distanciam dessa postura. Em primeiro lugar, parece-me que essa disposição epistemológica acaba por desqualificar a pesquisa empírica, que pouco ou nada pode acrescer ao que já se encontra elaborado. Desde Rusche e Kirchheimer, sabe-se que a cadeia opera certa regulação no mercado de trabalho, convertendo-se, sob conjunturas economicamente favoráveis, em aparato mobilizador e disciplinador da força de trabalho[3]. Ao pesquisador empírico resta, portanto, difundir essa verdade, atualizando--a, esmiuçando-a e ilustrando-a com os fatos da história e do contexto. A pesquisa se converte, assim, numa espécie de exercício de documentação e elaboração lógica, quando não retórica, cujo alcance não ultrapassa os limites da propaganda e da denúncia. Em segundo lugar, parece-me que muitas vezes, o esforço de situar a prisão na história geral do capitalismo redunda num certo funcionalismo reducionista. Ao discernir uma essência

---

[3] Georg Rusche e Otto Kirchheimer, *Punição e estrutura social*, cit.; e Dario Melossi e Massimo Pavarini, *Cárcere e fábrica*, cit.

Conclusão • 237

do cárcere na sociedade de classes – nomeadamente, sua função reguladora de mercado de trabalho –, outros possíveis e concomitantes modos pelos quais ele se faz presente e útil em dinâmicas várias de exploração e dominação, situadas no tempo e no espaço, acabam ficando fora do horizonte da crítica. Nem é preciso evocar o pensamento foucaultiano e suas várias objeções ao marxismo[4] para sustentar essa minha ponderação. Num tão breve quanto luminoso artigo, o próprio Marx já chamava a atenção para as múltiplas dimensões produtivas da criminalidade, em algumas formulações por demais sugestivas para uma análise do problema carcerário[5]. Para Marx, o criminoso produz, além do crime, a legislação criminal e seus legisladores, o professor e os livros de direito, o aparelho policial e de administração da justiça; também artes e literatura; produz ainda impressões morais no público e certo estado de instabilidade e inquietação que promove a concorrência e o desenvolvimento das forças produtivas – sempre ocupadas em evitar falsificações e outros ataques à propriedade. Entre essas múltiplas produtividades, sem ascendência alguma sobre elas, Marx identifica o papel da criminalidade na retirada de um excedente populacional do mercado de trabalho – o que refreia a concorrência entre trabalhadores e limita, em alguma medida, a redução dos salários – e o papel da guerra contra o crime na ocupação e absorção de outra parcela dessa mesma população. Inúmeras mediações são necessárias para fazer funcionar essas ideias de Marx sobre o crime numa análise das prisões em São Paulo na virada dos tempos; não é meu objetivo percorrê-las. Com essa digressão, apenas quero enfatizar que não se pode encontrar o lugar do cárcere no regime capitalista por meio de uma análise redutora e reiterativa; a crítica passa pela prospecção de suas múltiplas produtividades, que se desdobram no interior de estratégias de acumulação, exploração, coerção, simbolização e subjetivação – estratégias sempre mutáveis, pois situadas no tempo e no espaço.

Se até aqui explicitei o que vinha procurando evitar, cabe agora retomar o que busquei fazer. Antes de tudo, procurei descrever o sistema penitenciário paulista a partir dos vasos comunicantes que o constituem – não das muralhas; tentei persegui-los em sua extensão, nos territórios que alcançam, nas passagens que engendram e nos efeitos que provocam. Procurei, assim,

---

[4] Objeções muitas vezes superdimensionadas.
[5] Karl Marx, "Bénéfices secondaires du crime", em Denis Szabo, *Déviance et criminalité: textes* (Paris, Armand Colin, 1970), p. 84-5.

decompor e recompor a prisão no interior de um dispositivo mais amplo, translocal e multi-institucional. Translocal porque o dispositivo não se confunde com um perímetro, porque funciona dentro e fora da prisão, produzindo e operando continuamente essa diferenciação territorial; também porque abarca, de diferentes maneiras, o interior mais distante do estado e as periferias metropolitanas. Multi-institucional porque o dispositivo não está limitado aos expedientes da administração penitenciária, porque implica as variadas agências que conformam o sistema de justiça, também outras esferas governamentais, da prefeitura municipal à OEA, passando pelos governos estadual e federal e suas casas legislativas. Multi-institucional também porque envolve instituições de natureza variada, com distintos graus de formalização, desde sólidas organizações da sociedade civil – como a Pastoral Carcerária – até agenciamentos mais ou menos estáveis – como os que viabilizam toda a logística da visitação em penitenciárias do interior. Desse modo, procurei explorar o modo como se dá tanto a implantação da cadeia no mundo quanto seu funcionamento no cotidiano.

É bem verdade que discorrer acerca de coisas como GIR, extrato da VEC, FPM ou senha de visita, por demais desconhecidas do público geral, pode gerar o efeito de um estranhamento que reforce a ideia de que se trata mesmo de um outro mundo, um mundo à parte. No entanto, reinserir esses e tantos outros componentes do dispositivo carcerário no (nosso) mundo talvez tenha sido uma de minhas maiores obsessões neste livro. E, se consegui demonstrar como esses (e outros) elementos funcionam cotidianamente na produção e manutenção daquilo que, em nossa sociedade, chamamos de justiça, dou-me por satisfeito.

É bem verdade também que muitos achados desta pesquisa corroboram a imagem da prisão contemporânea como depósito de gente supérflua. Os imperativos securitários de um programa de incapacitação de amplas camadas populacionais se manifestam na escandalosa superlotação dos CDPs metropolitanos, na proliferação de penitenciárias no interior mais distante, nas precárias condições de trabalho, educação e saúde dentro dos espaços de reclusão, no ínfimo investimento estatal em itens básicos de sobrevivência, no descaso sistemático dos lapsos de progressão de pena, na ilegibilidade do regime de processamento etc. Cada um desses (e outros possíveis) pontos reforça o juízo da renovada função que o cárcere em São Paulo, como em outras partes do mundo, assumiu para si. Entretanto, nesta pesquisa, procurei extrapolar os limites da documentação e da denúncia dessa perversidade, apostando que, por meio da exploração do funcionamento cotidiano – não da função geral – da cadeia, outras tantas perversidades viriam à tona e se abririam à crítica. Nesse registro, situo o particular sofrimento implicado numa pena que se experimenta como espera indefinida, sem termos nem parâmetros claros. Situo também o regime de processamento que funciona burocraticamente a distância, movido à provocação da parte interessada que, no limite, acaba por responsabilizar o preso pelo desenrolar de sua pena, obrigando-o a mobilizar-se e a mobilizar seus próximos, ao mesmo tempo que limita e dificulta as possibilidades de ação e relacionamento de uns e outros. Situo ainda uma forma de punição que se pensa como política de desenvolvimento que, independentemente dos impactos econômicos próprios que possa acarretar, acaba por afetar a vida de um sem-número de pessoas, dentro e fora das prisões, e por alterar de modo significativo dinâmicas sociais no interior mais distante. Situo, por fim, um sistema penitenciário cujo abastecimento se baseia na extração de bens e recursos – os mais básicos – da rede de amigos e familiares de presos, e o faz da forma mais violenta e aviltante possível.

Prisão: dispositivo de governo de populações calcado em perversidades múltiplas. Perverso. Não encontro outro termo para qualificar um sistema punitivo que responsabiliza e incita à mobilização pelo imperativo da urgência, que capitaliza essa mobilização para a subsistência e expansão do próprio sistema – e, nas bases desse movimento, capitaliza os afetos que unem as pessoas a partir mesmo da inflicção de um sofrimento sem medida. Não é outra coisa senão perverso um sistema punitivo que faz do mínimo da existência, do mandatório e do inegociável da vida, algo que depende do engajamento contínuo de atores vários, que faz de tudo para bloquear e dificultar tal engajamento e que converte seus efeitos numa espécie de concessão benevolente. Mas, como a crítica não se restringe a uma operação meramente analítica sobre um objeto, sendo antes uma tomada de posição no interior de discussões mais amplas, gostaria de finalizar este trabalho levantando algumas questões para o debate sociológico acerca da grande transformação contemporânea nos regimes de controle e castigo, bem como sobre as atuais querelas em torno do problema carcerário paulista, em especial no que diz respeito à emergência e à expansão do PCC.

Em primeiro lugar, no debate internacional sobre a grande mudança punitiva dos últimos anos, assim como a narrativa geral prevalecente acompanha o percurso histórico das políticas criminais e penitenciárias dos Estados Unidos e da Europa ocidental, a figuração hegemônica do encarceramento em massa e de suas prisões-depósitos também parece se ater às experiências dos sistemas punitivos que se situam nesse mesmo eixo geopolítico. No entanto, entre os dez países que mais encarceram no mundo – em termos absolutos e relativos[6] –, apenas os Estados Unidos tanto seguem o roteiro do desmantelamento de um Estado de Bem-Estar Social e a concomitante edificação de um Estado Penal – para ficar numa das mais consagradas versões dos fatos[7] – quanto dispõem de um sem-número de instituições de segurança máxima, onde o preso parece efetivamente ser enterrado vivo. Os demais países, situados no Sul global, apresentam uma gama bastante diversa de estruturas organizacionais, jurídicas, políticas e sociais, bem como de percursos históricos que levaram a um punitivismo exacerbado. Uma abordagem dos mecanismos de funcionamento do maior sistema penitenciário estadual do quarto país que mais encarcera no mundo, além de válida e interessante por si mesma, visa também a deslocar minimamente o eixo geopolítico que vem organizando as análises do encarceramento em massa. Uma melhor compreensão da grande transformação punitiva deve passar por outras vias de problematização, que contemplem as especificidades dessas realidades díspares e que, por isso mesmo, ofereçam novos elementos para repensar as trajetórias e atuais circunstâncias dos sistemas penais nos países hegemônicos do Atlântico Norte. A exemplo do que Roy sugere para os estudos urbanos, talvez seja o momento de forjar uma nova geografia dos estudos prisionais, sem a qual corremos o risco de mal entender o que vem se passando no mundo[8].

Quanto ao debate sobre a particular centralidade do PCC nas dinâmicas criminais, no sistema penitenciário e na sociabilidade das periferias urbanas do estado de São Paulo, neste trabalho também proponho um deslocamento. No decorrer desta pesquisa, pude vislumbrar um sistema penitenciário cujo próprio funcionamento incita os presos a se mobilizarem ininterruptamente

---

[6] Os dez países que mais encarceram no mundo, em setembro de 2016, eram os seguintes – em ordem decrescente: Estados Unidos, China, Rússia, Brasil, Índia, Tailândia, México, Irã, Turquia e Indonésia, em números absolutos. E em números relativos: Seychelles, Estados Unidos, São Cristóvão e Nevis, Turcomenistão, Ilhas Virgens, El Salvador, Cuba, Tailândia, Guam e Rússia. Dados de ICPS, *Highest to lowest*, cit.

[7] Loïc Wacquant, *As prisões da miséria*, cit.; idem, "A ascensão do Estado Penal nos EUA", cit.; idem, *Punir os pobres*, cit.; e idem, *Parias urbanos*, cit.

[8] Ananya Roy, "The 21st-Century Metropolis: New Geographies of Theory", *Regional Studies*, v. 43, n. 6, 2009.

e a se articularem quanto podem com agentes do mundo extramuros. As dinâmicas de processamento e abastecimento de pessoas nas prisões de São Paulo dependem dessa ampla e contínua mobilização, dentro e fora das muralhas. Eis uma premissa que não só questiona o paradigma da prisão incapacitante como conforma um novo plano de referência para (res)situar o problema do PCC. Dessa perspectiva, um conjunto de práticas conhecidas e atribuídas à facção ganha novos contornos e significações, que podem contribuir para um melhor entendimento do fenômeno. Mecanismos de assistência jurídica e material – o pagamento de advogados, a distribuição de itens essenciais dentro da prisão ou de cestas básicas e ajudas de custo para familiares, do lado de fora – já não aparecem como meras práticas assistenciais que visam a favorecer um grupo de presos privilegiados, direta ou indiretamente, pois legitimam e consolidam seu domínio sobre o restante da população carcerária. Considerando o PCC como um coletivo, nos termos de Biondi[9], tais práticas aparecem como reações coletivizadas às exigências que o estado de São Paulo impõe a todas e a cada uma das pessoas que encarcera, nomeadamente a exigência de o preso cuidar de saber sobre seu processo e fazê-lo andar e a de extrair de sua rede de relações os recursos necessários para a sobrevivência cotidiana.

A partir desse renovado plano de referência que se esboça em minha etnografia, a figuração do PCC que emerge não é a de uma "organização criminosa" que ocupa as lacunas e vazios deixados por um Estado ausente, inoperante ou meramente (e, para alguns, sempre insuficientemente) repressor. A mobilização contínua e a articulação dos presos com agentes que circulam fora das muralhas – fenômeno que o PCC expressa, mas não totaliza – são fatores fundamentais para o próprio funcionamento do sistema. É a cadeia, como instanciação do Estado, que, para funcionar, incita os presos a se mobilizarem e se articularem com o outro lado dos muros. Se o PCC revela esse transbordamento da instituição, jamais poderá explicá-lo, pois é um de seus efeitos – talvez o mais espetacular –, mas não pode ser sua causa.

Biondi assevera: "Se quisermos entender melhor o PCC, não podemos descartar sua fluidez constitutiva. O *Comando* é todo fluxo, é trânsito, circunstância, *movimento, situação*; só pode ser entendido em um plano

---

[9] Karina Biondi, *Junto e misturado*, cit.

diacrônico [...] como um acontecimento"[10]. No horizonte de toda a minha trajetória de pesquisa sobre a questão prisional, sempre esteve presente o questionamento sobre o que permite a irrupção dessa ocorrência, que tanto marcou minha geração. Agora, após anos de visitas pastorais, arrisco-me a sugerir uma hipótese: é o próprio funcionamento intestino da prisão – em termos positivos e produtivos – que se constitui como uma de suas mais fundamentais condições de possibilidade. O lugar do PCC no dispositivo carcerário paulista contemporâneo só poderá ser mais bem compreendido caso seja considerado o clima de urgência que vigora nos raios das penitenciárias e as tecnologias de processamento e abastecimento que acabam por mobilizar uma variedade de agentes, dentro e fora das muralhas, não para subverter a prisão, mas para fazê-la funcionar.

Por fim, uma última ressalva: vislumbrar o papel ativo de presos, seus familiares e amigos no funcionamento atual da prisão não significa diagnosticar uma captura absoluta, a funcionalização total das relações e existências para a perpetuação de um poder perverso. Afinal, como no sistema produtivo, no punitivo, só quem o move pode um dia vir a detê-lo.

---

[10] Karina Biondi, *Junto e misturado*, cit., p. 220, grifos da autora.

REFERÊNCIAS

ADORNO, Sergio. Sistema penitenciário no Brasil: problemas e desafios. *Revista USP*, n. 9, 1991. p. 65-78.

_____. Crimen, punición y prisiones en Brasil: un retrato sin retoques. *Quórum*, n. 16, 2006. p. 41-9.

_____; DIAS, Camila C. N. Articulação entre o mundo interno e externo às instituições prisionais: questões para a construção de um novo paradigma no domínio da sociologia das prisões. In: Encontro Nacional da Anpocs, 37, 2013, Águas de Lindoia. *Anais eletrônicos*. São Paulo, Anpocs, 2013. Disponível em: <http://anpocs.org/index.php/papers-37-encontro/st/st28/8587-articulacao-entre-o-mundo-interno-e-externo-as-instituicoes-prisionais-questoes-para-a-construcao-de-um-novo-paradigma-no-dominio-da-sociologia-das-prisoes/file>. Acesso em: 14 mar. 2017.

_____; SALLA, Fernando. Criminalidade organizada nas prisões e os ataques do PCC. *Revista de Estudos Avançados*, v. 21, n. 61, 2007. p. 7-29.

ALMEIDA, Francis M. de. Criminologia clínica. In: LIMA, Renato Sérgio de; RATTON, José Luiz; AZEVEDO, Rodrigo G. de. *Crime, polícia e justiça no Brasil*. São Paulo, Contexto, 2014. p. 148-58.

ALMEIDA, Vicente U.; MENDES SOBRINHO, Octávio T., *Migração Rural-Urbana*: aspectos da convergência de população do interior e outras localidades para a capital do estado de São Paulo (Com um estudo sobre zonas de colonização do estado de São Paulo). São Paulo, Secretaria da Agricultura do Estado de São Paulo, 1951.

ALSAYYAD, Nezar; ROY, Ananya. Modernidade medieval: cidadania e urbanismo na era global. *Novos Estudos*, n. 85, 2009. p. 105-128.

ALVAREZ, Marcos César. *Bacharéis, criminologistas e juristas*: saber jurídico e Nova Escola Penal no Brasil. São Paulo, IBCCrim, 2003.

_____; SALLA, Fernando; DIAS, Camila C. N. Das Comissões de Solidariedade ao Primeiro Comando da Capital em São Paulo. *Tempo Social*, v. 25, n. 1, 2013. p. 61-82.

ALVES DA SILVA, Eliane. *Governar o ingovernável*: gestão da irregularidade urbana em áreas de mananciais em São Paulo. Tese de Doutorado em Sociologia, São Paulo, Faculdade de Filosofia, Letras e Ciências Humanas da Universidade de São Paulo (FFLCH-USP), 2011.

APPLEBAUM, Anne. *Gulag*: uma história dos campos de prisioneiros soviéticos. São Paulo, Ediouro, 2004.

APPLEGATE, Brandon K.; SITREN, Alicia H. The Jail and the Community: Comparing Jails in Rural and Urban Contexts. *The Prison Journal*, v. 88, n. 2, 2008. p. 252-269.

ARANTES, Paulo. Zonas de espera: uma digressão sobre o tempo morto da onda punitiva contemporânea. In: BATISTA, Vera Malaguti (org.). *Loïc Wacquant e a questão penal no capitalismo neoliberal*. Rio de Janeiro, Revan, 2012. p. 229-306.

_____. *O novo tempo do mundo*: e outros estudos sobre a era da emergência. São Paulo, Boitempo, 2014.

BARAK-GLANTZ, Israel L. Toward a Conceptual Schema of Prison Management Styles. *The Prison Journal*, v. 61, n. 2, 1981, p. 42-60.

BARATA, Rita B.; RIBEIRO, Manoel Carlos S. de A.; MORAES, José Cássio de. Tendência temporal da mortalidade por homicídios na cidade São Paulo, Brasil, 1979-1994. *Cadernos de Saúde Pública*, v. 15, n. 4, 1999. p. 711-8.

BARBANÇON, Louis-José. Chronologie relative à la déportation, transportation et relégation française. *Criminocorpus*, Dossier Les Bagnes Coloniaux, 2006. Disponível em: <http://criminocorpus.revues.org/142>. Acesso em: 18 nov. 2014.

BARBOSA, Antônio Rafael. *Prender e dar fuga*: biopolítica, tráfico de drogas e sistema penitenciário no Rio de Janeiro. Tese de Doutorado em Antropologia Social, Rio de Janeiro, Museu Nacional/Universidade Federal do Rio de Janeiro (UFRJ), 2005.

_____. Um levantamento introdutório das práticas de violência física dentro das cadeias cariocas. In: MARQUES, Ana Claudia (org.). *Conflitos, política e relações pessoais*. Campinas, Pontes, 2007. p. 129-72.

BARBUY, Heloísa. *A cidade-exposição*: comércio e cosmopolitismo em São Paulo, 1860-1914. São Paulo, EDUSP, 2006.

BATISTA, Vera Malaguti. O Alemão é muito mais complexo. *Revista de Derecho Penal y Criminología*, v. 2, 2013. p. 72-85.

BAUMAN, Zygmunt. *Globalização*: as consequências humanas. Rio de Janeiro, Jorge Zahar, 1999.

BEALE, Calvin. Prisons, Population, and Jobs in Nonmetro America. *Rural Development Perspectives*, v. 8, n. 3, 1993. p. 16-9.

_____. Rural Prisons: an Update. *Rural Development Perspectives*, v. 11, n. 2, 1996. p. 25-7.

BECKETT, Katherine; HERBERT, Steve. Dealing with Disorder: Social Control in the Post-Industrial City. *Theoretical Criminology*, v. 12, n. 1, 2008. p. 5-30.

BENNETT, Colin J.; REGAN, Priscilla M. Surveillance and Mobilities. *Surveillance and Society*, v. 1, n. 4, 2004. p. 449-55.

BIGO, Didier. Du panoptisme au ban-optisme: les micros logiques du contrôle dans la mondialisation. In : CHARDEL, Pierre-Antoine; ROCKHILL, Gabriel (orgs.). *Technologies de contrôle dans la mondialisation*: enjeux politiques, éthiques et esthétiques. Paris, Editions Kimé, 2009. p. 59-80.

_____; BOCCO, Riccardo; PIERMAY, Jean-Luc. Logiques du marquage: murs et disputes frontalières. *Cultures & Conflits*, n. 73, 2009. p. 7-13.

BIONDI, Karina. *Junto e misturado*: uma etnografia do PCC. São Paulo, Terceiro Nome, 2010.

_____. *Etnografia no movimento*: território, hierarquia e lei no PCC. Tese de Doutorado em Antropologia Social, São Carlos, Centro de Educação e Ciências Humanas da Universidade Federal de São Carlos (Cech-UFSCar), 2014.

_____; MARQUES, Adalton José. Memória e historicidade em dois 'comandos' prisionais. *Lua Nova*, n. 79, 2010. p. 39-70.

BISILLIAT, Maureen (org.). *Aqui dentro*: páginas de uma memória – Carandiru. São Paulo, Memorial, 2003.

BORGES, Jorge Luís. Sobre o rigor na ciência. In: _____. *História universal da infâmia*, Trad. Flávio José Cardozo. Porto Alegre, Globo, 1986.

BRAGA, Ana Gabriela M.; BRETAN, Maria Emília A. N. Teoria e prática da reintegração social: o relato de um trabalho crítico no âmbito da execução penal. In: SÁ, Alvino Augusto de; SHECAIRA, Sérgio S. (orgs.). *Criminologia e os problemas da atualidade*. São Paulo, Atlas, 2008. p. 255-75.

BRAMAN, Donald. *Families and Incarceration*. Tese de Doutorado em Filosofia, Yale University, New Haven, 2002.

BRENNER, Neil. Theses on Urbanization. *Public Culture*, v. 25, n. 1, 2013. p. 85-114.

BURAYIDI, Michael A.; COULIBALY, Mamadou. Image Busters: How Prison Location Distorts the Profiles of Rural Host Communities and What Can Be Done About It. *Economic Development Quarterly*, v. 23, n. 2, 2009. p. 141-49.

BUTLER, Judith. Detención indefinida. In: _____. *Vida precaria*: el poder del duelo y la violencia. Buenos Aires, Paidós, 2006. p. 79-132.

CÂMARA DOS DEPUTADOS. *Relatório final*: CPI do sistema carcerário, Relator deputado Domingos Dutra. Brasília, 2008.

CAMBAÚVA, Daniella F. et al. *A Nova Alta dos presídios*: uma história de Tupi Paulista. Trabalho de Conclusão de Curso, Graduação em Jornalismo, São Paulo, Faculdade Cásper Líbero, s/d. Disponível em: <http://altadospresidios.com.br>. Acesso em: 19 nov. 2014.

CANÊDO, Carlos; FONSECA, David S. (orgs.). *Ambivalência, contradição e volatilidade no sistema penal*: leituras contemporâneas da sociologia da punição. Belo Horizonte, Editora UFMG, 2012.

CARDIA, Nancy; ADORNO, Sergio; POLETO, Frederico Z. Homicide Rates and Human Rights Violations in São Paulo, Brazil: 1990 to 2002. *Health and Human Rights*, v. 6, n. 2, 2003. p. 14-34.

CARRABINE, Eamonn. Discourse, Governmentality and Translation: Towards a Social Theory of Imprisonment. *Theoretical Criminology*, v. 4, n. 3, 2000. p. 309-31.

CARVALHO, Salo de (coord.). *Dos critérios de aplicação da pena no Brasil*: análise doutrinária e jurisprudencial da conveniência da determinação da pena mínima. Brasília, Ministério da Justiça, 2009. (Série Pensando o Direito, n. 2).

_____. *O papel dos atores do sistema penal na era do punitivismo*: o exemplo privilegiado da aplicação da pena. Rio de Janeiro, Lumen Juris, 2010.

CASTRO E SILVA, Anderson M. *Participo que...*: desvelando a punição intramuros. Rio de Janeiro, Publit, 2011.

CESCON, Flávia R. P. *Migração e unidades prisionais*: o cenário dos pequenos municípios do oeste paulista. Dissertação de Mestrado em Demografia, Campinas, Instituto de Filosofia e Ciências Humanas da Universidade Estadual de Campinas (IFCH-Unicamp), 2012.

_____; BAENINGER, Rosana. Cidades carcerárias: migração e presídios em regiões de São Paulo. In: Encontro Nacional de estudos populacionais, 17, 2010, Caxambu. *Anais*. Belo Horizonte, ABEP, 2010.

CHANTRAINE, Gilles. *Par-delà les murs*: expériences et trajectoires en maison d'arrêt. Paris, Presses Universitaires de France-Le Monde, 2004.

_____. Prison and Sociological Perspective. *Champ Pénal/ Penal Field*, n. 1, v. 1, 2004. p. 2-11.

_____. A prisão pós-disciplinar. *Revista Brasileira de Ciências Criminais*, n. 62, 2006. p. 79-106.

CHIES, Luiz Antônio B. *A capitalização do tempo social na prisão*: a remição no contexto das lutas de temporalização na pena privativa de liberdade. Tese de Doutorado em Sociologia, Porto Alegre (IFCH-UFRGS), 2006.

CHRISTIAN, Johnna. Riding the Bus: Barriers to Prison Visitation and Family Management Strategies. *Journal of Contemporary Criminal Justice*, v. 21, n. 1, 2005. p. 31-48.

CHRISTIE, Nils. *Crime Control as Industry*: Towards GULAGs, Western Style? Londres, Routledge, 1993.

CIDH – COMISSÃO INTERAMERICANA DE DIREITOS HUMANOS. Comissão Permanente do Brasil junto à Organização dos Estados Americanos. *Resposta do Estado brasileiro referente ao Caso 11.291* (111 mortos da Casa de Detenção Carandiru). Washington, 2006.

CLEMMER, Donald. *The Prison Community*. Nova York, Holt, Rinehart and Winston, 1958.

CNJ – CONSELHO NACIONAL DE JUSTIÇA. *Relatório geral*: mutirão carcerário do estado de São Paulo (e atas anexas). Brasília, Poder Judiciário, 2012.

COELHO, Edmundo C. *A oficina do diabo e outros estudos sobre criminalidade*. Rio de Janeiro, Record, 2005.

COHEN, Stanley. The Punitive City: Notes on the Dispersal of Social Control. *Contemporary Crises*, v. 3, 1979. p. 339-63.

COLLIER, Stephen J. Topologias do poder: a análise de Foucault sobre governo político para além da 'governamentalidade'. *Revista Brasileira de Ciência Política*, n. 5, 2011. p. 245-84.

_____; ONG, Aihwa. Global Assemblages, Anthropological Problems. In: _____. *Global Assemblages*: Technology, Politics and Ethics as Anthropological Problems. Londres, Blackwell, 2005. p. 3-21.

COMBESSIE, Philippe. *Prisons des villes et des campagnes*: étude d'écologie sociale. Québec, Les Classiques des Sciences Sociales, 1996.

_____. The 'Sensitive Perimeter' of the Prison: a Key to Understanding the Durability of the Penal Institution. In: RUGGIERO, Vincenzo; TAYLOR, Ian R.; SOUTH, Nigel South (orgs.). *The New European Criminology*: Crime and Social Order in Europe. Londres, Routledge, 1998. p. 125-35.

_____. La prison dans son environnement: symptômes de l'ambivalence entre les démocraties et l'enfermement carcéral. *Les Cahiers de la Sécurité*, n. 12, 2010. p. 21-31.

COMFORT, Megan L. *Doing Time Together*: Love and Family in the Shadow of the Prison. Chicago, University of Chicago Press, 2008.

CORDEIRO, Ricardo; DONALÍSIO, Maria Rita C. Homicídios masculinos na região metropolitana de São Paulo entre 1979 e 1998: uma abordagem pictórica. *Cadernos de Saúde Pública*, v. 17, n. 3, 2001. p. 669-77.

CORRÊA Jr., Alceu. *Monitoramento eletrônico de penas e alternativas penais*. Tese de Doutorado em Direito, São Paulo, Faculdade de Direito da Universidade de São Paulo (FD-USP), 2012.

CÔRTES, Tiago R. *Os migrantes da costura em São Paulo*: retalhos de trabalho, cidade e Estado. Dissertação de Mestrado em Sociologia, São Paulo, FFLCH-USP, 2013.

COSTA, Marcos Paulo P. *O caos ressurgirá da ordem*: Fernando de Noronha e a reforma prisional no Império. Dissertação de Mestrado em História, João Pessoa, Centro de Ciências Humanas, Letras e Artes da Universidade Federal da Paraíba (CCHLA-UFPB), 2007.

COURTRIGHT, Kevin E. et al. Prisons and Rural Pennsylvania Communities: Exploring the Health of the Relationship and the Possibility of Improvement. *Prison Journal*, v. 90, n. 1, 2010. p. 69-93.

CUNHA, Manuela Ivone P. da. O bairro e a prisão: a erosão de uma fronteira. In: BRANCO, Jorge F.; AFONSO, Ana Isabel (orgs.). *Retóricas sem fronteiras*. Lisboa, Celta, 2003. p. 101-09.

_____. As organizações enquanto unidades de observação e de análise: o caso da prisão. *Etnográfica*, v. 8, n. 1, 2004. p. 151-57.

_____. El tiempo que no cesa: la erosión de la frontera carcelaria. *Renglones*, v. 58-59, 2005. p. 32-41.

_____. O tempo insuspenso: uma aproximação a duas percepções carcerais da temporalidade. In: ARAÚJO, Emília Araújo; DUARTE, Ana Maria; RIBEIRO, Rita (orgs.). *O tempo, as culturas e as instituições*: para uma abordagem sociológica do tempo. Lisboa, Colibri, 2007. p. 91-104.

_____. Prisão e sociedade: modalidades de uma conexão. In: _____. *Aquém e além da prisão*: cruzamentos e perspectivas. Lisboa, 90 Ed., 2008. p. 7-32.

CUTITTA, Paolo. Le monde-frontière: le contrôle de l'immigration dans l'espace globalisé. *Cultures & Conflits*, n. 68, 2007. p. 61-84.

DAS, Veena. *Life and Words*: Violence and the Descent into the Ordinary. Berkeley, University of California Press, 2007.

DEAN, Mitchell. *Governmentality*: Power and Rule in Modern Society. Londres, Sage, 1999.

DELEUZE, Gilles. *Foucault*. Barcelona, Paidós, 1987.

_____. *Post-scriptum* sobre as sociedades de controle. In: _____. *Conversações*. São Paulo, Editora 34, 2010. p. 223-30.

DEPEN – DEPARTAMENTO PENITENCIÁRIO NACIONAL. *Infopen – estatística*. Brasília, Ministério da Justiça, 2014. Disponível em: <http://www.justica.gov.br/seus-direitos/politica-penal/transparencia-institucional/estatisticas-prisional/sistema-prisional>. Acesso em: 14 mar. 2017

_____. *Levantamento nacional de informações penitenciárias: Infopen – Junho de 2014*, Ministério da Justiça, 2015. Disponível em: <http://www.justica.gov.br/noticias/mj-divulgara-novo-relatorio-do-infopen-nesta-terca-feira/relatorio-depen-versao-web.pdf>. Acesso em: 3 set. 2016.

_____. *Relatórios estatísticos-analíticos do sistema prisional do estado de São Paulo*, jun. 2013. Brasília, Ministério da Justiça, 2016. Disponível em: <http://www.justica.gov.br/seus-direitos/politica-penal/transparencia-institucional/estatisticas-prisional/anexos-sistema-prisional/sp_201306.pdf>. Acesso em: 24 jul. 2017.

_____. *Relatórios estatísticos-analíticos do sistema prisional do estado de São Paulo*, dez. 2014. Brasília, Ministério da Justiça, 2016. Disponível em: <http://www.justica.gov.br/seus-direitos/politica-penal/transparencia-institucional/estatisticas-prisional/relatorios-estatisticos-analiticos-do-sistema-prisional-do-estado-de-sao-paulo>. Acesso em: 24 jul. 2017.

DEPESP – DEFENSORIA PÚBLICA DO ESTADO DE SÃO PAULO. Núcleo especializado de situação carcerária. Audiências públicas. Disponível em <http://www.defensoria.sp.gov.br/dpesp/Default.aspx?idPagina=5574>. Acesso em: 10 mar. 2015.

_____. *Planilhas de gastos em higiene, vestuário e limpeza*: no ano de 2011 e primeiro semestre de 2012, referentes às Coordenadorias Regionais da Secretaria de Administração Penitenciária do Estado de São Paulo. São Paulo, Depesp, 2012.

_____. *Parecer do procedimento interno do núcleo de situação carcerária*: fornecimento de produtos básicos de assistência material nos presídios. São Paulo, Depesp, 2012. Disponível em: <http://www.defensoria.sp.gov.br/dpesp/repositorio/0/documentos/n%C3%BAcleos%20especializados/Parecer%20NESC%20204-36-2012.pdf>. Acesso em: 19 nov. 2014.

_____. *Estabelecimentos prisionais e VEC correspondente*. São Paulo, Depesp, 2014. Disponível em: <http://www.defensoria.sp.gov.br/dpesp/Default.aspx?idPagina=3078>. Acesso em: 19 nov. 2014.

_____. *Ofício SAP/GS n. 0093/2014*. São Paulo, Depesp, 2014.

DIAS, Camila C. N. *A Igreja como refúgio e a Bíblia como esconderijo*: religião e violência na prisão. São Paulo, Humanitas, 2008.

_____. *Da pulverização ao monopólio da violência*: expansão e consolidação do Primeiro Comando da Capital (PCC) no sistema carcerário paulista. Tese de Doutorado em Sociologia, São Paulo, FFLCH-USP, 2011.

_____. Disciplina, controle social e punição: o entrecruzamento das redes de poder no espaço prisional. *Revista Brasileira de Ciências Sociais*, v. 29, n. 85, 2014. p. 113-27.

DIMINESCU, Dana. Mobilités et connexions: l'usage du téléphone portable par les migrants dans une situation précaire. *Hommes et Migrations*, n. 1240, 2002. p. 66-81.

DONZELOT, Jacques. La dissuasion urbaine du crime. In: THÉODOROU, Spyros. *Emprises de la violence*. Paris, Parenthèses, 2013. p. 171-98.

DREYFUS, Hubert L.; RABINOW, Paul. *Michel Foucault*: uma trajetória filosófica – para além do estruturalismo e da hermenêutica. Rio de Janeiro, Forense Universitária, 1995.

EKIRCH, Roger A. Bound for America: a Profile of British Convicts Transported to the Colonies, 1718-1775. *The William and Mary Quarterly*, v. 42, n. 2, 1985. p. 184-200.

FARRINGTON, Keith. The Modern Prison as Total Institution? Public Perception Versus Objective Reality. *Crime & Delinquency*, v. 38, n. 1, 1992. p. 6-26.

FAUGERON, Claude; LE BOULAIRE, Jean-Michel. Prisons, peines de prison et ordre public. *Revue Française de Sociologie*, v. 33, n. 1, 1992. p. 3-32.

FAVRET-SAADA, Jeanne. Ser afetado. Trad. Paula Siqueira. *Cadernos de Campo*, n. 13, 2005. p. 155-61.

FEELEY, Malcolm; SIMON, Jonathan. A nova penalogia: notas sobre a emergente estratégia correcional e suas implicações. In: CANÊDO, Carlos; FONSECA, David S. (orgs.). *Ambivalência, contradição e volatilidade no sistema penal*: leituras contemporâneas da sociologia da punição. Belo Horizonte, Editora UFMG, 2012. p. 19-54.

FELTRAN, Gabriel de S. *Fronteiras de tensão*: um estudo sobre política e violência nas periferias de São Paulo. Tese de Doutorado em Ciências Sociais, Campinas, IFCH-Unicamp, 2008.

_____. Governo que produz crime, crime que produz governo: o dispositivo de gestão do homicídio em São Paulo (1992-2011). *Revista Brasileira de Segurança Pública*, v. 6, n. 2, 2012. p. 232-55.

FERRAZ DE LIMA, Jacqueline Stefanny. *Mulher fiel*: as famílias das mulheres dos presos relacionados ao Primeiro Comando da Capital. Dissertação de Mestrado em Antropologia Social, São Carlos, Cech-UFSCar, 2013.

FOLHA DE SÃO PAULO. *Pombos-correios são pegos com peças de celular perto de presídio no interior de São Paulo*. Cotidiano, São Paulo, 31 mar. 2009. Disponível em: <http://www1.folha.uol.com.br/cotidiano/2009/03/543272-pombos-correios-sao-pegos-com-pecas-de-celular-perto-de-presidio-no-interior-de-sp.shtml>. Acesso em: 19 nov. 2014.

FOUCAULT, Michel. *Microfísica do poder*. Rio de Janeiro, Graal, 1981.

_____. *A história da sexualidade 1*: a vontade de saber. Rio de Janeiro, Graal, 1988.

_____. *A história da sexualidade 2*: o uso dos prazeres. Rio de Janeiro, Graal, 1998.

_____. *Vigiar e punir*: história da violência nas prisões. Petrópolis, Vozes, 1999.

_____. *A história da sexualidade 3*: o cuidado de si. Rio de Janeiro, Graal, 2005.

_____. *Em defesa da sociedade*: curso no Collège de France (1975-1976). São Paulo, Martins Fontes, 2005.

_____. *Segurança, território e população*: curso dado no Collège de France (1977-1978). São Paulo, Martins Fontes, 2008.

_____. *Nascimento da biopolítica*: curso dado no Collège de France (1978-1979). São Paulo, Martins Fontes, 2008.

_____. *Les corps utopiques et les hétérotopies*. Paris, Lignes, 2009.

_____. Prefácio (in Jackson). In:_____. *Ditos e Escritos*, v. 4. Rio de Janeiro, Forense Universitária, 2010. p. 146-51.

FREIRE DA SILVA, Carlos. *Das calçadas às galerias*: mercados populares do centro de São Paulo. Tese de Doutorado em Sociologia, São Paulo, FFLCH-USP, 2014.

GARLAND, David. 'Governmentality' and the Problem of Crime: Foucault, Criminology, Sociology. *Theoretical Criminology*, v. 1, n. 2, 1997. p. 173-214.

_____. As contradições da 'sociedade punitiva': o caso britânico. *Revista de Sociologia e Política*, n. 13, 1999. p. 59-80.

_____ (org.). *Mass Imprisonment*: Social Causes and Consequences. Londres, Sage, 2001.

_____. *La cultura del control*: crimen y orden social en la sociedad contemporánea. Barcelona, Editorial Gedisa, 2005.

GARREAUD, Alvaro. Biopolítica y prisión: umbrales de trabajo. In: ROSSI, Dario Malventi. *Umbrales*: fugas de la institución total – entre captura y vida. Sevilla, Universidad Internacional de Andaluzia, 2010. p. 36-55.

GAWRYSZEWSKI, Vilma P.; MELLO JORGE, Maria Helena P. de. Mortalidade violenta no município de São Paulo nos últimos 40 anos. *Revista Brasileira de Epidemiologia*, v. 3, n. 1-3, 2000. p. 50-69.

GELL, Alfred. *The Anthropology of Time*: Cultural Constructions of Temporal Maps and Images. Oxford, Berg, 1992.

GERALDINI, Janaína R. *O monitoramento eletrônico como dispositivo de controle no sistema prisional brasileiro*. Dissertação de Mestrado em Psicologia, Florianópolis, Centro de Filosofia e Ciências Humanas da Universidade Federal de Santa Catarina (CFCH –UFSC), 2009.

GIL, Izabel C. *Nova Alta Paulista, 1930-2006*: entre memórias e sonhos. Do desenvolvimento contido ao projeto político de desenvolvimento regional. Tese de Doutorado em

Geografia, Presidente Prudente, Faculdade de Ciências e Tecnologia da Universidade Estadual Paulista (FCT-Unesp), 2007.

_____. A descentralização espacial dos presídios no estado de São Paulo e a face perversa do neoliberalismo materializada no oeste paulista. In: *Encontro de Geógrafos da América Latina*, v. 12, 2009, Montevidéu. *Anais*. Uruguai, 2009.

GILMORE, Ruth W. *Golden Gulag*: Prisons, Surplus, Crisis, and Opposition in Globalizing California. Los Angeles, University of California Press, 2007.

GLASMEIER, A.; FARRIGAN, T. The Economic Impacts of the Prison Development Boom on Persistently Poor Rural Places. *International Regional Science Review*, v. 30, n. 4, 2007. p. 274-99.

GODOI, Rafael. Entre el hogar y la cárcel: una historia de vida (des)estructurada por las instituciones penitenciarias. *Quaderns-e*, n. 11a, 2008. Disponível em: <http://www.raco.cat/index.php/QuadernseICA/article/view/124218>. Acesso em 20 nov. 2014.

_____. *Ao redor e através da prisão*: cartografias do dispositivo carcerário contemporâneo. Dissertação de Mestrado em Sociologia, São Paulo, FFLCH-USP, 2010.

_____. Para uma reflexão sobre efeitos sociais do encarceramento. *Revista Brasileira de Segurança Pública*, v. 8, 2011. p. 138-54.

_____. Gerindo o 'convívio' dentro e fora da prisão: a trajetória de vida de um agente penitenciário em tempos de transição. In: CABANES, Robert et al. (orgs.). *Saídas de emergência*: ganhar/perder a vida na periferia de São Paulo. São Paulo, Boitempo, 2011. p. 169-88.

GÓES, Eda. A presença e a ausência da população penitenciária em pequenas e médias cidades do interior paulista: dilemas de uma história recente. *Projeto História*, n. 38, 2009. p. 183-204.

_____; MAKINO, Rosa Lúcia. As unidades prisionais do oeste paulista: implicações do aprisionamento e do fracasso da tentativa da sociedade de isolar por completo parte de si mesma. *Terra Livre*, n. 19, 2002. p. 163-76

GOFFMAN, Erving. *Manicômios, prisões e conventos*. São Paulo, Perspectiva, 1974.

GOVERNO DO ESTADO. *Força-tarefa da Segurança Pública vai combater o crime organizado*: governo também vai aumentar o número de bloqueadores de sinal em unidades prisionais. São Paulo, Portal do Governo do Estado, 15 out. 2013. Disponível em: <http://www.saopaulo.sp.gov.br/spnoticias/lenoticia.php?id=233388&c=6>. Acesso em: 20 nov. 2014.

GUPTA Akhil. *Red Tape*: Bureaucracy, Structural Violence and Poverty in India. Londres, Duke University Press, 2012.

HANNAH-MOFFAT, Kelly. Prisons that Empower: Neoliberal Governance in Canadian Women's Prisons. *British Journal of Criminology*, v. 40, 2000. p. 510-31.

HAYNER, Norman; ASH, Ellis. The Prisoner Community as a Social Group. *American Sociological Review*, v. 4, n. 3, 1939. p. 362-69.

HIRATA, Daniel V. No meio de campo: o que está em jogo no futebol de várzea? In: TELLES, Vera da S.; CABANES, Robert. *Nas tramas da cidade*: trajetórias urbanas e seus territórios. São Paulo, Humanitas, 2006. p. 243-90.

_____. *Sobreviver na adversidade*: entre o mercado e a vida. Tese de Doutorado em Sociologia, São Paulo, FFLCH-USP, 2010.

_____. Ilegalismos. In: LIMA, Renato S.; RATTON, José L.; AZEVEDO, Rodrigo G. de. *Crime, polícia e justiça no Brasil*. São Paulo, Contexto, 2014. p. 97-104.

HOLSTON, James. Dangerous Spaces of Citizenship: Gang Talk, Rights Talk and Rule of Law in Brazil. *Planning Theory*, v. 8, n. 1, 2009. p. 12-31.

HOWARD, Caroline (org.). *Direitos humanos e mulheres encarceradas*. São Paulo, ITTC e Pastoral Carcerária, 2006.

HULING, Tracy. Building a Prison Economy in Rural America. In: MAUER, Marc; CHESNEYLIND, Meda (orgs.). *Invisible Punishment*: the Collateral Consequences of Mass Imprisonment. New York, The New Press, 2002. p. 197-213.

IBGE – INSTITUTO BRASILEIRO DE GEOGRAFIA E ESTATÍSTICA. *População*. Disponível em: <http://www.ibge.gov.br/home/mapa_site/mapa_site.php#populacao>. Acesso em: 20 nov. 2014.

ICPS – INTERNATIONAL CENTRE FOR PRISON STUDIES. *Highest to Lowest*. Londres, University of London. Disponível em: <http://www.prisonstudies.org/highest-to-lowest>. Acesso em: 20 ago. 2016.

IHRC – INTERNATIONAL HUMAN RIGHTS CLINIC; JUSTIÇA GLOBAL. *São Paulo sob achaque*: corrupção, crime organizado e violência institucional em maio de 2006. São Paulo, Human Rights Program at Harward School e Justiça Global Brasil, 2011.

IPEA – INSTITUTO DE PESQUISA ECONÔMICA APLICADA. *Mapa da Defensoria Pública no Brasil*. Brasília, IPEA/ANADEP, 2013.

IRWIN, John; CRESSEY, Donald R. Thieves, Convicts and the Inmate Culture. *Social Problems*, v. 10, n. 2, 1962. p. 142-55.

ITTC – INSTITUTO TERRA, TRABALHO E CIDADANIA; PASTORAL CARCERÁRIA. *Tecer justiça*: presas e presos provisórios da cidade de São Paulo. São Paulo, Open Society/Paulus, 2012.

JACOBS, James B. Street Gangs Behind Bars. *Social Problems*, v. 21, n. 3, 1974. p. 395-409.

_____; RETSKY, Harold G. Prison Guard. *Journal of Contemporary Ethnography*, v. 4, n. 1, 1975. p. 5-29.

JESUS, Maria Gorete M. et al. *Prisão provisória e lei de drogas*: um estudo sobre flagrantes de tráfico de drogas na cidade de São Paulo. São Paulo, NEV/Open Society/FUSP, 2011.

JOCENIR. *Diário de um detento*. São Paulo, Labortexto, 2001.

JOZINO, Josmar. *Cobras e lagartos*: a vida íntima e perversa nas prisões brasileiras. Quem manda e quem obedece no partido do crime. Rio de Janeiro, Objetiva, 2005.

_____. *Casadas com o crime*. São Paulo, Letras do Brasil, 2008.

KAMINSKI, Dan; KOKOREFF, Michel. *Sociologie pénale*: système et expérience – pour Claude Faugeron. Ramonville Saint-Agne, Érès, 2004.

KANT DE LIMA, Roberto. *Ensaios de antropologia e de direito*: acesso à justiça e processos institucionais de administração de conflitos e produção da verdade jurídica em uma perspectiva comparada. Rio de Janeiro, Lumen Juris, 2009.

KING, Ryan. S.; MAUER, Marc; HULING, Tracy. *Big Prisons, Small Towns*: Prison Economics in Rural America. Washington DC, The Sentencing Project, 2003.

KING, Roy D.; McDERMOTT, Kathleen. 'My Geranium is Subversive': Some Notes on the Management of Trouble in Prisons. *The British Journal of Sociology*, v. 41, n. 4, 1990. p. 445-71.

KOKOREFF, Michel. Les trajectoires recomposées, ou le pénal entre mises en scène et zones d'ombre. In: KAMINSKI, Dan; KOKOREFF, Michel. *Sociologie pénale*: système et expérience – pour Claude Faugeron. Ramonville Saint-Agne, Érès, 2004. p. 107-32.

KOSELLECK, Reinhart. *Futuro passado*: contribuição à semântica dos tempos históricos. Rio de Janeiro, Contraponto/PUC-Rio, 2006.

LAGO, Natália B. do. *Mulheres na prisão*: entre famílias, batalhas e a vida normal. Dissertação de Mestrado em Antropologia, São Paulo, FFLCH-USP, 2014.

LATOUR, Bruno. Visualization and Cognition: Thinking with Eyes and Hands. In: KUKLICK, Henrika (org.). *Knowledge and Society*: Studies in the Sociology of Culture Past and Present. Bingley, Jai Press, 1986. p. 1-40.

_____. *Jamais fomos modernos*: ensaio de antropologia simétrica. São Paulo, Editora 34, 1994.

LEMKE, Thomas. Foucault, Governmentality, and Critique. In: RETHINKING MARXISM CONFERENCE, University of Amherst, 21-24 set. 2000. *Papers*... Disponível em: <http://www.thomaslemkeweb.de/publikationen/Foucault,%20Governmentality,%20 and%20Critique%20IV-2.pdf>. Acesso em: 20 nov. 2014.

LEONARDO, Hugo. *Justiça paulista autoriza grampo em parlatório*. São Paulo, Consultor Jurídico, 12 fev. 2011. Disponível em: <http://www.conjur.com.br/2011-fev-12/gramposparlatorios-transcendem-presidios-federais>. Acesso em: 20 nov. 2014.

LIMA, Renato Sérgio de. *Conflitos sociais e criminalidade urbana*: uma análise dos homicídios cometidos no município de São Paulo. Dissertação de Mestrado em Sociologia, São Paulo, FFLCH-USP, 2000.

LOPES, Tatiana. *Dilma sanciona lei que cria banco de DNA de criminosos no país*: lei obriga identificação genética de condenados por crimes violentos. Porto Alegre, G1, 29 maio 2012. Disponível em: <http://g1.globo.com/rs/rio-grande-do-sul/noticia/2012/05/ dilma-sanciona-lei-que-cria-banco-de-dna-de-criminosos-no-pais.html>. Acesso em: 20 nov. 2014.

MACEDO Jr., Ronaldo P. A evolução institucional do Ministério Público brasileiro. In: SADEK, Maria Tereza. *Uma introdução ao estudo da justiça*. Rio de Janeiro, Centro Edelstein de Pesquisas Sociais, 2010. p. 65-94.

MAGALHÃES Jr., José César de. *O Mercado da dádiva*: formas biopolíticas de um controle das populações periféricas urbanas. Dissertação de Mestrado em Sociologia, São Paulo, FFLCH-USP, 2006.

_____. As entidades sociais e o surgimento de uma gestão concorrencial do engajamento cívico. In: CABANES, Robert et al. (orgs.). *Saídas de emergência*: ganhar/perder a vida na periferia de São Paulo. São Paulo, Boitempo, 2011. p. 257-78.

MALLART, Fábio. *Cadeias dominadas*: a Fundação Casa, suas dinâmicas e as trajetórias de jovens internos. São Paulo, Terceiro Nome, 2014.

MALVENTI, Dario. *Curar y reinsertar*: líneas de fuga de la maquina penal contemporânea. Tese de Doutorado em Antropologia, Barcelona, Universidad de Barcelona, 2009.

_____. Simbiosis vital. In: SÁNCHEZ, Ignácio G. (org.). *Teoría social, marginalidad urbana y Estado Penal*: aproximaciones al trabajo de Loïc Wacquant. Madrid, Dykinson, 2012. p. 329-64.

MARANHÃO, Tatiana. O sentido político das práticas de responsabilidade social empresarial no Brasil. In: CABANES, Robert et al. (orgs.). *Saídas de emergência*: ganhar/perder a vida na periferia de São Paulo. São Paulo, Boitempo, 2011. p. 237-56.

MARCHETTI, Anne-Marie. *La prison dans la Cité*. Paris, Desclée de Brouwer, 1996.

MARCUS, George. E. Ethnography in/of the World System: the Emergence of Multi-Sited Ethnography. *Anual Review of Anthropology*, v. 24, 1995. p. 95-117.

MARIATH, Carlos Roberto. *Limites da revista corporal no âmbito do sistema penitenciário*. Brasília, Departamento Penitenciário Nacional, s/d.

MARQUES, Adalton José. 'Faxina' e 'pilotagem': dispositivos (de guerra) políticos no seio da administração prisional. *Lugar Comum*, n. 25-26, 2008. p. 283-90.

_____. *Crime, proceder, convívio-seguro*: um experimento antropológico a partir de relações entre ladrões. Dissertação de Mestrado em Antropologia Social, São Paulo, FFLCH-USP, 2009.

MARTIN, Lauren L.; MITCHELSON, Matthew L. Geographies of Detention and Imprisonment: Interrogating Spatial Practices of Confinement, Discipline, Law and State Power. *Geography Compass*, v. 3, n. 1, 2009. p. 459-77.

MARTIN, Randy; MYERS, David L. Community Member Reactions to Prison Siting: Perceptions of Prison Impact on Economic Factors. *Criminal Justice Review*, n. 29, 2004. p. 115-44.

_____. Public Response to Prison Siting: Perceptions of Impact on Crime and Safety. *Criminal Justice and Behavior*, v. 32, n. 2, 2005. p. 143-71.

MARX, Karl. Bénéfices secondaires du crime. In: SZABO, Denis. *Déviance et criminalité*: textes. Paris, Armand Colin, 1970. p. 84-5.

MASSARO, Camilla M. Trabalho no cárcere feminino: subcontratação, subsistência, ocupação do tempo e esperança. In: Congresso Latino-Americano de Estudos do Trabalho, 7, 2013, São Paulo. *Anais*. São Paulo, ALAST, 2013.

_____. *Trabalho em tempos de crise*: a superexploração do trabalho penal nos Centros de Ressocialização Femininos do estado de São Paulo. Tese de Doutorado em Ciências Sociais, Araraquara, Faculdade de Ciências e Letras da Universidade Estadual Paulista (FCL-Unesp), 2014.

MAUER, Marc; CHESNEY-LIND, Meda (orgs.). *Invisible Punishment*: the Collateral Consequences of Mass Imprisonment. New York, New Press, 2002.

MELOSSI, Dario. Georg Rusche: a Biographical Essay. *Crime and Social Justice*, n. 14, 1980, p. 51-63.

_____; PAVARINI, Massimo. *Cárcere e fábrica*: as origens do sistema penitenciário (séculos XVI-XIX). Rio de Janeiro, Revan, 2006.

MESSUTI, Ana. *O tempo como pena*. São Paulo, Revista dos Tribunais, 2003.

MILLER, Peter; ROSE, Nikolas. Governing Economic Life. *Economy and Society*, v. 19, n. 1, 1990. p. 1-31.

MINISTÉRIO DA JUSTIÇA, Departamento Penitenciário Nacional. *Relatório da situação atual do sistema penitenciário*: conselhos da comunidade. Brasília, DEPEN, 2008.

MISSE, Michel. *Crime e violência no Brasil contemporâneo*: estudos de sociologia do crime e da violência urbana. Rio de Janeiro, Lumen Juris, 2006.

_____ et al. *Quando a polícia mata*: homicídios por 'autos de resistência' no Rio de Janeiro (2001-2011). Rio de Janeiro, Booklink, 2013.

MIYASHIRO, Sandra Regina G. *Filhos de presidiários*: um estudo sobre estigma. Dissertação de Mestrado em Educação, São Paulo, Faculdade de Educação da Universidade de São Paulo (FE-USP), 2006.

OAB – ORDEM DOS ADVOGADOS DO BRASIL. *Apresentado projeto que propõe transferir gestão do convênio de assistência judiciária*. Notícias, 27 out. 2011. Disponível em: <http://www.oabsp.org.br/noticias/2011/10/27/7376>. Acesso em: 21 nov. 2014.

O'MALLEY, Pat. *Governmentality and Risk*: Legal Studies Research Paper n. 09/98. Sydney, Sydney Law School, 2009.

_____; HUTCHINSON, Steven. Reinventing Prevention: Why Did 'Crime Prevention' Develop So Late?. *British Journal of Criminology*, n. 47, 2007. p. 373-89.

ONU – ORGANIZAÇÃO DAS NAÇÕES UNIDAS. *Regras mínimas para o tratamento de prisioneiros*. Genebra: 1º Congresso das Nações Unidas sobre Prevenção do Crime e Tratamento de Delinquentes, 1955. Disponível em: <http://www.dhnet.org.br/direitos/sip/onu/fpena/lex52.htm>. Acesso em: 21 nov. 2014.

PADOVANI, Natalia C. *'Perpétuas espirais'*: falas do poder e do prazer sexual em trinta anos (1977-2009) na história da Penitenciária Feminina da Capital. Dissertação de Mestrado em Sociologia, Campinas, IFCH-Unicamp, 2010.

_____. Confounding Borders and Walls: Documents, Letters and the Governance of Relationships in São Paulo and Barcelona Prisons. *Vibrant*, v. 10, n. 2, 2013. p. 341-76.

PASHUKANIS, Evgeny. The General Theory of Law and Marxism. In: BEIRNE, Piers; SHARLET, Robert. *Selected Writings on Marxism and Law*. Londres, Academic Press, 1980. p. 32-131.

PASTORAL CARCERÁRIA. *Relatório sobre tortura*: uma experiência de monitoramento dos locais de detenção para prevenção da tortura. São Paulo, Serviço da CNBB, 2010.

_____. *Direito ao semiaberto e proposta de Súmula Vinculante 57*. Notícias: 12 ago. 2014. Disponível em: <http://carceraria.org.br/direito-ao-semiaberto-e-proposta-de-sumula-vinculante-57.html>. Acesso em: 21 nov. 2014.

_____. *Após 5 anos, proposta de Súmula Vinculante nº 57 é aprovada pelo STF*, Pastoral Carcerária, Notícias, 29 jun. 2016. Disponível em: <http://carceraria.org.br/apos-5-anos-sumula-vinculante-57-e-aprovada-pelo-stf.html>. Acesso em 5 jul. 2016

PEDRINI, João Alberto. *Gestão Alckmin conta até enfermaria e infla vagas em presídios*. Folha de São Paulo, Cotidiano, 4 abr. 2014. Disponível em: <http://www1.folha.uol.com.br/cotidiano/2014/04/1435620-gestao-alckmin-conta-ate-enfermaria-e-infla-vagas-em-presidios.shtml>. Acesso em: 21 nov. 2014.

PENITENCIARISTA, O. História dos estabelecimentos penais. *O Penitenciarista, Informativo do Museu Penitenciário Paulista*, a. 1, n. 4, 2011. p. 3.

_____. Hospital de Custódia e Tratamento Psiquiátrico 'Dr. Arnaldo Amado Ferreira'. *O Penitenciarista – Informativo do Museu Penitenciário Paulista*, a. 3, n. 14, 2013. p. 4.

PERES, Maria Fernanda T. et al. Homicídios, desenvolvimento socioeconômico e violência policial no município de São Paulo. *Revista Panamericana de Salud Publica*, v. 23, n. 4, 2008. p. 268-76.

PIERRE, M. Le siècle des bagnes coloniaux (1852-1953). *Criminocorpus*, Dossier Les Bagnes Coloniaux, 2006. Disponível em: <http://criminocorpus.revues.org/174>. Acesso em: 18 nov. 2014.

PINHEIRO, Paulo Sérgio et al. (orgs.). *Continuidade autoritária e construção da democracia*: relatório final. São Paulo, NEV, 1999. Disponível em: <http://www.nevusp.org/downloads/down000.pdf>. Acesso em: 21 nov. 2014.

RAMALHO, José Ricardo. *O mundo do crime*: a ordem pelo avesso. São Paulo, IBCCrim, 2002.

REDÍGOLO, Natália Carolina N. *Para além dos muros e das grades*: atitudes e valores em relação às instituições carcerárias do município de Valparaíso/SP. Dissertação de Mestrado em Ciências Sociais, Marília, Faculdade de Filosofia e Ciências da Universidade Estadual Paulista (FFC-Unesp), 2013.

RHODES, Lorna A. Toward an anthropology of prisons. *Annual Review of Anthropology*, v. 30, 2001. p. 65-83.

RIBEIRO, Rafael. *Escolta de presos será feita por agentes a partir de 2014*. Diário do Grande ABC, 29 nov. 2013. Disponível em: <http://www.dgabc.com.br/Noticia/497133/escolta-de-presos-sera-feita-por-agentes-a-partir-de-2014?referencia=buscas-lista>. Acesso em, 21 nov. 2014.

RICORDEAU, Gwénola. *Les relations familiales a l'épreuve de l'incarcération*: solidarités et sentiments à l'ombre des murs. Tese de Doutorado em Sociologia, Paris, Université Paris IV – Sorbonne, 2007.

_____. Between Inside and Outside: Prison Visiting Rooms. *Politix*, n. 97, 2012. p. 101-23.

RIZEK, Cibele S. São Paulo: orçamento e participação. In: OLIVEIRA, Francisco de; RIZEK, Cibele S. (orgs.). *A era da indeterminação*. São Paulo, Boitempo, 2007. p. 129-56.

ROIG, Rodrigo D. E. *Direito e prática histórica da execução penal no Brasil*. Rio de Janeiro, Revan, 2005.

ROIG, Alexandre et al. Monedas vivas y monedas muertas: genealogía del dinero en la cárcel. *Papeles de Trabajo*, v. 8, n. 13, 2014. p. 126-43.

ROSE, Nikolas. Government and Control. *British Journal of Criminology*, n. 40, 2000. p. 321-39.

_____; O'MALLEY, Pat; VALVERDE, Mariana. Governmentality. *Annual Review of Law and Social Sciences*, n. 2, 2006. p. 83-104.

ROTHMAN, David J. *The Discovery of Asylum*: Social Order and Disorder in the New Republic. Londres, Aldine Transaction, 2008.

ROY, Ananya. The 21st-Century Metropolis: New Geographies of Theory. *Regional Studies*, v. 43, n. 6, 2009. p. 819-30.

_____. Civic Governmentality: the Politics of Inclusion in Beirut and Mumbai. *Antipode*, v. 41, n. 1, 2009. p. 159-79.

RUGGIERO, Vincenzo; SOUTH, Nigel South. The Late City as a Bazaar: Drug Markets, Illegal Enterprise and the Barricades. *The British Journal of Sociology*, v. 48, n. 1, 1997. p. 54-70.

RUSCHE, Georg; KIRCHHEIMER, Otto. *Punição e estrutura social*. Rio de Janeiro, Revan, 2004.

SABAINI, Raphael Tadeu. Uma cidade entre presídios: percepções acerca de um contínuo entre a prisão e o urbano. *Sociedade e Território*, v. 23, n. 2, 2011. p. 21-37.

_____. *Uma cidade entre presídios*: ser agente penitenciário em Itirapina-SP. Dissertação de Mestrado em Antropologia Social, São Paulo, FFLCH-USP, 2012.

SAID, Edward. W. *Orientalismo*: o oriente como invenção do ocidente. São Paulo, Companhia das Letras, 2010.

SALLA, Fernando. *As prisões em São Paulo*: 1822-1940. São Paulo, Annablume, 1999.

_____. Casa de Detenção de São Paulo – passado e presente. *Revista Brasileira de Ciências Criminais*, v. 32, 2000. p. 213-20.

_____. As rebeliões nas prisões: novos significados a partir da experiência brasileira. *Sociologias*, n. 16, 2006. p. 274-307.

_____. A pesquisa sobre as prisões: um balanço preliminar. In: KOERNER, Andrei (org.). *História da Justiça Penal no Brasil*. São Paulo, IBCCrim, 2006. p. 107-27.

_____. De Montoro a Lembo: as políticas penitenciárias em São Paulo. *Revista Brasileira de Segurança Pública*, a. 1, n. 1, 2007. p. 72-90.

_____; DIAS, Camila C. N. Controle disciplinar e relações de poder nas prisões em São Paulo. In: Encontro Nacional da Anpocs, 35, 2011, Caxambu. *Anais eletrônicos*. São Paulo, Anpocs, 2011. Disponível em: <http://www.anpocs.org.br/portal/35_encontro_gt/GT38/FernandoSalla.pdf>. Acesso em: 22 nov. 2014.

_____; _____; SILVESTRE, Giane. Políticas penitenciárias e as facções criminosas: uma análise do regime disciplinar diferenciado (RDD) e outras medidas administrativas de controle da população carcerária. *Estudos de Sociologia*, v. 17, n. 33, 2012. p. 333-51.

SALLE, Grégory; CHANTRAINE, Gilles. Le droit emprisonné? Sociologie des usages sociaux du droit en prison. *Politix*, n. 87, 2009. p. 93-117.

SANTOS, Myrian S. Os porões da República: a colônia correcional de Dois Rios entre 1908 e 1930. *Topoi*, v. 7, n. 13, 2006. p. 445-76.

SAP – SECRETARIA DE ADMINISTRAÇÃO PENITENCIÁRIA. *SAP realiza treinamento do New Gepen para funcionários*. São Paulo, Assessoria de Imprensa, 13 set. 2007. Disponível em: <http://www.sap.sp.gov.br/common/noticias/0200-0299/not283.html>. Acesso em: 18 nov. 2014.

_____. *SAP realiza testes com novos portais detectores de metais*. São Paulo, Assessoria de Imprensa, 14 jun. 2007. Disponível em: <http://www.sap.sp.gov.br/common/noticias/0200-0299/not257.html>. Acesso em: 18 nov. 2014.

_____. *Novos equipamentos de segurança e inteligência beneficiarão as unidades prisionais*. São Paulo, Assessoria de Imprensa, 2 abr. 2007. Disponível em: <http://www.sap.sp.gov.br/common/noticias/0200-0299/not240.html>. Acesso em: 18 nov. 2014.

_____. *Regimento interno padrão das unidades prisionais do estado de São Paulo*. Resolução SAP – 144 de 29 jun. 2010. São Paulo, Gabinete do Secretário, 2010.

_____. *166 unidades prisionais*. São Paulo, Portal SAP. Disponível em: <http://www.sap.sp.gov.br/>. Acesso em: 29 set. 2016.

SCHRITZMEYER, Anna Lucía P. *Jogo, ritual e teatro*: um estudo antropológico do Tribunal de Júri. São Paulo, Terceiro Nome, 2012.

SCHWARTZ, Barry. Waiting, Exchange and Power: the Distribution of Time in Social Systems. *American Journal of Sociology*, v. 79, n. 4, 1974. p. 841-70.

SCOCUGLIA, Livia. *Defensor de SP terá mesmo teto de ministro do Supremo*. São Paulo, Consultor Jurídico, 20 mar. 2014. Disponível em: <http://www.conjur.com.br/2014-mar-20/defensores-publicos-sp-terao-mesmo-teto-remuneratorio-ministros-stf>. Acesso em: 22 nov. 2014.

SE – SECRETARIA DE ENERGIA. Usinas de cana-de-açúcar e destilarias: estado de São Paulo, 2008. In: Portal SE, São Paulo, 2014. Disponível em: <http://www.energia.sp.gov.br/a2sitebox/arquivos/documentos/107.pdf>. Acesso em: 11 nov. 2014.

SELIGMAN, Felipe. *STF derruba obrigação de convênio entre OAB e a Defensoria de SP*. Folha de São Paulo, Poder, 29 fev. 2012. Disponível em: <http://www1.folha.uol.com.br/poder/2012/02/1055412-stf-derruba-obrigacao-de-convenio-entre-oab-e-a-defensoria-de-sp.shtml>. Acesso em: 22 nov. 2014.

SENELLART, Michel. Michel Foucault: plèbe, peuple, population. In: IHL, Olivier et al. *La tentation populiste au cœur de l'Europe*. Paris, La Découvert, 2003. p. 301-13.

Referências • 257

SILVEIRA, Daniele. *Revista vexatória desestimula entrada nos presídios para ocultar outras violações*. São Paulo, Radioagência NP, 15 ago. 2013. Disponível em: <http://www.radioagencianp.com.br/11860-revista-vexatoria-desestimula-entrada-nos-presidios-para-ocultar-outras-violacoes>. Acesso em: 22 nov. 2014.

SILVESTRE, Giane. *Dias de visita*: uma sociologia da punição e das prisões em Itirapina. Dissertação de Mestrado em Sociologia, São Carlos, Cech-UFSCar, 2011.

SIMON, Jonathan. Fear and Loathing in Late Modernity: Reflections on the Cultural Sources of Mass Imprisonment in the United States. In: GARLAND, David (org.). *Mass Imprisonment*: Social Causes and Consequences. Londres, Sage, 2001. p. 15-27.

SIQUEIRA, Chico. PM apreende mini-helicóptero usado para enviar celulares para cadeia. *O Estado de S. Paulo*, São Paulo, 30 maio 2012. Disponível em: <http://sao-paulo.estadao.com.br/noticias/geral,pm-apreende-mini-helicoptero-usado-para-enviar-celulares-para-cadeia,880066>. Acesso em: 22 nov. 2014.

SOLSCHENIZYN, Alexsander. *Archipiélago Gulag*: 1918-1956. Barcelona, Círculo de Lectores, 1974.

SOUZA, Fatima. *PCC*: a facção. São Paulo, Record, 2007.

STOLER, Ann Laura. Tense and Tender Ties: the Politics of Comparison in North American History and (Post) Colonial Studies. *The Journal of American History*, v. 88, n. 3, 2001. p. 829-65.

_____. Matters of Intimacy as Matters of State: a Response. *The Journal of American History*, v. 88, n. 3, 2001. p. 893-97.

SYKES, Gresham M. *Society of Captives*: a Study of a Maximum Security Prison. Princeton, Princeton University Press, 1971.

TAETS, Adriana R. F. *Abrindo e fechando celas*: narrativas, experiências e identidades de agentes de segurança penitenciária femininas. Dissertação de Mestrado em Antropologia Social, São Paulo, FFLCH-USP, 2012.

TEIXEIRA, Alessandra. *Prisões da exceção*: política penal e penitenciária no Brasil contemporâneo. Curitiba, Juruá, 2009.

_____; BORDINI, Eliana B. T. Decisões judiciais da Vara de Execuções Criminais: punindo sempre mais. *São Paulo em Perspectiva*, v. 18, n. 1, 2004. p. 66-71.

TELLES, Vera da S. Ilegalismos urbanos e a cidade. *Novos Estudos*, n. 84, 2009. p. 153-75.

_____. *A cidade nas fronteiras do legal e ilegal*. Belo Horizonte, Argvmentvm, 2010.

_____. Nas dobras do legal e ilegal: ilegalismos e jogos de poder nas tramas da cidade. *Dilemas*, n. 5-6, 2010. p. 97-126.

_____. Jogos de poder nas dobras do legal e ilegal: anotações de um percurso de pesquisa. In: AZAÏS, Christian; KESSLER, Gabriel; TELLES, Vera da S. *Ilegalismos, cidade e política*. Belo Horizonte, Fino Traço, 2012. p. 27-56.

_____; CABANES, Robert. *Nas tramas da cidade*: trajetórias urbanas e seus territórios. São Paulo, Humanitas, 2006.

_____; HIRATA, Daniel V. Cidade e práticas urbanas: nas fronteiras incertas entre o ilegal, o informal e o ilícito. *Estudos Avançados*, v. 21, n. 61, 2007. p. 173-91.

_____. Ilegalismos e jogos de poder em São Paulo. *Tempo Social*, n. 22, v. 2, 2010. p. 39-59.

THOMPSON, Erwin N. *The Rock*: a History of Alcatraz Island, 1847-1972. Denver, Historic Preservation Division, National Park Service, s/d.

TRAVIS, Jeremy; WAUL, Michelle (orgs.). *Prisoners Once Removed*: The Impact of Incarceration and Reentry on Children, Families, and Communities. Washington DC, Urban Institute Press, 2003.

VARELLA, Drauzio. *Estação Carandiru*. São Paulo, Cia. das Letras, 1999.

VARGAS, Joana; RIBEIRO, Ludmila M. *Estudos de fluxo da justiça criminal:* balanços e perspectivas. In: Encontro Nacional da Anpocs, 32, 2008, Caxambu. *Anais eletrônicos...* São Paulo, Anpocs, 2008. Disponível em: <http://anpocs.org/index.php/papers-32-encontro/gt-27/gt08-23/2351-joanavargas-estudos/file>. Acesso em: 14 mar. 2017.

VIANNA, Adriana. Introdução: fazendo e desfazendo inquietudes no mundo dos direitos. In. _____ (org.). *O fazer e o desfazer dos direitos:* experiências etnográficas sobre política, administração e moralidades. Rio de Janeiro, E-papers, 2013. p. 15-35.

_____. Violência, Estado e gênero: considerações sobre corpos e corpus entrecruzados. In: LIMA, Antonio Carlos de; GARCÍA-ACOSTA, Virginia (orgs.). *Margens da violência*: subsídios ao estudo do problema da violência nos contextos mexicano e brasileiro. Brasília, ABA, 2014. p. 209-37.

_____. Tempos, dores e corpos: considerações sobre a 'espera' entre familiares de vítimas de violência policial no Rio de Janeiro. In: BIRMAN, Patrícia et al. *Dispositivos urbanos e trama dos viventes*: ordens e resistências. Rio de Janeiro, FGV, 2015.

_____; FARIAS, Juliana. A guerra das mães: dor e política em situações de violência institucional. *Cadernos Pagu*, n. 37, 2011. p. 79-116.

VIRILIO, Paul. *Speed and Politics*. Los Angeles, Semiotext(e), 2006.

VIVEIROS DE CASTRO, Eduardo. *A inconstância da alma selvagem e outros ensaios de antropologia*. São Paulo, Cosac & Naify, 2002.

_____. O nativo relativo. *Mana*, v. 8, n. 1, 2002. p. 113-48.

WACQUANT, Loïc. *As prisões da miséria*. Rio de Janeiro, Jorge Zahar, 2001.

_____. A ascensão do Estado Penal nos EUA. *Discursos Sediciosos, Crime, Direito e Sociedade*, a. 7, n. 11, 2002. p. 15-42.

_____. *Punir os pobres*: a nova gestão da miséria nos Estados Unidos. Rio de Janeiro, Revan, 2003.

_____. *Parias urbanos*: marginalidad en la ciudad a comienzos del milenio. Buenos Aires, Manantial, 2007.

ZOMIGHANI Jr., James Humberto. *Território ativo e esquizofrênico*: prisão e pena privativa de liberdade no estado de São Paulo. Dissertação de Mestrado em Geografia Humana, FFLCH-USP, 2009.

_____. Grito dos lugares: rebeliões nas prisões e resistência à expansão do Estado Penal no território paulista. In: BATISTA, V. M. (Org.). BATISTA, Vera Malaguti (org.). *Loïc Wacquant e a questão penal no capitalismo neoliberal*. Rio de Janeiro, Revan, 2012. p. 97-126.

_____. *Desigualdades espaciais e prisões na era da globalização neoliberal*: fundamentos da insegurança no atual período. Tese de Doutorado em Geografia Humana, São Paulo, FFLCH-USP, 2013.

Referências • 259

Lista de figuras

Figura 1	Extrato da VEC
Figura 2	Distribuição das unidades prisionais da Secretaria de Administração Penitenciária de São Paulo pelo território estadual, segundo Coordenadorias Administrativas, em 2016.

Lista de tabelas

Tabela 1	Distribuição de unidades prisionais e cidades-sede, segundo a Coordenadoria Administrativa em setembro de 2016.
Tabela 2	Unidades, capacidade e população na Coremetro em 1º setembro de 2016.
Tabela 3	Unidades, capacidade e população na CVPL em 1º setembro de 2016
Tabela 4	Unidades, capacidade e população na CRC em 1º setembro de 2016
Tabela 5	Unidades, capacidade e população na CRN em 1º setembro de 2016
Tabela 6	Unidades, capacidade e população na CRO em 1º setembro de 2016
Tabela 7	Distribuição absoluta e percentual de capacidade e população, por tipo de unidade, segundo a Coordenadoria Administrativaem 1º setembro de 2016.
Tabela 8	Excedente populacional absoluto e percentual, por tipo de unidade, segundo a Coordenadoria Administrativa em 1º setembro de 2016
Tabela 9	Relatório de gastos em itens de higiene, vestuário e limpeza, no CDP de Diadema, em 2011
Tabela 10	Relatório de gastos em itens de higiene, vestuário e limpeza, na P2 de Itirapina, em 2011
Tabela 11	Visitantes cadastrados, por sexo e faixa etária, segundo regime de pena, em 1º de setembro de 2013
Tabela 12	Número de apreensões de telefones e drogas, por tipo de flagrante, segundo regime de pena, em 2012

Lista de siglas

ADA	Amigos dos Amigos
ADP	anexo de detenção provisória
AEVP	agente de escolta e vigilância penitenciária
Alesp	Assembleia Legislativa do Estado de São Paulo
Anadef	Associação Nacional dos Defensores Públicos Federais
APP	ala de progressão penitenciária
Arsa	anexo de regime semiaberto
ASP	agente de segurança penitenciária
Caef	Central de Atenção ao Egresso e Família
CDL	Comando Democrático da Liberdade
CDP	centro de detenção provisória
CIDH	Comissão Interamericana de Direitos Humanos
CIR	Célula de Intervenção Rápida
CNC	Comando Nazista da Criminalidade
CNJ	Conselho Nacional de Justiça

260 • Fluxos em cadeia

COC	Centro Hospitalar do Sistema Penitenciário (antigo Centro de Observação Criminológica)
CPI	comissão parlamentar de inquérito
CPP	centro de progressão penitenciária
CR	centro de ressocialização
CRBC	Comando Revolucionário Brasileiro da Criminalidade
CRC	Coordenadoria da Região Central
CRMSP	Coordenadoria da Região Metropolitana de São Paulo
CRN	Coordenadoria da Região Noroeste
CRO	Coordenadoria da Região Oeste
CRP	Centro de Readaptação Penitenciária
CRS	Coordenadoria de Reintegração Social
CS	Coordenadoria de Saúde
CVPL	Coordenadoria do Vale do Paraíba e Litoral
Depen	Departamento Penitenciário Nacional
Depesp	Defensoria Pública do Estado de São Paulo
Dipo	Departamento de Inquéritos Policiais
FGV	Fundação Getulio Vargas
FPM	fundo de participação dos municípios
Funap	Fundação Prof. Dr. Manoel Pedro Pimentel (antiga Fundação de Amparo ao Preso)
GIR	grupo de intervenção rápida
GR	guia de recolhimento
Gradi	Grupo de Repressão e Análise dos Delitos de Intolerância
IBGE	Instituto Brasileiro de Geografia e Estatística
ICMS	Imposto sobre Circulação de Mercadorias e Serviços
ISS	Imposto Sobre Serviços
Jecrim	Juizado Especial Criminal
LEP	Lei de Execução Penal
MJ	Ministério da Justiça
MOI	mão de obra interna (ou mão de obra indireta)
MP	Ministério Público
MS	medida de segurança
NAP	Nova Alta Paulista
OAB	Ordem dos Advogados do Brasil
OEA	Organização dos Estados Americanos
PCC	Primeiro Comando da Capital
PCr	Pastoral Carcerária
PFC	Penitenciária Feminina da Capital
PFS	Penitenciária Feminina de Santana
PM	Polícia Militar

PNDH	Programa Nacional de Direitos Humanos
PPP	parceria público-privada
RDD	regime disciplinar diferenciado
RMSP	região metropolitana de São Paulo
RO	regime de observação
SAP	Secretaria de Administração Penitenciária
SE	Secretaria de Energia
SS	Seita Satânica
SSP	Secretaria de Segurança Pública
STF	Supremo Tribunal Federal
TCC	Terceiro Comando da Capital
TJSP	Tribunal de Justiça de São Paulo
UPP	unidade de polícia pacificadora
UTE	*Unidad Terapéutica y Educativa*
VEC	Vara de Execuções Criminais

AGRADECIMENTOS

Agradeço à professora Vera da Silva Telles, orientadora paciente e estimulante da pesquisa que fundamenta este livro; à Fapesp, pelo financiamento do trabalho e da publicação; à Boitempo e a Bibiana Leme, pelo apoio diligente na produção desta obra; a Fernando Salla, por me mostrar como é possível compor rigor e abertura intelectual – o subtítulo deste trabalho lhe é uma homenagem direta; a Vera Malaguti Batista e Paulo Arantes, pelo diálogo e, principalmente, por me inspirarem num engajamento crítico sem concessões; a Michel Misse, referência de uma sociologia profissional e, ao mesmo tempo, política; e a Antônio Rafael Barbosa, por generosamente partilhar comigo sua inteligência e camaradagem.

Agradeço ao professor Sérgio Miceli pelas críticas ao projeto inicial de pesquisa e ao professor Sérgio Adorno pelas lições nas várias disciplinas suas que cursei. Pela crítica aguda e pelas sugestões mais que pertinentes feitas em diversas ocasiões a protótipos de diferentes capítulos que compõem este trabalho, agradeço aos professores Luiz Lourenço, Angelina Peralva e Adriana Vianna. Pela interlocução franca, agradeço aos professores Marcos César Alvarez e Laurindo Dias Minhoto. Pelo convite, pela recepção e pelo diálogo no decorrer de um breve mas intenso estágio no Departamento de Humanidades da Universidad Pompeu Fabra (UPF), em Barcelona, agradeço ao professor Alexandre Coello. Pelas possibilidades de interlocução, agradeço aos professores Luiz Antônio Francisco de Souza, Gabriel Feltran, Juliana Melo, Maíra Machado, Marta Machado e aos seus respectivos grupos de pesquisa. Pelo incentivo, agradeço a Fernando Rabossi. Sean Purdy, aliado e conselheiro, tem também minha gratidão.

Agradeço aos companheiros de trabalho Carlos Freire, Daniel Hirata, Eliane Alves, José César de Magalhães Jr., Tatiana Maranhão, Alessandra Teixeira e Fernanda Emy Matsuda; ao grupo de orientandos da professora

Vera: Andrea Roca, Bruna Ramachiotti, Juliana Machado, Marina Gurgel, Marina Mattar, Natália Rivera, Renato Abramowicz, Taís Magalhães, Thiago Mattioli, Tiago Rangel Côrtes e Tiaraju Pablo D'Andrea; a todos os integrantes do projeto temático "A gestão do conflito na produção da cidade contemporânea: a experiência paulista"; a todos os colegas ingressantes no doutorado de 2011, especialmente a Alexandre Abdal, Leonardo Ostronoff, Marcelo da Silveira Campos, Rafael Montovani e Juliana Tonche.

Agradeço à Pastoral Carcerária pela acolhida, pela orientação ética e por mostrar-me como a violência estrutural e cotidiana das prisões se combate com fraternidade, fé e perseverança. Manifesto profunda gratidão, especialmente, a padre Valdir, Deyvid Livrini, Heidi Cerneka, José de Jesus Filho, Paulo Cesar Malvezzi, Francisco Crozera, padre Aécio, Nice, Nide, Dirce, Francisco, Darci, Maria (*in memorian*), Catarina, Greg, padre Valdo, padre Ângelo e Eurípedes. Agradeço à família Dela Bandera, minha família de Dracena: dona Regina, seu Mauro, Mauro Jr. e, especialmente, Nicolau, meu guia primeiro no velho oeste; também à família Centelles, minha família de Terrassa: Djazia, Carlos e Carmen.

Agradeço à Defensoria Pública do Estado de São Paulo, a seu Núcleo Especializado de Situação Carcerária e aos incansáveis combatentes Carmen Silvia de Moraes Barros, Patrick Cacicedo, Bruno Shimizu, Marcelo Novaes, Daniela Skromov e Henrique de Paula Finoti. Combatentes de outras trincheiras, agradeço a Rodolfo, Talita, Danilo, Guto, Carol e todas e todos que, pela Rede 2 de Outubro, buscaram e ainda buscam desenterrar a memória dos massacres, de ontem e de hoje, para que, um dia, não mais se repitam.

Pela interlocução e solidariedade, agradeço a Adalton Marques, Adriana Aguiar, Ana Gabriela Braga, Bruna Angotti, Bruna Gisi, Camila Dias, Camila Massaro, Daniel Cohen, Daniel de Lucca, Douglas Anfra, Fábio Candotti, Fábio Mallart, Giane Silvestre, Gislene Moura, Gorete Marques, Ión Fernández, Júlia Chiacchio, Karina Biondi, Laura Moraes, Marcelo Berg, Natália Padovani, Nicolau Bruno, Rodolfo Arruda, Tiago Machado e Vivian Lima.

Mais que especial é meu agradecimento a minha família, meus pais, meu irmão e Brigitte Kulessa, por me ajudarem a compatibilizar o estudo, a pesquisa e a paternidade; a Erika, pela compreensão e pelo apoio incondicional em todas as esferas da vida.

Finalmente, agradeço a todos os interlocutores que participaram direta e indiretamente da pesquisa: presos, egressos, seus familiares e amigos, operadores do direito, trabalhadores e moradores do interior têm toda a minha sincera gratidão.

GLOSSÁRIO

AEVP (agente de escolta e vigilância penitenciária): responsável pela guarda das muralhas, pela condução dos bondes e, em certas localidades, pela escolta de presos em trânsito.

ASP (agente de segurança penitenciária): responsável pela vigilância do espaço interno da prisão, pela realização de revistas e *blitze*.

Bate e volta: termo pelo qual são conhecidos os ônibus que partem dos grandes centros rumo a penitenciárias interioranas no sábado à noite, os quais transportam visitantes que apenas no domingo efetuarão visita.

Benefícios: intercorrências num processo de execução penal que prenunciam alguma melhora nas condições de cumprimento de pena e/ou a antecipação da saída da prisão. Remetem comumente à progressão para regime semiaberto, à concessão de liberdade condicional, à remição de pena etc.

Blitz: procedimento levado a cabo pelos ASPs, às vezes com o apoio do GIR, por meio do qual os presos são retirados das celas, despidos, revistados e enfileirados no pátio, e as celas são minuciosamente inspecionadas em todas as suas dimensões e cavidades, assim como os pertences pessoais de seus ocupantes.

Bondes: veículo próprio para o transporte de presos.

Castigo: conjunto de celas destinadas ao cumprimento de sanções disciplinares; também conhecidas como potes.

CDP (centro de detenção provisória): tipo de unidade mais superlotada e precária do sistema, a que oferece as piores condições de vida.

CIR (Célula de Intervenção Rápida): destacamento militarizado de ASPs e AEVPs que opera no âmbito de uma unidade prisional específica.

COC (Centro Hospitalar do Sistema Penitenciário, antigo Centro de Observação Criminológica): hospital localizado no Carandiru que dispõe de pouco mais de 350 vagas para atender a toda a população carcerária do estado, masculina e feminina.

Convívio: designa o ambiente geral do maior número de raios. Condição e espaço daqueles que não estão no seguro.

Coremetro (Coordenadoria da Região Metropolitana de São Paulo): coordenadoria administrativa da SAP com sede na capital, que em setembro de 2016 era responsável por 28 unidades prisionais concentradas em 9 municípios.

CPP (centro de progressão penitenciária): espaço para presos que cumprem suas penas em regime semiaberto. Onde há maior oferta de oportunidades de trabalho no próprio interior da unidade e onde vigora um regime disciplinar mais ameno.

CR (centro de ressocialização): unidades menores e menos superlotadas, voltadas a presos considerados de baixa periculosidade e provenientes das cidades médias (e regiões imediatas) que as sediam.

CRC (Coordenadoria da Região Central): coordenadoria administrativa da SAP com sede em Campinas, que em setembro de 2016 era responsável por 37 unidades prisionais espalhadas por 22 municípios.

CRN (Coordenadoria da Região Noroeste): coordenadoria administrativa da SAP com sede em Pirajuí, que em setembro de 2016 era responsável por 41 unidades prisionais espalhadas por 23 municípios.

CRO (Coordenadoria da Região Oeste): coordenadoria administrativa da SAP com sede em Presidente Venceslau, que em setembro de 2016 era responsável por 38 unidades prisionais espalhadas por 26 municípios.

CRP (Centro de Readaptação Penitenciária "Dr. José Ismael Pedrosa"): unidade situada em Presidente Bernardes, onde vigora o RDD. Pedrosa, que dá nome à unidade era o diretor da casa de detenção quando do massacre do Carandiru e diretor do anexo da Casa de Custódia de Taubaté quando da fundação do PCC. Foi assassinado a tiros em 2005, quando voltava da seção eleitoral no dia do referendo sobre a comercialização de armas de fogo e munição no Brasil.

CRS (Coordenadoria de Reintegração Social): coordenadoria administrativa da SAP, responsável por alguns projetos educacionais e laborterápicos dentro das unidades prisionais, bem como pela gestão das Centrais de Atenção ao Egresso e Família (Caef), das Centrais de Penas e Medidas Alternativas e das Centrais de Ações de Reintegração.

CS (Coordenadoria de Saúde): coordenadoria administrativa da SAP, responsável pela administração do COC e dos HCTPs.

CVL (Coordenadoria do Vale do Paraíba e Litoral): coordenadoria administrativa da SAP com sede em Taubaté, que em setembro de 2016 era responsável por 18 unidades prisionais distribuídas por 10 municípios.

Depesp (Defensoria Pública do Estado de São Paulo): prevista desde a Constituição de 1988, só foi criada em 2006. É a principal responsável pela prestação de assistência judiciária gratuita a pessoas presas, mas, pelo número reduzido de quadros, viabiliza seus serviços mediante parcerias com a Ordem dos Advogados do Brasil e a Funap.

Detração de pena: benefício que converte o tempo de prisão preventiva em pena cumprida.

Extrato: documento que dá a conhecer a movimentação de um processo de execução ou apelação.

Falta: infração disciplinar.

Faltas graves: rebelião, fuga, porte de armas ou aparelhos telefônicos e desobediência a funcionários.

Faltas leves: tipificações imprecisas, como "estar indevidamente trajado" e "transitar indevidamente pela unidade prisional", também evocam práticas rotineiras que dificilmente são enquadradas formalmente como faltas, por exemplo "improvisar varais e cortinas nas celas".

Faltas médias: são 23 tipificações, como "induzir ou instigar alguém a praticar qualquer falta disciplinar", "divulgar notícia que possa perturbar a ordem ou a disciplina", "praticar autolesão ou greve de fome isolada como atos de rebeldia", "provocar perturbações com ruídos, vozerios ou vaias", "praticar atos de comércio, de qualquer natureza, com outros presos ou funcionários", "mostrar displicência no cumprimento do sinal convencional de recolhimento ou formação", "descumprir horário estipulado, sem justa causa, para o retorno da saída temporária".

Faxina: grupo formalmente responsável pela limpeza do raio e de outros espaços da prisão, mas também o mais alto setor de um raio, com variadas funções, como a mediação/ resolução de conflitos internos ou a representação do raio frente a administração da unidade. Costuma ser remunerado via MOI.

FPM (fundo de participação dos municípios): repasse orçamentário da União aos municípios. Tende a aumentar quando pequenas cidades passam a abrigar novas e superlotadas unidades prisionais.

Funap (Fundação Prof. Dr. Manoel Pedro Pimentel, antiga Fundação de Amparo ao Preso): autarquia criada em 1977 pelo então secretário de Justiça que hoje lhe dá nome. Responsável por operacionalizar e gerir praticamente toda a oferta de trabalho e todos os serviços de assistência judiciária que têm lugar nas instituições penitenciárias.

Fundão: designação comum para os espaços mais distantes da entrada (e também da saída) da prisão. Opera na escala de uma unidade, designando os raios mais distantes da entrada, ou na escala do sistema, designando as unidades dispostas no extremo oeste do estado.

Gaiola: dispositivo de regulação de trânsito. Retângulo gradeado com duas ou mais passagens, de modo que uma só se abra quando a(s) outra(s) se encontre(m) devidamente fechada(s).

Gancho: sanção administrativa imposta a amigos e familiares de presos. Pode implicar a suspensão temporária ou definitiva do direito de visitar o parente.

GIR (grupo de intervenção rápida): destacamento militarizado de ASPs e AEVPs que atua em diversas unidades para realizar intervenções preventivas em situações de risco ou operações rotineiras de grande escala, como revistas em raios e unidades inteiras. São amplamente reconhecidos pela costumeira truculência.

GR (guia de recolhimento): documento que deve ser produzido pela vara criminal após proferida uma sentença. Deve ser encaminhado a uma vara de execução para que um processo de execução penal seja aberto, de modo que o sentenciado possa usufruir de seus direitos de progressão.

Guia de fila: responsável pela organização da fila na porta da unidade em dias de visita perante o conjunto de visitantes, a administração da unidade e a população carcerária.

Guia de viagem: responsável pela preparação e realização de viagens para as visitas em presídios do interior.

HCTP (Hospital de Custódia e Tratamento Psiquiátrico): manicômio judiciário para cumprimento de medidas de segurança.

Indulto e comutação: decreto presidencial anual que estabelece possibilidades e critérios para extinção e atenuação de penas, respectivamente.

Irmão: membro batizado do PCC.

ISS (Imposto Sobre Serviços): recolhido pelo município, tende a aumentar durante a construção de um presídio.

Jumbo: pacote de roupas, artigos de higiene e alimentos levado pelo familiar ao preso.

Lapso: fração da pena que deve ser cumprida para que o sentenciado possa vir a pleitear algum benefício.

Lapso de reabilitação: período da pena que deve ser cumprido após o castigo e antes de o sentenciado ter direito a pleitear algum benefício. Um ano para faltas graves, seis meses para faltas médias.

LC (liberdade condicional): benefício que suspende o cumprimento da pena e coloca o sentenciado em liberdade.

LEP (Lei de Execução Penal): principal base legal da execução das penas. Foi promulgada em 1984 e reformada em 2003, a fim de legalizar e jurisdicionalizar o RDD.

MOI (mão de obra interna ou mão de obra indireta): sistema de remuneração estabelecido pela SAP, mediante o qual cerca de 25% do salário de cada preso empregado em uma oficina de trabalho é retido pela administração a fim de remunerar os presos que trabalham na manutenção e nas rotinas da prisão.

MS (medida de segurança): dispositivo legal que viabiliza a reclusão de infratores considerados inimputáveis por diagnóstico especializado.

Número de execução: número que todo processo recebe ao ser aberto numa VEC, é a principal identificação no sistema de justiça.

Número de matrícula: número que todo preso recebe ao ingressar no sistema, é sua principal identificação no espaço prisional.

Glossário • 269

Parlatório: área destinada à comunicação entre presos e advogados, separados por uma grade. Também pode abrigar visitas familiares.

Pauta: listagem de presidiários afixada num raio designando aqueles que tiveram seus lapsos vencidos observados pela equipe jurídica da unidade.

PCC (Primeiro Comando da Capital): facção hegemônica no estado de São Paulo.

PCr (Pastoral Carcerária): entidade ligada à Igreja católica, reconhecidamente atuante no sistema prisional, prestando assistência religiosa, material, jurídica, zelando pelos direitos dos presos, bem como monitorando e denunciando a ocorrência de tortura e maus-tratos.

Pecúlio: fundo onde se deposita a renda dos presos que trabalham. Também designa a seção administrativa que zela pelos depósitos e viabiliza compras e saques.

Pedra: parede que serve como mural para comunicados internos.

PFS (Penitenciária Feminina de Santana): maior unidade do sistema penitenciário estadual. Maior presídio feminino da América Latina.

Piloto: irmão que assume posição de liderança num raio ou unidade.

Pipa: bilhete feito por presos.

População: presos do convívio que não são setores.

Primo: quem, no convívio, não é irmão, mas manifesta proceder.

Proceder: ética do convívio dentro e fora da prisão.

Progressão: benefício que permite ao preso ascender do regime fechado ao semiaberto, e deste ao aberto.

Prontuário: arquivo individualizado do preso, produzido e mantido pela administração penitenciária

Protocolo: listagem de presidiários afixada num raio designando aqueles que tiveram um pedido de benefício efetivamente encaminhado pela equipe jurídica da unidade.

Quieto: separação improvisada com um lençol que divide o espaço ao meio quando duas visitas conjugais ocorrem numa mesma cela.

Radial: corredor central que interliga todas as demais dependências de uma unidade que segue o modelo arquitetônico de "espinha de peixe".

Raios: pavilhão, conjunto de celas que compartilham um mesmo pátio.

RDD (regime disciplinar diferenciado): dispositivo legal que viabiliza a reclusão de presos considerados problemáticos em celas individuais com severas restrições ao banho de sol, à visitação e à comunicação, além de impossibilitar a realização de qualquer atividade educativa ou profissional.

Recursista: detento versado na produção de petições judiciais.

Remição de pena: benefício que diminui o tempo de pena por dias trabalhados ou estudados.

RO (regime de observação): condição de presos recém-chegados a uma dada unidade, que ficam isolados dos demais por determinado período antes de serem integrados ao convívio, em celas de castigo, de inclusão ou numa cela de raio designada para esse fim.

Saidinha: permissão para passar alguns dias em liberdade, em datas comemorativas como Dia das Mães e Natal.

SAP (Secretaria da Administração Penitenciária do Estado de São Paulo): fundada logo depois do massacre do Carandiru, é a primeira secretaria governamental especializada em prisões do Brasil.

Sedex: jumbo encaminhado pelo correio.

Seguro: conjunto de celas isoladas do convívio, onde habitam presos delatores, endividados, estupradores, ex-policiais etc.

Setor: preso ou grupo de presos que exerce alguma função administrativa no raio.

Setor da boia: grupo de presos responsável pela distribuição da comida. Costumam ser remunerados via MOI.

Setor de judiciária: grupo de presos responsável pela recepção de agentes dos direitos humanos, como os da Pastoral Carcerária.

Setor do esporte: grupo de presos responsável por organizar campeonatos e arbitrar o uso da quadra do raio.

Sindicância: procedimento de averiguação e imputação de faltas disciplinares. Embora idealmente jurisdicionalizado, o procedimento é mais comumente levado a cabo pela direção e pela equipe de segurança de uma dada unidade. Processo que conduz ao castigo.

Tranca: além de referência ao objeto, o cadeado da cela, é também um termo com sentido mais amplo, remete ao interior da cela. Estar na tranca é estar recolhido na cela, é não estar no pátio do raio nem em trânsito.

Trânsito: qualquer movimentação de presos pelo espaço prisional, além de sua transferência entre unidades.

VEC (Vara de Execuções Criminais): instância judicial onde tramitam os processos de execução penal dos sentenciados. Responsável pela apreciação dos benefícios.

SOBRE O AUTOR

Doutor e mestre em sociologia pela Faculdade de Filosofia, Ciências e Letras da Universidade de São Paulo (FFLCH-USP) e pós-doutorando na mesma instituição, no projeto temático Fapesp A Gestão do Conflito na Produção da Cidade Contemporânea: A Experiência Paulista. É membro do grupo de pesquisa Cidade e Trabalho, do Laboratório de Pesquisa Social (LAPS) do departamento de sociologia da USP. Foi pesquisador visitante da Universidade Pompeu Fabra, em Barcelona. Fez especialização em pesquisa etnográfica na Universidade Autônoma de Barcelona e, desde 2011, atua como agente da Pastoral Carcerária. Sua tese, que deu origem a este livro, recebeu o título de "Melhor tese de doutorado defendida em 2015" no programa de pós-graduação em sociologia da FFLCH-USP.

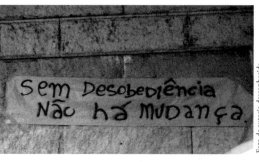

Publicado em setembro de 2017, ano que marca o bicentenário de nascimento do escritor estadunidense Henry David Thoreau, que, após passar uma noite na prisão, em 1846, por se recusar a pagar impostos que financiariam a guerra territorialista dos Estados Unidos contra o México, escreveu o ensaio *Desobediência civil*, este livro foi composto em Adobe Garamond Pro, corpo 11/13,2, e impresso em papel Avena 80 g/m² pela gráfica Rettec, para a Boitempo, com tiragem de 1.500 exemplares.